Hans-Jürgen Heinrichs
Die fremde Welt, das bin ich

Es drängt dich zu schreiben
Als ob du mit dem Leben im Rückstand wärst
Wenn es so ist dann geh deinen Quellen nach
Eile dich
René Char (1995: 13)

Hans-Jürgen Heinrichs

Die fremde Welt, das bin ich

Leo Frobenius: Ethnologe, Forschungsreisender, Abenteurer

Edition Trickster im Peter Hammer Verlag

Die Deutsche Bibliothek – CIP-Einheitsaufnahme

Heinrichs, Hans-Jürgen:
Die fremde Welt, das bin ich : Leo Frobenius:
Ethnologe, Forschungsreisender, Abenteurer /
Hans-Jürgen Heinrichs. –
Wuppertal : Hammer, 1998
(Edition Trickster im Peter Hammer Verlag)
ISBN 3-87294-798-2

© Hans-Jürgen Heinrichs 1998
© Peter Hammer Verlag, Wuppertal 1998
Alle Rechte vorbehalten
Umschlaggestaltung: Wolf Erlbruch
Satz und Litho: Data System, Wuppertal
Druck: Ebner Ulm

Inhalt

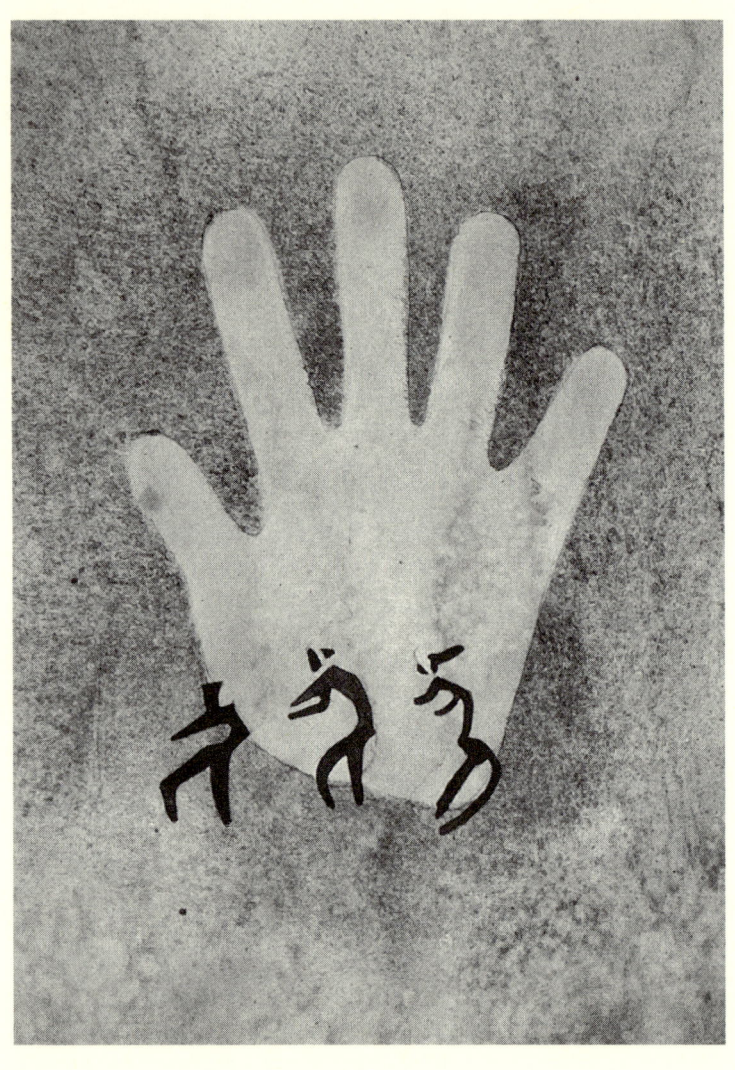

Aufgabe der Kulturmorphologie ist es, »den Zusammenhang im
Aufbau der menschlichen Kultur als einer Einheit nach Sinn,
geographischer Verbreitung und zeitlicher Ordnung aufzufinden.«
(Frobenius, *Erythräa*, 1931: 347)

1873ff. Am 29. Juni 1873 wurde Leo Viktor Karl August
         Frobenius als zweiter von drei Söhnen des preußischen
         Offiziers Hermann Frobenius und Mathilde Frobenius,
         geb. Bodinus, in Berlin geboren. Sein Großvater, der
         Arzt Heinrich Bodinus (seit 1871 Direktor des Berliner
         Zoologischen Gartens) hat entscheidenden Einfluß auf
         ihn, vor allem wegen der engen Beziehung zu großen
         Afrikareisenden. Aber auch seine Großmutter beein-
         druckt ihn mit ihrer reichen Phantasie.
         Besuch der Höheren Schule in Berlin, Straßburg,
         Lötzen, Glogau und Halle.
         Großes Interesse an den völkerkundlichen Museen in
         Bremen, Basel und Leipzig. Ohne Abiturabschluß
         absolviert er eine Kaufmannslehre in Bremen und ver-
         faßt eine zu jener Zeit unorthodoxe Dissertation über
         afrikanische Geheimbünde, welche von einer deutschen
         Fakultät verworfen wird.

1894/96 Tätigkeit am Museum in Basel und am Bremer Über-
         seemuseum. Beginn der ethnographischen und ethno-
         logischen Motiv- und Bildersammlung. *Die Geheim-
         bünde Afrikas* erscheint.

1897/98 Mitarbeit am Museum für Völkerkunde in Leipzig (von
         Frobenius selbst als Beamtentätigkeit ausgegeben).
         Erstes wissenschaftliches Werk über den »Ursprung der
         afrikanischen Kulturen«.
         Offizielle Gründung des »Afrika-Archivs« in Berlin.

1904   Erste Reise als Gründer der »Deutschen Innerafrikani-
         schen Forschungs-Expedition« (D.I.A.F.E.) in das
         Kasai-Gebiet (Kongo). Umfangreiche Sammeltätigkeit.

1907-09 Zweite Reise von Senegal durch Mali über Togo zur
         Küste.

1910   Dritte Reise nach Nordafrika, insbesondere nach Algier
         und zu den Kabylen. Sammlung von Berbermärchen.

Im selben Jahr folgt die vierte Reise, die ihn nach Nigeria und Kamerun führt. Intensive Forschungsarbeit (bis 1912) bei den Yoruba (»Atlantis«); unter anderem Ausgrabung des »Ori-Olokun-Kopfes« in Ife.

1912   Fünfte Expedition vom Roten Meer nach Khartum und Kordofan.

1912/13   *Und Afrika sprach* erscheint.

1913-14   Sechste Expedition. Untersuchung der Grabbauten in Marokko, Fahrt in die Sahara.

1915   Siebte Expedition durch die Türkei zum Roten Meer, ins nördliche Abessinien (Äthiopien). (Kaiserliche Geheimmission)

1920/22   Das »Afrika-Archiv« ist nach München übergesiedelt und heißt fortan »Institut für Kulturmorphologie«; Beginn der Arbeiten am *Atlas Africanus*, der von 1922 bis 1930 erscheint.

1925   1. April Verlegung des »Instituts für Kulturmorphologie« von München nach Frankfurt.

1926-35   Fünf weitere Expeditionen in die Sahara und nach Südafrika. Felsbilder-Dokumentationen.

1932   Honorarprofessor an der Universität Frankfurt.

1933   *Kulturgeschichte Afrikas* erscheint.

1934   Direktor des Städtischen Museums für Völkerkunde in Frankfurt am Main.

1938   Gestorben am 9. August in Biganzolo bei Intra (Lago Maggiore/Italien).

1946   Seit 1946 heißt das Institut »Frobenius-Institut«.

1967/68   Die institutionelle Einheit des Instituts und des Museums wird aufgelöst. Die Objektsammlungen werden dem Museum zugeordnet; die Archive verbleiben im Institut.

1998   Das Frobenius-Institut beherbergt heute eine Sammlung von ca. 7.000 Objekten aus Expeditionen ab 1968, eine völkerkundliche Bibliothek mit ca. 100.000 Bänden und verschiedene Bildarchive, von denen das Felsbild-Archiv mit etwa 5.000 Felsbildkopien, das Fotoarchiv, das mythologische und ethnographische Bildarchiv besonders hervorzuheben sind.

Vom Frobenius-Institut herausgegeben werden: *Expeditionsveröffentlichungen, Studien zur Kulturkunde, Paideuma. Mitteilungen zur Kulturkunde, Afrika-Archiv, Sonderschriften des Frobenius-Instituts.*

»Haltet den Dieb!« – der Forscher und Abenteurer Leo Frobenius war für die Rolle des Sündenbocks bestens geeignet. Ihn zu stellen hieß, sich ein wenig vom eigenen Müll politischer Verstrickungen zu befreien. Da fügte es sich nicht schlecht, daß er tatsächlich etwas von einem Dieb an sich hatte. Wie alle Ethnologen bewegte er sich beständig am Rande der Illegalität. Wie sollte es auch anders sein bei einer Wissenschaft, deren Geschichte aufs engste an Kolonialismus und imperialistische Wünsche gekoppelt ist! Im Dienste des Staates, der Wissenschaft und zum Aufbau völkerkundlicher Sammlungen haben sie den »Wilden« ihre Heiligtümer gestohlen und beteuert, es sei zu deren Wohl geschehen – und manchmal stimmte das ja auch.

Was ist das also für eine eigenartige Spezies, die Ethnologen? Sie kehren Europa den Rücken, um noch einmal »das Heilige« und »das ganz Frühe« und »Authentische« zu erfahren – und zerstören es doch auch, rauben den Menschen die Güter, deretwegen sie gekommen sind. Sie sammeln, archivieren, deuten. Das ist ihr Geschäft. Und ihre Leidenschaft. Forschung ist hier ganz eng liiert mit Abenteurertum und Exotismus.

Michel Leiris hat in den dreißiger Jahren in seinem Tagebuch *Phantom Afrika* ein vernichtendes Urteil über seine Zunft gefällt und von »Schuften« gesprochen. Auch wenn er sich selber nicht davon ausgenommen hat, galt er doch fortan als stigmatisiert, als Nestbeschmutzer. Für die Heroen seines Fachs war er nicht länger einer der ihren. Dem (weniger selbstkritischen) Frobenius widerfuhr ein ähnliches Schicksal: Er blieb immer eine Randfigur der akademischen Ethnologie. Und aus dieser Außenseiterposition gab er ihr kräftige Impulse – ohne sich von dem Wunsch freimachen zu können, dazuzugehören, sich mit den Mächtigen zu liieren. »Ein Widerstandskämpfer war er nicht«, hat der Marburger Ethnologe Mark Münzel trocken festgestellt; letztlich ein Einzelkämpfer in den Rastern der wilhelminischen Zeit, einer, der sich oft ungeschützter äußerte als seine Kollegen. Dennoch fädelte er sich immer wieder in die damals maßgeblichen Zeitströmungen und Institutionen ein, wurde einer der engsten Freunde Wilhelms II. Und arrangierte sich mit einigen nationalsozialistischen Funktionären. Am Ende war er doch wieder der, dem man nachstellte, unter dem Motto »Haltet den Dieb!«.

Selbst diejenigen Ethnologen, die mehr als er in den faschistisch geprägten Wissenschaftsbetrieb eingegliedert waren, und auch die Schüler noch, die bei diesen ihre Lehrzeit hinter sich brachten, stellten mit Fleiß die rassistischen Züge seiner Theorie heraus. In der Tat: in manchen Werken waren sie unübersehbar, und dennoch war seine Lehre von Grund auf unvereinbar mit jeder Rassenideologie. Zeitweise versuchte man, ihn von den Stützpfeilern seines Denkens abzubringen, um ihn stromlinienförmig zurechtzubiegen. Dem widersetzte er sich auf seine ihm eigene selbstbewußte Art. Und dennoch lesen sich manche Schriften als antidemokratische Pamphlete, die sich durch den emotionalen Bezug auf Afrika nur Stoff und Anregungen für die Erneuerung Deutschlands erhoffen. Plötzlich wird seine »Remetaphysierung« des Lebens begeistert aufgegriffen. Seine Liebe zu Afrika erscheint auf einmal gar nicht mehr so zweckfrei.

Für Augenblicke jedenfalls. Könnte man aber ein ganzes Leben lang wie ein Besessener in diesem fernen Kontinent herumreisen und ihm all seine Kraft widmen, wenn dies nicht getragen wäre von einer tiefen emotionalen Beziehung! Ist sein Werk nicht eines der ausdrucksstärksten Manifeste für eine neue Geistigkeit gegen die Plattheiten eines erstarrten Materialismus und Rationalismus, eines bloß analytischen, sezierenden Denkens, gegen die Ichborniertheit der Europäer? Was man ihm viel weniger als seinen kurzzeitigen Wunsch, politisch auf der richtigen Seite zu stehen, verziehen hat, ist die vehemente, mit unglaublicher Vitalität vollzogene Grenzverletzung dessen, was »Wissenschaft« heißt, sein mit größter Lust betriebenes Grenzgängertum zwischen Ethnologie, Literatur, Mythologie und Abenteuer. Man etikettierte ihn als Scharlatan und Clown, bestenfalls als »Literaten«. Wie Roland Barthes hätte er sagen können: »Ich habe sehr unter dem Mythos der Klarheit gelitten, weil mir häufig … unterstellt worden ist, daß ich einen unklaren Jargon verwende.« Paris hat Barthes nicht verstoßen, sondern ihm den Zugang zu den intellektuell interessantesten Institutionen gewährt; und Paris hat auch Frobenius in den dreißiger Jahren mit offenen Armen empfangen – die Intellektuellen jener Zeit (von Senghor und Césaire bis zu Georges Bataille) erkannten seine Bedeutung und begrüßten diesen Kosmopoliten aus Deutschland. Vielleicht hätte er hier viel besser seinen freien Umgang mit Ideen und Konzepten zur Entfaltung bringen können, hier, wo er weniger Kraft hätte aufwenden müssen, um sich gegen Wissenschaftsbürokraten und Museumsverwalter durchzusetzen; hätte sich als Künstler weiterentwickeln können und mehr Möglichkeiten gehabt, seine Stärken auszuspielen. Als Randfigur und Grenzverletzer, als Erzähler und Visionär hat er stärker als die meisten seiner Kollegen gewirkt und seine Wissenschaft sensibel und phantasievoll zu bereichern gewußt. Wäre die Ethnologie nicht längst erstarrt: an der Kälte von Datenerhebern und Karteikartensammlern, ohne Figuren wie Frobenius, ohne Etnopoeten wie Segalen, Leiris und Hubert Fichte, ohne die Ethnopsychoanalytiker auch, die dem Emotionalen einen neuen Raum eröffneten?

Frobenius, einige Zeit aufs engste mit Oswald Spengler verbunden, ging dann doch den entgegengesetzten Weg: weg von den Untergangsvisionen, hin zu einer visionären Erneuerung Europas aus dem Geiste Afrikas. So wurde er gar in den dreißiger Jahren zum Hoffnungsträger eines neuen Deutschland. Und trennt ihn auch sein politischer und philosophischer Standpunkt meilenweit von zwei anderen Philosophen, den Autoren der knapp zehn Jahre nach seinem Tod erscheinenden *Dialektik der Aufklärung* und deren tiefen Pessimismus, so wollte doch auch er nichts anderes als die an sich selbst zugrundegehende Zivilisation transparenter machen und dies auf eine mehr künstlerische Art und Weise, die man jüngst auch wieder für die *Dialektik* reklamiert hat.[1]

Die »Ablösung vom theoretischen Denken«, die Frobenius, nach seinen eigenen Worten, in Afrika, durch das »Erlebnis ethnographischer Kulturen« erfuhr, öffnete ihm die »Augen zum Erkennen, die Ohren zum Erlauschen und die Fingerspitzen zu wirklichem Fühlen«. Diese Fähigkeit und innere Freiheit, sich vom »Fremden« und ganz Anderen berühren und ergreifen zu lassen, hieß für ihn, wahrhaftig Wissenschaft zu betreiben und den *Kultursinn*, die metaphysische Dimension der Kultur aufzunehmen. Wenn Frobenius in diesem Zusammenhang von der »seelischen Wiedergeburt« spricht, die sich im Hörer und Leser der Mythen und der Dichtung ereigne und wenn vom »ganzen regellosen Reichtum lebendiger, seelischer Regungen«, vom »lebendigen Sein und Werden« und von »symbolischen Ereignissen«, die auch der Wissenschaftler dem Leser zu vermitteln habe, die Rede ist, dann wird darin die lange Denktradition von Schillers und Goethes Gestaltbegriff, über die Romantik bis hin zu Klages und Keyserling, bis zur Lebensphilosophie und Hermeneutik lebendig, mit all ihren Vertiefungen und Verästelungen und auch ihrer typisch deutschen, pathetischen Sinn- und Bedeutungsschwere. Sollte es jedoch gelingen, sich von dem toten Ballast zu befreien, erwiese sich dann nicht doch die Frage nach dem »Seelischen« und dem »Kultursinn«, dem »Schöpferischen« und der »Gestalt«, dem »Geistigen«, der »Idee« und dem »Lebendigen«, dem »Symbolischen« und »Imaginären« als die beständigere, die so manche moderner erscheinende Position überdauerte? Freuds Wort von der Seele als »innerem Ausland« bleibt unausschöpflich. Und wahr bleibt Frobenius' Einsicht: »... eine Kultur zu schildern, das ist eine Kunst«.[2]

Leo Frobenius: Kulturhistoriker, Forschungsreisender, Abenteurer. Einer, der mit einer solchen Leidenschaft in fremde Kulturen aufbrach, als wollte er beweisen, daß er gleichsam selbst die fremde Welt ist. Zugleich blieb er – wie könnte es anders sein! – ganz seinem eigenen europäischen Leben und dessen Traditionen treu. An seiner Person und seinem Leben zeigen sich auf exemplarische Art und Weise die Wünsche und Phantasien eines Aufbruchs in das Andere und die Begrenzungen des Versuchs, ein »anderer« zu werden und für »andere« zu sprechen. Und so verschränken sich denn auch in seiner Person und seinem Werk die ethnologischen Traditionen und Richtungen des ausgehenden 19. und des beginnenden 20. Jahrhunderts mit den Aufbruchsphantasien und der Abenteuerlust eines Reisenden. In der gegenseitigen Durchdringung und der Gesamtheit dieser Bewegungen und Bestrebungen ist ein weitverzweigtes Werk entstanden, das es neu zu entdecken gilt.

Sein Autor, Leo Viktor Frobenius, 1873 in Berlin geboren und 1938 in Biganzolo (Italien) gestorben, war der Begründer einer »Kulturmorphologie«, die an die Stelle des atomistischen, zergliedernden Denkens die Synthese, das Verbindende und Ganzheitliche setzte. Ein »visionärer Historiker«, wie er verschiedentlich, in Variationen, genannt wurde, die einmal mehr das Visionäre und Unbestimmte, ein andermal mehr das Kategorisieren und das Systematische betonten.

Trotz aller universalen Entwürfe (*Paideuma* oder *Schicksalskunde*) war er doch auch ein Liebhaber der Details, der Erforschung des Konkreten. So ist er vielen in erster Linie als Sammler und Deuter von Gegenständen des Alltagslebens, von heiligen Objekten und Felsbildern Afrikas bekannt. Zutiefst überzeugt von dem Wert der alten Kulturen, begabt mit einem visionären Blick für die Größe des Vergangenen und Vergehenden, zeitweise geprägt von dem Wunsch, das legendäre Atlantis zu entdecken, suchte er nach dem Wesen, dem »Paideuma«, der Seele der

Kulturen, nach einer Macht, die über den Menschen steht und die zu verwirklichen ihm aufgegeben sei. Eine solche Haltung, ein an Schliemann erinnernder Entdeckergeist und seine Lust am Entwerfen gewaltiger, weltumspannender Theorien läßt ihn die Grenzen der Ethnologie seiner Zeit sprengen.

Im Wissen um seine Stärke und Durchsetzungskraft versuchte er, in jedem Augenblick alle Möglichkeiten zu realisieren, die ihm zur Verfügung standen, und jede einzelne Erfahrung nutzte er, um sein Leben und sein Werk zu bereichern. Gegen Ende des 19. Jahrhunderts taucht er erstmals auf der Bildfläche der zeitgenössischen Ethnologie und Afrikaforschung auf. Vor ihm liegen glanzvolle und skandalträchtige Auftritte in der westlichen Kultur, abenteuerliche Expeditionen nach Afrika und eine Reise nach Indien, über einen Zeitraum von immerhin vierzig Jahren. Wenn das Geheimnis des Glücks darin besteht, Freude aus der Arbeit zu beziehen, wie dies André Gide 1935 seinem Tagebuch anvertraut – von Frobenius erscheinen zu dieser Zeit in Paris zwei seiner wichtigsten Bücher –, dann hat dieser arbeitsbesessene, draufgängerische Reisende und mal bedenkenlose, mal kritische Sammler ein glückliches Leben gehabt. Einmal spricht er auch selbst von seiner »großen Fähigkeit, glücklich zu sein.«

Seine Schüler und Nachfolger waren fleißige, zum Teil auch sehr produktive Empiriker oder überzeugte Universalisten; insgesamt jedoch konnten sie weder seine (von Elan und Intuition getragenen) theoretischen Entwürfe noch seine Feldforschung so vermitteln, daß sich daraus eine neue, zukunftsweisende Richtung der Ethnologie hätte entwickeln können. Vielmehr wurden zum einen einzelne, ohnehin problematische Verallgemeinerungen noch weiter getrieben, und zum anderen konnten die politischen Mißverständnisse nicht offen genug thematisiert werden. So veränderte sich Frobenius' Werk mehr und mehr zu einem Konglomerat von Überschätzungen und Diskreditierungen, von Mystifizierungen und klischeehaften Verkennungen: und dies nicht nur in der Ethnologie, sondern auch in der Archäologie und Frühgeschichte. Und dennoch – und dies mag als Beweis für die Originalität des Autors gelten, den man auch als »anthropo-archaeologist« bezeichnet hat – Frobenius selbst überlebte, wenn auch freilich nicht unbeschadet, diese Verzerrungen. Hundert Jahre nach Erscheinen seines Buches *Der Ursprung der afrikanischen Kulturen* (zugleich dem Gründungsjahr seines »Afrika-Archivs«) wird eine kritische Renaissance seines Werkes betrieben – und ein genauerer Blick in die Sekundärliteratur dieses Jahrhunderts offenbart, daß das Interesse an Frobenius eigentlich nie erloschen war.

So ist es nicht übertrieben, in ihm einen der einflußreichsten und zugleich schillerndsten Kulturhistoriker und Forschungsreisenden dieses Jahrhunderts zu sehen. Und darüber hinaus, vielleicht sogar in erster Linie, einen Schriftsteller, einen Geschichtenerzähler, einen besessenen Sammler und Interpreten von Mythen. Frobenius, sicher der populärste deutschsprachige Erforscher außereuropäischer Kulturen (am ehesten Janheinz Jahn, dem Afrikanisten und kritischen Interpreten seiner Arbeiten, vergleichbar), hat ein beeindruckendes, oft als »erratisch« bezeichnetes Werk hinterlassen. Gewirkt hat er aber nicht nur durch sein wortgewaltiges, zum Pathos neigendes Auftreten und sein breitgefächertes Oeuvre, sondern auch durch die Institutionalisierung seiner Theorien im »Afrika-Archiv«, dem späteren »Forschungsinstitut für Kulturmorphologie«, das schließlich seinen Namen tragen wird.

Die Sprengkraft, die diesem Werk bis in die Gegenwart hinein innewohnt, wurde auf exemplarische Weise in Janheinz Jahns letzter Arbeit deutlich, die er (kurz vor seinem Tod) dem Werk Frobenius' widmete, und die geprägt ist von einem Gefühl enger Verbundenheit gegenüber diesem Pionier auf dem Wege zu einem neuen Afrika-Bild. Gleichzeitig machte er kein Hehl aus seinem tiefen Mißtrauen gegenüber Frobenius' Nationalismus und Fixiertheit auf das alte Afrika, einem allzu emotionsbetonten, pathetischen und in der Argumentation zu sorglos vorgehenden Denken. Frobenius' Witwe Editha Frobenius, so gar nicht einverstanden mit einer bloß geteilten Zuneigung, drohte denn auch einmal Jahn mit einem Satz, der in der Rezeptionsgeschichte dieses Werks immer wieder wie ein Warnschild auftaucht: »Das ist unser Frobenius«.

Frobenius' Werk ist innerhalb der Ethnologie vor allem als *Gestalt-* oder *Ausdrucksforschung* – als ein Wahrnehmen und Deuten der Phänomene in ihren mannigfachen Gestalten und Formen, in ihrem Wandel und ihren morphologischen Prozessen – geschätzt worden. Der Autor: ein Meister im verstehenden Lesen und Deuten von Märchen, Legenden und Mythen, von frühgeschichtlichen Werkzeugen und Felsbildern, von Kulten, Ritualen und körpersprachlichen Ausdrucksformen. Dabei hatte er den großen Vorteil gegenüber anderen Intellektuellen, daß er ein leidenschaftlicher Reisender, ein Empiriker auf dem weiten Feld der Weltkulturen war. Sein Interesse an den kulturübergreifenden Universalien und den Prozessen der Umwandlung von Ideen und Werten konnte stets zurückgreifen auf die eigene Erfahrung und ethnographische (in vielem auch präethnographische, also vorwissenschaftliche) Forschung.

Zwar gab es in der Tat widersprüchliche Äußerungen und propagandahafte Töne um 1933, die der deutschen Nation, trotz der postulierten Gleichwertigkeit der Kulturen, eine »Titelrolle«, eine Vorrangstellung bei der europäischen Zukunftsgestaltung einräumten. Schließlich aber doch unbestechlich in seiner Hochschätzung der alten, außereuropäischen Kulturen, insbesondere in der Beurteilung der traditionellen afrikanischen Kulturen, hat Leo Frobenius zu Beginn dieses Jahrhunderts den Grundstock für eine Umkehrung der eurozentrischen Sichtweise gelegt. Die afrikanischen und afroamerikanischen Intellektuellen, allen voran Aimé und Suzanne Césaire und der Dichter und spätere senegalesische Präsident Léopold S. Senghor, erkannten in ihm einen der bedeutendsten Fürsprecher für den Prozeß der Selbstbewußtwerdung und Durchsetzung einer afrikanischen Weltanschauung, Philosophie und Anthropologie – und einen Poeten. Er habe Afrika seine Würde zurückgegeben – so lautete eine in der Folgezeit immer wieder sympathisierend oder aber sich davon distanzierend repetierte Äußerung.

Im Blick auf die Gesamtheit aller Kulturen konnte die vermeintliche rationale Überlegenheit Europas in ein neues Licht gerückt und mit anderen Werten konfrontiert werden. Zugleich zeichnete sich eine neue Ideologisierung ab: Statt der Vernunft wurden nun dem intuitiven Erfassen, der Einfühlung und der Wesensschau die größten Erwartungen entgegengebracht. Wenn Senghor vermerkte, niemand übertreffe Frobenius darin, wie er

Afrika der Welt und den Afrikanern selber verständlich gemacht habe, dann hat er damit auch die alte klischeehafte Gegensätzlichkeit von einer der Zivilisation zugehörigen Rationalität und einer den traditionalen Gesellschaften entsprechenden Emotionalität und Irrationalität fortgeführt – allerdings mit dem ganz neuen, revolutionären Ziel der Selbstbehauptung, der Afrikanität. Und dabei stellte Frobenius' *Paideuma*-Lehre (die sich auf das Schicksalhafte und Geistige eines Volkes konzentriert) eine wichtige Voraussetzung für die Ausbildung einer afrikanischen Philosophie dar.[1]

Frobenius und in begrenztem Maß auch seine Nachfolger haben, dies mag als paradox erscheinen, die Négritude – die kulturelle Manifestation afrikanischer Selbstbewußtwerdung – nicht nur nachhaltig beeinflußt, sondern, weit darüber hinaus, ihr das theoretische Fundament geliefert und ihr somit den Weg gewiesen. Daß eine kulturhistorische Forschung (die den schriftlosen Kulturen ihre eigene Geschichtlichkeit in einer ganzheitlichen und visionären Betrachtungsweise vor Augen führen will) sogar geschichtsbildend innerhalb dieser Gesellschaften wirkt, scheint selbst die kühnsten Träume der Forscher überstiegen zu haben. Und sie hat immer wieder das Mißtrauen derer erweckt, die Gesellschaften aus sich selbst heraus erklären wollen, jedes universelle Konzept ablehnen und Geschichte als das begreifen, was sich ein Volk selbst schafft und wie es sich selbst sieht. Einschränkend muß man sagen, daß Frobenius die geschichtlichen Prozesse nur so weitgehend begleitet hat, wie er das traditionelle Afrika nicht durch Fortschritt und Moderne bedroht sah. Für die Begründer der Négritude war das kein Widerspruch – ihre emphatische Aufnahme der Gedanken und Visionen von Frobenius ließ sich durch die Grenzen in dessen Denken nicht beeinträchtigen.

Hierzu gehört auch, daß er immer wieder seine Sympathie für den Kolonialismus und die kolonialistischen Raubzüge der Ethnologen bekundete. Und noch in einen anderen Widerspruch sollte er sich verstricken: einerseits dem Irrationalen und Intuitiven einen angemessenen Stellenwert in der kulturellen Entwicklung der Gesellschaften zuzuerkennen und diese andererseits doch wieder zu entwerten durch seine Sympathie zur Verklärung des

Irrationalen im Geiste des Nationalsozialismus. So hatte sich 1938, bei Erscheinen der zweiten Auflage seiner *Schicksalskunde*, die Hoffnung auf eine neue »Kulturperiode« auf fatale Weise erfüllt. Und dennoch: Die tatsächlich von der nationalsozialistischen Ideologie erfaßten Ethnologen dieser Jahre sprechen ihm gerade deswegen seine wissenschaftliche Qualifikation ab, weil er sich nicht an den Rassegedanken gebunden fühle ...

Der Altphilologe Karl Reinhardt, der 1922 nach Frankfurt am Main berufen und durch seinen Kollegen Walter F. Otto mit Frobenius bekannt wurde, spricht von ihm als einer charismatischen Erscheinung, »bald Prophet, bald testgläubiger Völkerkundler, als Entzifferer der Felsbilder fast beides in einem ... hart am Abenteurer, und doch wieder der Erwecker eines wissenschaftlichen exakten Geistes«. Frobenius' gesamtes Werk – von den frühesten ethnographischen Aufsätzen, die er bereits als Zwanzigjähriger verfaßte, und seinem ersten »Wurf«, dem *Ursprung der afrikanischen Kulturen*, bis zu der großen, nicht mehr vollendeten »Geschichte des menschlichen Geistes« – kann nur richtig verstanden werden, wenn man es in diesem Spannungsfeld wahrnimmt.

Wenn Frobenius einmal für seine Reiselust als Begründung angab, er wolle die »Beziehungen mit dem Leben nicht abreißen lassen«[2], dann war dies wohl auch – nach allen bekannten Zeugnissen seiner Freunde und Kollegen – die charakteristischste Eigenschaft seines Auftretens: er war ein großer Anreger und Impulsgeber, einer, der vitalisierend und aktivierend wirkte, selbst oft hektisch und launenhaft. Daß er dabei auch ein großer Selbstinszenator seines Werks und seiner Person, ein oft überschäumender, mit theatralischen Gebärden operierender Alleinunterhalter – Fritz Kramer hat vom »Erweckungsprediger« gesprochen – war, haben ihm diejenigen, die von der Bedeutung seiner Erfindungen und Entdeckungen überzeugt waren, stets verziehen. Gleichgültig, was er auch tat – ob er eine Expedition vorbereitete oder (natürlich erfolgreich!) beendete, ob er eine Studie veröffentlichte, ein Institut gründete oder eine Professur anstrebte, ob er die Herausgeberschaft einer Zeitschrift übernahm (1931 den *Erdball*) oder seinen fünfundsechzigsten Geburtstag feierte

(Anlaß für *Die Frankfurter Zeitung*, eine Porträt-Skizze mit »Der Frankfurter« zu überschreiben), gleichgültig, was es auch war, Frobenius' Aktivitäten, Lebens- und Arbeitsabschnitte stellten immer ein Ereignis dar und forderten einen Kommentar heraus, und sei es nur, daß sich Gegner zu Wort meldeten, um in einer seiner Entdeckungen und Konzeptionen Symptome einer geschickt aufbereiteten Popular-Völkerkunde, eines universalistischen Dilettantismus auszumachen.

Aber auch sie mußten anerkennen, daß Frobenius das entscheidende Defizit der Ethnologie zu Beginn des 20. Jahrhunderts zu beseitigen versucht hatte: eine Methode zu entwickeln, um die isolierten Einzelbeobachtungen von Forschungsreisenden zu ordnen und zu systematisieren. Bis dahin zumeist als geschichtslos gebrandmarkte (»Natur«-)Völker konnten nun als Kulturvölker wahrgenommen werden und bekamen einen weltgeschichtlichen Stellenwert zuerkannt. Im Streben nach letztgültigen Entwürfen, nach weltumspannenden Klassifizierungen und im lange Zeit starren Festhalten an einer Auffassung von Kultur als eines von ihren Trägern letztlich unabhängigen Organismus wird diese Erweiterung des bis dahin gültigen Horizonts zugleich auch wieder eingeschränkt. Dennoch lieferte eine solche (freilich nicht nur der Kulturmorphologie eigene) ganzheitliche Kulturauffassung die wichtigeren Voraussetzungen für die moderne Ethnologie als das atomistische Denken. Es hat sich weitgehend als Klischee eingebürgert, Frobenius' Begriff der Kultur (als Organismus) vorschnell abzutun, worin nicht nur berechtigte Kritik, sondern auch eine den Kritikern selbst nicht bewußte Verteidigung der ichfixierten Denkformen steckt. Demgegenüber muß Frobenius' Theorie als ein Versuch gewertet werden, aus dem Schatten der westlichen Einstellung und Denkhaltung herauszutreten und die Kulturentwicklung auch als einen Prozeß anzuerkennen, der »über die Menschheit abläuft«, wie dies Freud (in ganz anderen Traditionen und mit anderen Zielsetzungen) in *Unbehagen in der Kultur* formuliert hat.

Frobenius' wagemutiger universalistischer Schritt – verbunden mit einer geradezu besessenen Sammelleidenschaft und Archivierung der Materialien und Dokumente – war für den Kulturwissenschaftler Walter Beck Anlaß genug, von ihm als einem »wahren Wikinger des Geistes« zu sprechen. Ein »Wikinger«, der – und das ist vielleicht das Entscheidende – bei aller Verstrickung in die eigenen ichbezogenen Interessen und Widersprüche doch die dem 19. Jahrhundert eigene Heroisierung des (Fortschritts-)Ich unterlief und einen neuen Blick auf die Kulturorganismen, auf die Kulturleistungen und -mythen warf. Die später von Claude Lévi-Strauss in großer Selbstsicherheit (unterstützt von der Richtung, die die moderne Linguistik genommen hatte) formulierte These – die Mythen denken sich ohne unser Zutun –, wird bereits von Frobenius ausprobiert: der dem Menschen unbewußte Mythus wirkt auf ihn, und er antwortet darauf.[3]

Frobenius dachte und schrieb niemals nur mit den Mitteln und in den Grenzen der Wissenschaft, sondern immer mit dem Wunsch, seiner wie wir heute sagen würden *holistischen* Auffassung einen adäquaten Ausdruck zu verschaffen. Wie kaum ein anderer Ethnologe seiner Zeit – man muß schon auf solche Außenseiter und Amateurethnologen wie Victor Segalen oder später Michel Leiris und auf den ihm nahestehenden Hermann Keyserling (den Gründer der »Schule der Weisheit«) zurückgreifen –, hat er sich der Schwierigkeit gestellt, die Komplexität und Heterogenität des Erfahrenen darzustellen. In der Regel genau im Detail – man hat ihn in seiner archäologischen Spurensuche auch mit Sherlock Holmes verglichen, der in den scheinbar bedeutungslosen Zeichen zu lesen versteht – und maßlos im Entwerfen universaler Theorien, ungeduldig in der Durchführung eines Projektes, begierig, ein neues Werk zu beginnen, erneut aufzubrechen: so hat sich Frobenius im Grunde ohne einen Lehrer von Anfang an seinen Weg gesucht, einen Weg zwischen Kunst und Wissenschaft, einen Weg, den man vielleicht am treffendsten als *mythopoetisch* bezeichnen kann.

Ähnlich wie in der Diskussion um Bachofens Werk (*Mutterrecht*, *Griechische Reise* u.a.), in der, einige Jahre vor Frobenius, *das Mythopoetische* der Zankapfel zwischen den »Romantikern«, »Mythologen« einerseits und den »Wissenschaftlern« und »Historikern« andererseits war, drehte sich auch in der Rezeption von Frobenius' Werk letztlich alles um die Frage, ob es Literatur oder

Wissenschaft, Geschichtserzählung oder Ergebnis historischer Forschung sei. Die Schwierigkeiten bei der Klassifizierung hat man, von Seiten der Kritiker, nie als einen Mangel der eigenen Theorie und des eigenen Wissenschaftsverständnisses in Erwägung gezogen oder es zum Anlaß genommen, grundsätzlich das Kunst- und Literaturverständnis der Ethnologie und Geschichtswissenschaft zu befragen – ein Defizit, das bis heute in diesen Wissenschaften, außer in Frankreich, immer noch besteht. Und dies trotz »Neuer Geschichtswissenschaft« und trotz der vorbildhaften Funktion der sogenannten primitiven Kunst im »Primitivismus« zu Beginn dieses Jahrhunderts! Ganz anders dagegen Frobenius!

Die bedeutenden Intellektuellen seiner Zeit – und nicht nur die ihm nahestehenden Neoromantiker, Mythologen und Religionsgeschichtler, sondern auch ihm so diametral entgegengesetzte Geister, Sozialisten und Avantgardisten, wie Max Raphael und Carl Einstein – waren auf der Höhe der damaligen Kunst und Philosophie, trieben diese mit voran: als Einzelgänger und Querdenker, immer wieder die Formen der Darstellung (Essay, Text, Forschung) ausprobierend. Auch Frobenius ging in diesem Sinn experimentell mit Darstellungsformen um. Will man ihn auf eine der traditionellen Disziplinen festlegen, könnte man ihn noch am ehesten als Kulturphilosophen bezeichnen.

Der kulturphilosophische Blick auf das Universelle, der Wunsch, die Totalität zu begreifen und ihr eine Form zu geben, Wirklichkeit zu *erzählen*, das war ihm das Vordringliche. Die empirische Arbeit gehorchte weniger einem Kanon von Regeln, Gesetzen und methodischen Vorgaben, als vielmehr einer Leidenschaft und einem Überschwang, den doch schon Jules Michelet zu Ende des 19. Jahrhunderts für die Geschichtswissenschaft reklamiert hatte. Die Empirie war das Futter und das Fleisch, nicht das Gerüst des ganzen Baus; das Gerüst verdankte sich der Idee, dem Entwurf, der Vision – am Leitfaden der Intuition. Frobenius und die ihm Nahestehenden *betrieben* nicht nur Ethnologie, Geschichts- und Religionswissenschaft, Mythologieforschung und Archäologie, sondern sie fragten immer auch, was das ist: Kultur und Zivilisation, Religion, Mythos und Geschichte; wie der

Sinn aus den Phänomenen herausdestilliert werden kann, wie man durch die Oberfläche hindurch zu tieferen Schichten, zum Wesen vordringt – und was das überhaupt ist: das Wesen.[4]

Also: Frobenius, ein Kulturphilosoph? Ja, aber wie können wir heute, in einer Zeit, die man nach der Postmoderne als »Übermoderne« charakterisiert hat, mit seinem Kulturbegriff noch denken? Ein Ethnologe und Archäologe? Ja, aber nicht im akademischen Sinn, sondern getragen von einer Vision. Ein Humanist? Ein Mißverständnis, es sei denn, man erweitert diesen Begriff in dem Sinn, in dem man bei Senghor von einem »afrikanischen Humanismus« gesprochen hat. Ein Abenteurer und ein kolonialistisch agierender Sammler? Ja, aber wo schlägt die Leidenschaft für das Magische und Heilige um in das, was man klischeehaft das Dämonische genannt hat, und distanziert sich Frobenius denn nicht auch an entscheidenden Stellen vom »Sammlerwahn«? Ein Poet? Ja, aber auch eine Projektion derer, die sich mit ihm identifizierten und in ihm einen der ihren sehen wollten.

Also letztlich alles nur Annäherungen und, in der Verabsolutierung, Überzeichnungen eines Menschen, der – ein Bündel widerstreitender Triebe und Wünsche – geradezu wild aus sich heraus agierte und produzierte, sich in die Fremde hinein entwarf: *Die fremde Welt, das bin ich.*

Gleich einem Bakteriologen wollte er das Überleben von alten Mikroben, sprich: Kulturen ›im Kindheitsstadium‹ erforschen. Den großen Abenteurern eines vergangenen Zeitalters nacheifernd glaubte er, noch einmal die Wildnis ganz neu entdecken und erleben zu können, die noch weißgepunktete Landkarte eines schwarzen Kontinents mit Zeichen zu versehen, die andere Forscher in seiner Folge anlocken sollten.

Die Konturen dieses nicht leicht faßbaren Mannes und dessen Werk in seinen Entwürfen und in seinen Widersprüchen einem größeren Publikum heute wieder zugänglich zu machen heißt in erster Linie, Wissenschaft als einen *kreativen* Umgang mit »Objekten« vorzuführen. Und es heißt im besonderen, die enge Durchdringung von Selbst- und Fremdwahrnehmung beispielhaft vor Augen zu führen: Wir können das Fremde nur so weit verstehen, wie wir uns selbst verstehen. Schließlich können wir an

Frobenius, seinem Werk und seinem Institut das Entstehen einer ganzen Wissenschaft (mitsamt all ihren Verzweigungen, ihren Offenheiten und ihren Verschleierungen) gleichsam an einem »Ort« und in lebendigen Materialien und Dokumenten (wie etwa den Felsbildzeichnungen) nachvollziehen.[5]

Seine Figur, sein Werk und sein Wirken erlauben, in der personenbezogenen Rekonstruktion, viele Seiten- und Ausblicke auf andere Ethnologen des 20. Jahrhunderts. Und dies auf eine geradezu unterhaltsame Weise; denn Frobenius war ein großer »Schauspieler«, Animateur und Akteur, ein Künstler und Abenteurer ...

Diese Seite hervorzukehren, kann freilich nicht bedeuten, die diesem Werk innewohnende ideologische Tendenz zu verleugnen. Zugleich muß ein solch kritischer Blick auf die Ethnologie insgesamt und auf die Geschichte der Institutionen (die Teil dieses Systems waren) fallen. Diejenigen freilich, die einzig allein in der Ideologiekritik ihr Geschäft sehen, müssen sich fragen lassen, in welchem Kellerloch sie ihre eigenen Phantasien und Imaginationen, ihre exotischen Wünsche und Begierden versteckt haben. Von der Ratio unbemerkt schleichen sich so die unbewußten Tendenzen in die Theoriebildungen ein. Wo setzen die Gedanken der Rationalisten eigentlich in der kritischen Darstellung einer Person und eines Werkes und in ihrer (introspektiven) Selbst-Ethnographie an? Wie weit gestehen sie dem anderen und sich selbst eine individuelle (von Verkennungen niemals freie) Spurensuche zu? Wie weit haben *sie* sich von institutionellen Zwängen befreit? Theorien sollten sich mit dem eigenen Schatten, mit ihrer eigenen Unwahrheit konfrontieren und nicht mit Stillschweigen übergehen, was sich ihnen entzieht.[6]

Ebensowenig wie die ideologiekritische Darstellung sollte auch die biographische Recherche verabsolutiert werden. Biographien verstellen heute in vielen Fällen mehr die verwinkelten und biographisch nicht erklärbaren Wege und Schichten eines Werks als sie transparent zu machen. Konzentriert auf den Fetisch eines Lebens, das sich scheinbar direkt in ein Gedankengebäude übersetzt, lenken sie oft ab vom Nach-Denken der Theorien und der ihr eigenen Entwicklungslinien. Um einem vermeintlichen »biographischen Verlangen« zu genügen, trivialisieren und mythisieren sie die maßgeblichen Denker der Jahrhunderte. Ulrich Raulff[7] hat davon gesprochen, daß, wer heute »zum Leser Heideggers werden will, einen dichten Wald von Biographik durchqueren muß, bevor er die Lichtung der Texte erreicht«, und erinnert an Walter Biemel, der Anfang der siebziger Jahre seinen Band über Heidegger (in der rororo-Bildmonographie) mit der Bemerkung vorstellte, er glaube nicht daran, daß sich aus dem Leben eines Künstlers oder Denkers dessen Schaffen begreifbar machen lasse. Im Fall von Leo Frobenius gibt es natürlich kein vergleichbares »biographisches Verlangen«, das einen dazu verführen könnte, das Werk hinter dem Leben verschwinden zu lassen. Und doch verlockt vieles an diesem »ungewöhnlichen« Leben (und der Gabe des Autors, seine Gedanken und sein Werk in Szene zu setzen, für sich und seine Ideen zu kämpfen) dazu, seine Theorie biographisch zu verkürzen. Um dem zu entgehen, habe ich versucht, mich dem Werk durch dessen Lektüre *und* durch ein Nachspüren der Lebenszusammenhänge, in dem es entstanden ist, zu nähern. In einem solchen wechselseitigen Bezug dient der biographische Rekurs nicht der Mythisierung von Frobenius, und die Theorie erscheint nicht als ein lebloses Gedankengebäude, jenseits von Erfahrungen und Empfindungen.

Für wertvolle Hinweise danke ich Karl-Heinz Kohl, Christian Feest, E.W. Müller, Mark Münzel, Fritz W. Kramer, Bernhard Streck, Constantin von Barloewen, Alessandro Stavru, Natale Spineto, Mario Gandini, Rüdiger Dammann, Ilse Wohlenberg, Hertha von Dechend, Andreas und Katharina Lommel, Hermann Niggemeyer und Siegfried Seyfarth; ebenso denen, die Frobenius noch kannten und die mir von ihm erzählten (namentlich Magda Kerényi), den Familien Hanf-Dressler, Lauterbach, Lauster und Bücheler sowie den heutigen Mitarbeitern des Frobenius-Instituts (namentlich Peter Steigerwald), dem Überseemuseum Bremen (Dieter Heintze und Bettina von Briskorn) sowie Ulf Diederichs. Für ihre Hilfe danke ich Walter und Gisela Bromba und für ihre Kooperation in Paris: Henri Lopes, Makhily Gassama, Manuel Valentin, Nicole Thiers, Anne Tillard, sowie den Übersetzerinnen dieser Studie ins Französische Catherine Emery und Marie Pierre Emery.

»*Frobenius hat viel Ähnlichkeit mit Schliemann. Er stößt vor, er ist von einer beispiellosen Zähigkeit, er läßt sich von afrikanischen Negern uralte Legenden erzählen, er glaubt dem vielgeschmähten und vielbezweifelten Herodot immer noch mehr, als dickbändiger Professorenweisheit, denn er hat die wunderbare Gabe, durch Arabesken und Gerank von Sage und Legende, durch die behagliche Weitschweifigkeit des alten griechischen Historikers hindurch den Wirklichkeitskern zu erspähen. Er holt sozusagen die lebendigen und die belebenden Hormone noch aus zehntausend Jahre alten Konservenbüchsen. Das ist freilich kaum zu erlernen, das ist eine Berufung, kein Beruf. Leo Frobenius' Geheimnis: er hat Augen ... Er ist ein Lebemeister, kein Lesemeister ...*«
(Thüringer Allgemeine Zeitung, 27.1.1933, wieder abgedruckt in: Ein Lebenswerk aus der Zeit der Kulturwende. 1933: 159f.)

»*Leo Frobenius: ... eine Natur von vorgestern und von übermorgen*«
(Hermann Frobenius, 1946: 471)

27

I.

DER ZUGANG ZUM FREMDEN

*Zu den ersten Dingen, die wir zu
lernen haben, gehört, daß unsere Kultur eine
unter vielen ist, unsere Sprache eine unter vielen, daß unser Alphabet nur eine Form des
Schreibens ist und daß alle Menschen auf der
Erde zur selben Art gehören und Dinge nur
anders tun als wir sie tun ... Und wenn wir
einmal unseren Lehrern, Eltern und Kindern
begreiflich gemacht haben, daß die menschliche Kultur etwas ist, das die Menschen
historisch aufgebaut haben, daß unsere Kultur
sich von anderen allein aus historischen Gründen unterscheidet, auch, daß Kultur etwas ist,
was man verändern kann, und daß man
andere Kulturen erfassen kann, dann würde
unser Problem, mit anderen Völkern der
Erde zurechtzukommen, sich ganz anders
darstellen.*
Margaret Mead, zitiert nach Marschall (1996: 295)

»*Der junge Leo Frobenius, geboren im Jahre 1873 als Sohn eines festungsbauen-
den Soldaten, wurde erzogen zum Wanderer. Als Kind verbrachte er nur einmal
vier, sonst immer nur ein bis zwei Jahre an einem Orte, – wuchs also nirgends
wurzelhaft fest. Des Vaters Beruf zwang zum ständigen Wechsel. Dennoch
gewann das Kind einen Haftpunkt seiner Vorstellungen.*«
(*Ausfahrt*, 1925: 47. In dieser autobiographischen Skizze spricht Frobenius von
sich selbst in der dritten Person.)

In Doorn 1927: S.M. der Kaiser mit Leo Frobenius im Gespräch; dahinter die
Professoren (von links nach rechts) Reinhardt, Otto, Volgraf und Lommel.

»*Nach dem Weltkriege haben Sie durch wiederholte Besuche bei*
Mir in Haus Doorn Ihre treue Anhänglichkeit bekundet und
Mich durch Vorträge und Berichte über die Ausgestaltung Ihrer Forschungs-
ergebnisse dauernd auf dem Laufenden gehalten.
So war Ich in der Lage, mit Ihrem wertvollen Beistande und
unter der Mitwirkung Ihrer Herren Kollegen und Freunde die
›*Doorner Arbeitsgemeinschaft‹ zu gründen, die in engster Beziehung*
zu Ihrer Wissenschaft oft bei Mir getagt
und deren Förderung im Interesse der kulturmorphologischen Forschung
Mir all die Jahre am Herzen gelegen hat.«

(Wilhelm II., in seinem Geleitwort zu dem 1933 erschienenen
Band zu Frobenius' 60. Geburtstag *Ein Lebenswerk aus der Zeit*
der Kulturwende.)

DER URSPRUNG

DER

AFRIKANISCHEN KULTUREN

VON

L. FROBENIUS

Mit 26 Karten von Afrika nach Entwürfen des Verfassers,
9 Tafeln in Lichtdruck, Buntlichtdruck, Autotypie etc. sowie ca. 240 Textillustrationen
von L. Hugelshofer, Arthur Thiele, H. Frobenius, Conrad Schultz,
dem Verfasser und Anderen

BERLIN

VERLAG VON GEBRÜDER BORNTRAEGER

1898

34

1. Von den Anfängen an

*»Die Menschen sind, an was wir uns von
ihnen erinnern. Was wir Leben nennen,
ist letztlich das Flickwerk der Erinnerung
eines anderen.«*
(Brodsky, 1996: 259)

Momentaufnahme, Dezember 1912: Wilhelm II. gewährt Frobenius eine dreißigminütige Audienz. Er versteht es, den an Geschichte und Archäologie interessierten Kaiser derart in den Bann
seiner Theorien zu ziehen, daß er zu einem weiteren, nun privaten Gespräch am Abend eingeladen wird. Bis tief in die Nacht hinein breitet Frobenius all sein Wissen und seine Wünsche aus und
hat am Ende einen lebenslangen Förderer seiner Expeditionen
gefunden. Auch nach dem Zusammenbruch des Kaiserreiches
blieb diese Beziehung bestehen und festigte sich in der »Doorner
Arbeitsgemeinschaft«. Zahlreiche Dokumente, vor allem ein
umfangreicher Briefwechsel, beweisen, daß eine freundschaftliche
Bindung, unabhängig von politischer Übereinstimmung und bloß
eigennützigen Interessen, bestand. »Der Kaiser hängt sehr an ihm,
sie unterhalten sich prachtvoll, und wenn der Geheimrat weg ist,
fällt jener förmlich zusammen, langweilt sich, schreibt ihm Briefe,
unterzeichnet ›Ihr Schüler Wilhelm‹.«[1]

Sich in die Fremde hinein zu entwerfen, sich im Verhältnis zum
ganz Anderen darzustellen und dieser visionären Selbst- und
Fremderfahrung die Form einer ethnologischen Theorie zu geben,
das war Frobenius' große Begabung, die sich schon sehr früh in
seiner Jugend zeigte, ja mit Macht hervortrat. Wenden wir uns also
den Anfängen zu.

Nach dem Gymnasium (das Frobenius nahezu von Jahr zu Jahr
wechselte: Berlin, Straßburg, Lötzen, Glogau, Halle) und einem
kurzen Aufenthalt auf einem Bauernhof, geht er nach Bremen,
arbeitet tagsüber in einem Handelsunternehmen und studiert die
Schriften der Ethnologen und die Abenteuerberichte der Reisenden. Die Bilder, die sich ihm (durch Schweinfurth, Pogge,

Wissmann, Nachtigal, Heuglin, Barth, Hornemann u.a.) vermitteln und einprägen, vermischen sich während des Tages mit den Eindrücken im Hafen. Die Schiffe, die ausfahren, machen Halt in afrikanischen Häfen und haben, wenn sie einlaufen, »Eingeborene« des »Dunklen Kontinents« an Bord.

Es werden die Bilder wiederbelebt, die er als Kind im Berliner Zoo von den dort wie wilde Tiere vorgeführten Eingeborenen bekommen hatte. Dieses Phantom (sich zusammensetzend aus den Impressionen seiner Kindheit, seiner Lektüre und seinen mehr oder weniger flüchtigen Begegnungen) ergreift von ihm Besitz, wird zur Obsession. Die Fragen der Menschheitsentwicklung – und er scheint von Anfang an in großen Entwürfen und weiten Dimensionen gedacht zu haben – fixieren sich nun auf diesen Kontinent, von dem er sich die entscheidenden Antworten erhofft. Die Felsmalereien, denen er sich schließlich ein Leben lang widmen wird, erhalten bereits hier eine Schlüsselstellung in seinen Phantasien und frühen ethnologischen Überlegungen zum Aufbau und zur Gestalt der ältesten Zivilisationen.

Zuerst ist bei ihm stets – ähnlich wie bei dem von ihm verehrten Heinrich Schliemann – der Anflug einer Vision, die Phantasie, die Idee und die Neugier; dann erst fädelt er sich langsam in die Wissenschaft und die Institutionen ein, deren Gegenstand die außereuropäischen Kulturen sind. 1893 überträgt ihm das Bremer Museum kleinere Arbeiten – im gleichen Jahr, in dem Heinrich Schurtz, mit dem ihn anfänglich eine innige Freundschaft verbindet, dort eine Anstellung erhält. Schurtz wird bis zum Ende seiner Laufbahn am Bremer Museum bleiben, während sich Frobenius' Leben unruhig gestaltet, in einem ständigen Wechsel von Forschung und Expedition.[2] An den Anfang seiner Forschertätigkeit stellt Frobenius selbst die Verbindung von »Völkerbeschreibung und Naturdurchgrübelung«, aus der in den Jahren von 1891 bis 1893, also noch vor der ersten Reise, eine Ethnographie des südlichen Kongobeckens hervorgegangen ist. Es ist ihm wichtig zu betonen, daß er seine ersten Arbeiten schrieb, »ohne zu wissen, daß es eine Völkerkunde und Werke wie die von Ratzel und Waitz gab«. Orientiert habe er sich an Reisebeschreibungen und den Berichten der Forscher.[3]

Bereits Jahre vor seinem ersten Aufbruch (1904) publiziert er von 1894 an eine Reihe ethnographischer und kulturgeschichtlicher Studien, darunter *Die Kunst der Naturvölker* (1895), *Der westafrikanische Kulturkreis* und *Über oceanische Masken* (1897), *Die Masken und Geheimbünde Afrikas* und *Der Kameruner Schiffsschnabel* (1898, als Dissertation eingereicht), *Der Ursprung der afrikanischen Kulturen* (1898) und in den folgenden Jahren eine Fülle von Besprechungen und präzisen, teils positiv aufgenommenen Studien wie *Die Probleme der Kultur* (1901) bis zu *Das Zeitalter des Sonnengottes* (1904).[4]

Die Arbeiten dieser Zeit sind geprägt vom Wunsch, Ordnung und Systematik in den materiellen Kulturbesitz zu bringen und zugleich die Weltanschauung, die Mythologie und den Glauben von Gesellschaften, ja die Kultur als Gesamtphänomen zu behandeln. Die erste »Stufe« seines Schaffens sieht er mit der in Basel entstandenen Studie *Die Weltanschauung der Naturvölker* und die zweite mit *Das Zeitalter des Sonnengottes* abgeschlossen. Hinter ihm liegt die Zeit eines regen geistigen Austausches mit dem älteren Ethnologen Adolf Bastian (1826-1905), vergangen auch die Zeit am Museum für Völkerkunde in Leipzig und die Nähe zu Friedrich Ratzel, mit dem er sich heftig auseinandersetzte (vor allem, was dessen starre Systematik, die Verknüpfung des Kulturproblems mit der Rassenfrage und schließlich dessen Weigerung, »die Tatsachen der Kulturverwandtschaft direkt auszusprechen«, betraf). Verbunden fühlte er sich ihm in seinem biologistischen Verständnis des Staates und der Kultur. Die Vorstellung von überethnischen Gebilden, die wie Organismen ein Eigenleben führen, ist bei Frobenius ursprünglich mit einem Sozialdarwinismus verknüpft, von dem er sich später lösen wird. Auch andere Implikationen (wie die kategoriale Unterscheidung von »Natur«- und »Kultur«-Völkern) bilden in seinem Werk keine Konstante, sondern sind Veränderungen unterworfen.

In seine »Kulturkreislehre« sind die Überlegungen von Bastian, Ratzel und Schurtz eingegangen, und zugleich hat er sich inzwischen doch aufs schärfste abgegrenzt von deren psychologisierenden und historisierenden Tendenzen. Die von Bastian zugunsten einer elementargedanklichen/psychologischen Grundgleichheit

37

der Menschen vernachlässigte Betrachtung der räumlichen Beziehungen zwischen den Kulturen und die von Ratzel favorisierte Migrationstheorie werden in ihrer Einseitigkeit erkannt und neu bestimmt. In den Jahren zwischen 1897 und 1899 hat Frobenius seine »Kulturkreislehre« formuliert, derzufolge alle Kulturen eine organische, gewachsene Einheit bilden. Die verschiedenen »Kulturkreise« erscheinen als Abkömmlinge dieses Einen. Außerdem hat Frobenius Bastians Idee eines geistigen Kulturbesitzes und Ratzels Verständnis für Analogien und für die Dynamik in den Kulturen auf eine gleichsam höhere »geistig-seelische Stufe« gestellt. (Bastians Theorie vom Völkergedanken habe den Menschen zu einer »Maschine für Kulturprodukte« degradiert und damit genau der damals herrschenden mechanistischen Geistesrichtung entsprochen.)

Es wird allerdings noch einige Jahre dauern, ehe er eine Morphologie entwickelt, die sich ihrer naturwissenschaftlichen Abhängigkeiten entledigt hat. Erst einmal aber mußte, in einem Zwischenschritt von grundlegender Bedeutung, die Kultur organizistisch gedacht werden, um sich vom »subjektivistischen und egozentrischen Conquistadoren-Charakter der Anschauung des 19. Jahrhunderts« zu befreien. Erst dann konnte die *Kultur ohne den Menschen* wieder anthropologisch gedacht werden.[5]

Noch ein anderer persönlicher Bruch ist in diesen Jahren von Bedeutung. Von Felix von Luschan (Mitarbeiter und später Direktor am Völkerkundemuseum in Berlin) hat sich Frobenius abgewandt, nachdem ihm dieser den Zugang zu den dortigen Sammlungen mit allen Mitteln zu versperren versuchte. Luschan hatte sich in einen eigenartigen Widerspruch verstrickt: einerseits die Sammlungen in engstem Rahmen monographisch behandeln zu wollen, und andererseits weit ausgreifende Deutungen vorzunehmen, was Frobenius als »sinnwidrige Verzerrung des Materialwillens« bezeichnete.

Frobenius aber mußte feststellen, daß er mit einem Mal isoliert war, daß es so etwas wie einen unausgesprochenen kollegialen Konsens in »formvollendeter Vornehmheit« gab, der gegenüber seine Art des »jugendlichen Stürmers« anarchisch erschien. Die gleiche Erfahrung macht er 1894 mit seiner, von großer Verehrung geprägten, aber kritischen Besprechung des Werkes *Durch Massai-land zur Nilquelle*. Sein Autor, Oskar Baumann, den Frobenius als einen »scharf beobachtenden ... Entdeckungs- und For-schungsreisenden« bezeichnet, erträgt diese offene Aussprache nicht. »Ich fühlte mich«, notiert Frobenius später in *Paideuma* (1921), »im Innersten meiner Seele und meiner wissenschaftlichen Denkweise betroffen ... Ich war so erfüllt von dem großen Beruf eines Forschungsreisenden, der Notwendigkeit einer weiten Auf-fassung, daß mir das Kleinliche erst gar nicht begreiflich war ...« Frobenius wird diese Erfahrung letztlich sein ganzes Leben lang machen: sein Charakter des Querulanten und kompromißlosen Denkers und Kritikers hat im Universitäts- und Museumsrahmen keinen Platz. Es sei ihm oftmals gesagt worden, notiert er einmal in *Ausfahrt*, daß sich seine Kulturkreislehre »viel schneller und für den Autor ersprießlicher eingebürgert« hätte, wenn er in seinen Schriften, vor allem auch in dem 1898 erschienenen Werk über den Ursprung der Kultur, seine »Schärfe unterdrückt hätte«. Seine vor-preschende Art hielt ihn jedoch keineswegs von einer selbstkriti-schen Stellungnahme ab. So betont er, daß er ja selbst von der »Unschicklichkeit der Jugendjahre« gesprochen habe: »... sobald ich nämlich erkannt hatte, daß anmaßende und sarkastische Sprechweise sowohl des Autors als der hohen Aufgabe der Wis-senschaft nicht würdig ist. Im übrigen verstand natürlich niemand den Ursprung dieser an sich unzulässigen Ergüsse. Niemand konnte sehen, was in dieser jungen Seele vor sich gegangen war, daß nämlich eine zur unbeschränkten Pietät und zur Verehrung akademischen Seelenadels erzogene Simplizität nach mehrmaligen Enttäuschungen ihren Zorn über die Tatsächlichkeit menschlicher Schwäche austoben mußte. So trat denn das Revolutionäre als Schirm vor das Evolutionäre. Und doch glaube ich nicht, daß das Geschick der Bücher, des Autors und der ganzen Lehre ein viel anderes hätte werden können, wenn dieser Mißgriff auch vermie-den worden wäre. Auch das Ergebnis der Arbeit widersprach zu sehr der materialistisch-analytischen Geistesrichtung, die am Ende des vorigen Jahrhunderts ihre seelenlosen Triumphe feierte, als daß sie schon damals einem größeren Kreise hätte zugänglich werden können. Denn nach dem Inhalt der Arbeit entwickelt die Kultur sich unabhängig vom Willen des Menschen, ist mehr an den Raum als an die Rassen gebunden und wird als Organisches aufgefaßt.«

Frobenius erkennt mehr und mehr, daß er noch in Denkhaltungen und -kriterien befangen ist, die der Entwicklung seiner Theorie nicht mehr entsprechen. Er versucht, die »naturwissenschaftlichen Krücken« abzuwerfen, die materialistische »Denkungsweise der damaligen Zeit« hinter sich zu lassen und sich noch weiter dem zu öffnen, was er als das »Geistes- und Seelenleben« der Völker und als »Entelechie der Wirklichkeit« begreift. Zugleich aber, und das ist das Entscheidende, sieht er nun noch deutlicher die Notwendigkeit, seine kartographische Methode weiterzuentwickeln, die »neuen Werkzeuge an anderen Materien auszuproben« (!) und eine »Geographische Kulturkunde« auszubilden.

Eine Sitzung der Anthropologischen Gesellschaft, Ende 1904 – noch kurz vor seinem Aufbruch nach Afrika – gibt ihm die Gelegenheit, gegenüber den Größen seines Fachs, die seine Kulturkreislehre teilweise adaptiert hatten, mit einer geradezu heroischen Geste, seine eigene Theorie in ihrem Glanz und in ihrer Begrenzung darzustellen: »… lassen sich wirklich biologische Beweise für den organischen Zusammenhang der Kulturformen, für die Entwicklung der Formen aufbringen? Ich glaube, es gibt solche Beweise. Wenn wir sie jedoch finden wollen, müssen wir die bisherige Methode etwas umgestalten. Wir dürfen uns dann aber nicht damit begnügen, zu sagen: hier haben wir *die* Form des Schildes und hier haben wir *die* Form des Schildes, sondern wir müssen uns nach der Entwicklung der Schildformen, nach den Umbildungsformen umsehen. Ich glaube, dieser zweite Teil meiner Methode, die entwicklungsgeschichtliche Methode, hat die größere Bedeutung. So können z. B. die Rundhütten von außen an mehreren Stellen der Erde ganz gleich sein. Erst die innere Struktur, die Konstruktion, die Umbildung der Konstruktion auf einem Verbreitungswege, auf einer Verbreitungsfläche müssen wir erkannt haben, ehe wir auf den organischen Zusammenhang schließen können.

Ich glaube, auf diese biologische Seite der Methode müssen wir hauptsächlich Rücksicht nehmen.

Im übrigen wollte ich nur allgemein darauf hinweisen, und zwar eigentlich auch nur deswegen, weil ich selbst seinerzeit in der energischen Verfolgung der statistischen Arbeit zu weit gehende Schlüsse gezogen habe. Nur wenn wir großzügig und ohne Berücksichtigung der nie ganz auszumerzenden kleinen Fehler in den Ergebnissen der statistischen Arbeitsform *der Entwicklungsgeschichte* unser Hauptaugenmerk widmen, dürfen wir hoffen, die größeren Fragen einmal beantworten zu können.«[6]

»Erlebnis der Kulturen als organischer Körper und Vertiefung der Kultur – und Völkerkunde bis zu einer Weltanschauung« – das ist der Horizont, unter dem Frobenius arbeitet. Aber ihm selbst ist diese Arbeit letztlich nicht vorstellbar ohne die praktische Tätigkeit des Sammlers und des Forschungsreisenden. Neben einer »fanatisch betriebenen Lesetätigkeit« nennt er als »zweites Tummelfeld seiner Gedanken« eine »oft an Gier grenzende Leidenschaft« für die Sammlung von Mineralien, zumal Kristallen. Mit seiner Selbstcharakterisierung als »gierig« und »leidenschaftlich« reiht er sich ein in die Typologie des Sammlers als eines Süchtigen und nach Gegenständen und Menschen Hungrigen oder wie es Freud kurz und bündig formulierte: »Jeder Sammler ist ein substituierter Don Juan ...«

Alles bis zum ersten Aufbruch nach Afrika Erreichte – alle theoretischen Entwürfe, praktischen Tätigkeiten und Sammlungen – erscheint ihm nur als Sprungbrett, nur als Voraussetzung für die ethnographische Erforschung. Im Gefühl, solide Grundkenntnisse von den afrikanischen Kulturen und eine hinreichende Methode für deren weitergehende Beschreibung und Analyse zu besitzen, stürzt er sich in das Abenteuer einer direkter am Material zu erprobenden »Tiefenschau«. Er wolle, notiert er, den »Innensinn« der Dinge in der Fremderfahrung kennenlernen, um auf einer breiten Basis eine »wissenschaftlich begründete Metaphysik« zu bauen.

Eine Metaphysik in einem »steinernen Haus«! Denn als solches begriff er sein »Afrika-Archiv«, das er 1898 gründete, aber bereits Ende 1894 »fertig« vor sich sah. Dieses Datum und das damit verbundene erhabene Gefühl sind für ihn unlösbar verbunden mit der »tiefen Niedergeschlagenheit«, die ihn nach Baumanns harter Entgegnung auf seine Rezension ergriffen hatte. Niedergeschlagen und doch zugleich voll neuer Kraft, in sich stärker denn je die »Notwendigkeit einer ganz neuartigen Ordnung des ungeheuren Stoffes« spürend, folgt er der Magie des Sammelns, Gliederns und Ordnens, »nach objektiven Grundlagen sichtend« und erlebt gleichsam eine Auflösung des Ich, erlebt das, was er später mit dem so umfassenden Wort von der »Ergriffenheit« bezeichnen wird.

Es liegt nahe, Freuds Verständnis des Sammelns als einer Sub-stition und einer Ersatzhandlung noch einmal aufzugreifen. Wenn es so ist, daß das Ansammeln von Objekten und Menschen – diese stark quantitativ geprägte Herstellung von Beziehungen – das »Trauma« des Alleinseins, Zurückweisungen und Enttäuschungen auslöschen soll, und sich der Sammler, wie dies der Ethnologe und Psychoanalytiker Werner Muensterberger formuliert hat, durch seine Tätigkeit gegen die Versuchung des »horror vacui«, den Sog der Nichtigkeit in der eigenen Existenz, schützen will, dann paßt dies sehr gut zu Frobenius' allgemeinem Gefühl des Zurückge-wiesenwerdens und, im besonderen, zu seiner Situation nach der enttäuschenden Reaktion von Baumann. Ja, im Lichte dieser Deu-tung des Sammelns als einer Kompensation erfahrener Leiden und Trennungen erscheint sein von ihm auch in diesem Zusammen-hang so stark gemachtes Wort von der Ergriffenheit als eine Vari-ante des kreativen und leidenschaftlichen Sich-in-Beziehung-Set-zens zu den Objekten und Menschen. Auf diese Weise holt er sich in sein Leben, in sein Erfahren und Erkennen hinein, was ihm an anderen Stellen versagt geblieben ist.

Er habe, so notiert er, das »unmittelbare lebendige Dasein« der Kultur als ein »innerlich formendes«, ein »selbständiges organi-sches Wesen« erfahren. »Eine innere Erschütterung hatte also im Herbst 1894 das »Afrika-Archiv« und eine skizzenhafte Lehre von der organischen Eigenart der Kulturen ins Leben gerufen.«[7]

Von 1904 an bis zum Ersten Weltkrieg konzentrierte er sich vor allem auf seine Forschungsreisen in der Sudanzone; im Anschluß daran waren es mehr die theoretischen Arbeiten, die ihn beschäf-tigten, und schließlich wechselten beide Aktivitäten oft in rascher Folge einander ab. Man hat auch von der Sturm- und Drangperi-ode, der Zeit des Aufbruchs, bis zum Jahr 1898 gesprochen (die

Jahre, in denen Aufsätze wie »Weltanschauung der Naturvölker« und »Die Masken und Geheimbünde« erschienen), der folgenden Periode der Reisevorbereitungen und der weiteren Entwicklung der Kulturkreislehre, der Periode der Reisen und Expeditionen, der Zeit der Revisionen und ihr folgender gewaltiger theoretischer Anstrengungen zum Ausbau der eigenen Theorie. Man hat sogar eine Parallele in der von ihm behaupteten Evolution der Zivilisation (Kindheit, Jugend, Reife und Alter) und der Perioden seiner Theoriebildung gesehen.[8]

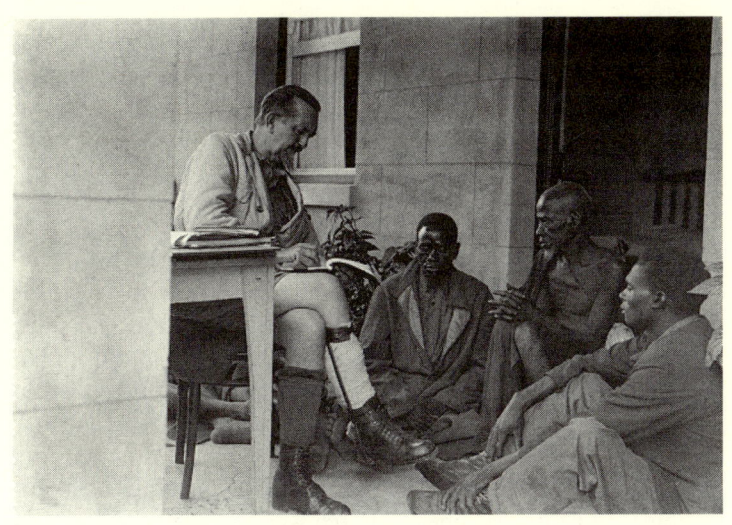

1906 hatte Frobenius einen jungen Afrikaner, Tchicaya, von einer Expedition
mit nach Berlin gebracht. Erst lebte er in seinem Haus. Später besorgte er ihm
eine Stelle als Hotelportier. Tchicaya hatte ihn bei seinem Aufenthalt im Kongo
angefleht, ihn mitzunehmen, da er befürchtete, als achter Königssohn, nach dem
Tod seines Vaters und der Machtübernahme durch den ältesten Sohn, rituell
ermordet zu werden.

2. Das Heilige und das Dämonische

»Das Jahr 1904 führte mich nun hinaus unter andere Völker, in den Bannkreis der afrikanischen Kulturen. Damit begann ein Leben, das so reich und fast übermäßig mit Erlebnissen und Eindrücken gesegnet war, daß ich heute glaube, nicht dankbar genug sein zu können. Zeiten freien ungebundenen Daseins, in denen mir die ganze Verantwortung selbständiger Lebensführung für mich und viele mir anvertraute Menschen beschert war, und in denen mir wissenschaftliche Stoffmassen, Erkenntnisse und Erlebnisse in ungeahnter Fülle zuströmten, wechselten seitdem mit entsprechenden Zwischenräumen, die ein emsiges Heimatstudium und die Arbeit an dem stets wachsenden Archiv ausfüllten. Die mir beschiedene Ernte war überreich. Ich werde selbst nie fähig sein, sie im ganzen Umfange der Welt mitzuteilen. Aber um so strenger mußte die Bearbeitung der Sammlungen und die Ordnung der Manuskripte sein.«

Bevor Frobenius zur Sammlung primitiver Kunst in den Kongo mit der von ihm selbst organisierten »Inner-Afrikanischen Expedition« und mit Geldern vom Hamburger und Leipziger Museum aufbricht, hat er bereits eine eigene Kollektion durch Ankäufe im Bremer Hafen angelegt. Nigeria, das ihn schon damals mehr zu beschäftigen scheint, da er dort die maßgeblicheren Funde alter Kunst zu machen hofft, erweist sich als zu kostspielig, und es wird noch Jahre dauern, bis er schließlich – auf der Suche nach Atlantis – ins Land der Yoruba aufbrechen wird. Aber auch seine Kongo-Reise ist sehr erfolgreich: er bringt 8.000 (!) Objekte mit, eine Ausbeute, die die Finanzierung weiterer Reisen garantiert.[1]

Nun also ist er Sammler und »Räuber«! Das Bild des raffgierigen, imperialistisch geprägten Ethnologen haftet fortan auch an ihm. Und, in verqueren Verstrickungen, wird er, der leidenschaftliche Verfechter der Kulturen Afrikas, später zeitweise im Sog nationalsozialistischer Ideologien, sogar zum Verfechter kultureller Reinheitsideale, ohne sich allerdings dem Rassegedanken verpflichtet zu fühlen. Das »Dämonische«, das man Frobenius wiederholte Male zuschreibt, ist nicht ganz unbegründet und doch auch eine Projektion und Verzerrung.[2]

Der moderne Sensationsjournalismus führt uns täglich vor Augen, daß das Dämonische eine Konstruktion derer ist, die so sprechen. Der Täter selbst ist einer, der auf unheilvolle Weise seinem Triebschicksal gefolgt ist, der der Lust zu töten und zu foltern, zu quälen und jemanden zu mißbrauchen auf individuelle Weise, ohne Rückendeckung eines Systems, das den Befehl dazu gab, gefolgt ist. Man mag seine Tat dämonisch nennen – aber gerechtfertigt ist dies letztlich nur, wenn man all die vergleichbaren staatlich und national abgesicherten Taten auch so nennt und also das Dämonische nicht nur an den Rändern der Gesellschaft, sondern in ihrer Mitte, in ihren Strukturen wahrnimmt. Dann aber verliert das Dämonische den beabsichtigten Charakter der Verwerfung und Ausschließung, der dazu dient, den *Menschen* (das heißt: sich selbst) vom *Unmenschen* (das ist eine Umschreibung des »Anderen«) kategorial zu trennen. So werden die eigenen Züge des Unmenschlichen verdeckt und die triebhafte Beziehung zum Dämonischen wird kaschiert: unkenntlich in den vorgenommenen Zuschreibungen, Anklagen und Verurteilungen.

So läßt sich also »das Dämonische« unschwer an den in Imperialismus und Kolonialismus und später in den Nationalsozialismus verstrickten Ethnologen festmachen. Zum einen gerät auf diese Weise der komplexe Zusammenhang von politischem System und Wissenschaftsgeschichte aus dem Blick; und zum anderen wird die eigene aktuelle Verstrickung verleugnet, denn wer könnte davon ausgehen, daß er nicht in vielem unbewußt Mitläufer korrupter und verwerflicher Tendenzen ist, die er erst im Rückblick erkennen wird, und daß er nicht unablässig mit dazu beiträgt, durch seine Eingriffe Traditionen zu zerstören, anderes Leben in dessen Qualität zu mindern?

Frobenius – ein »dämonischer Geist«, wie man über die Jahrzehnte hinweg und zuletzt wieder in jüngster Zeit (bei der Aufarbeitung der Wissenschaftsgeschichte der Ethnologie) wähnte? Ja, zum Teil. Aber wie kann man davon sprechen, ohne sich selbst auszuklammern, ohne sich selbst zu verleugnen, sich jegliche Schuld abzusprechen? Das aber verlangt, das Dämonische *inmitten* des Menschlichen zu situieren und die Stellen zu markieren, an denen das Nichtverwerfliche umschlägt in das Verwerfliche. Bei den Ethnologen, und auf ganz exemplarische Weise bei Frobenius, ist dies die Verkehrung des Sammelns ins Raffen und Rauben, die Verkehrung der Leidenschaft für das Heilige und Magische in deren Zerstörung. Dem Sammeln ist diese sphinxhafte Doppelgestalt eigen, und auch das Dämonische und das Heilige bilden ein Paar.

Auf besonders eindrückliche Weise hat James Clifford die Verschränkung des Sammelns mit den ihr zugrundeliegenden Phantasien dargelegt. Indem er auf ein Gedicht von James Fenton (»Das Pitt Rivers Museum, Oxford«) Bezug nimmt und die »Landschaft der Kindheit« in Erinnerung ruft, erscheinen das Sammeln und die auf vielfache Weise herstellbaren »Systeme der Objekte« in neuem Licht. Das Museum als eine »Welt intimer Begegnungen mit unerklärlich faszinierenden Objekten: persönlichen Fetischen. Hier gehört zum Sammeln unausweichlich auch die Besessenheit, zur Erinnerung die Beschwörung«. Ist »Besessenheit« aber unabdingbar an Besitzenwollen gebunden, an den Reichtum fremder Objekte, an die »Entfaltung eines possessiven Selbst«?

Die Ethnologen waren immer mehr oder weniger Verehrer und Zerstörer des Sakralen, leidenschaftliche Sammler und Räuber im Dienst einer Nation und Institution, unlösbar verstrickt in ein Netz aus Hochschätzung und Exotismus (in seiner zuende gehenden Blüte), aus Entdeckerlust und der latenten oder manifesten Bereitschaft, sich willig in den Dienst einer Macht zu stellen. Ihre individuellen Ideen korrespondierten – und das war das Verhängnisvolle und sie schuldig Machende – mit dem Machtgebaren der Nationen und wissenschaftlichen Institutionen, auch wenn sie sich als einzelne zurückzunehmen versuchten.

Das individuelle und kollektive »Dämonische« äußert sich in der Nichtbeachtung der Würde des anderen, in der Entheiligung seiner Räume. Das Dämonische erweist sich als die Gegenseite des Heiligen. Die Ethnologen selbst werden noch über Jahrzehnte hinweg kaum ein Gefühl von ihrer Schuld haben, sich nicht im Unrecht wähnen. Sie dringen in die Tempel, die Kult- und Opferstätten ein, rauben den ›Wilden‹ ihr Heiligstes – Masken, Fetische,

Grabbeigaben, Figuren –, hinterlassen eine Wüstenei und ›entgei-
sterte‹ Menschen, und fühlen sich doch oft genug als Bewahrer
und Wächter, als Retter des Alten.

Sie sind Vollstrecker eines dämonischen (durch keine Huma-
nität, durch keinen Wert, der für die eigene Gesellschaft maßgeb-
lich ist, zu rechtfertigenden) Machtwillens und Erkenntniswun-
sches. Als einzelne wollen sie eigentlich etwas anderes, aber sie
sind verführbar, nehmen die dämonischen Züge ihres Handelns (in
diesem durch die Nation und die Institutionen vorgegebenen
Kontext) in Kauf. Ihre Leidenschaft verkehrt sich in Schuld. Das
Exportieren von Gütern und Werten der westlichen Welt und das
Importieren von Insignien des vermeintlich Exotischen erweist
sich als eine Art Zauberformel im Banne des Imperialismus. Auch
Leo Frobenius kann sich ihrer Anziehungskraft nicht entziehen.[3]

So trägt auch er zum Ausbau eines verzweigten globalen Han-
delsnetzes und völkerkundlicher Sammlungen bei. In seiner Person vereinigt er den Repräsentanten einer Exportfirma, den
Museumsbeauftragten und den passionierten Sammler. Frobenius
steigt in den Austausch von Waren und Ideen, von Ideologien und
Systemen schwungvoll ein, ist von Anfang an auffällig umtriebig,
geschäftstüchtig und weiß doch auch um die Schuld dieses Tuns
hinter einer »Verbrecherbrille«, wie er einmal notiert.

Bestimmend wird das einer Vater-Sohn-Beziehung ähnliche,
konflikthafte Verhältnis zu Bastian – den er mit Fragen bombar-
diert und um Unterstützung bittet und von dem er sich mit Ent-
schiedenheit lösen wird – und die männerbündische, abrupt
endende Freundschaft zu Heinrich Schurtz. Schurtz wird seßhaft.
Frobenius bricht auf.

In einem an die Redaktion der *Zeitschrift für Ethnologie* gerichteten Brief vom 12.8.1908 schreibt er: »... aus Timbuktu ... Die
letzten Zeiten waren in ihrer Art hart, aber durchaus menschen-
würdig. Wir haben das Glück gehabt, ganz ungeahnte Schätze zu
entdecken und dies ganz besonders auf epischem, mythenhistori-
schem Boden. Tagelang und oft bis tief in die Nacht hinein habe
ich mit meinen alten Berichterstattern zusammengesessen und
Vieles herausgefunden, was tief, tief in die Geschichte der Menschheit hineinleuchtet. Solche Arbeit nimmt mit. Sie werden auch

gehört haben, dass ich in Liberia sehr schwer krank war. Ich verlor für Tage das Gedächtnis und Bewusstsein, trotzdem ich meine Kolonne ununterbrochen weiterführte.

Ich glaube, dass ich das Schwerste hinter mir habe. Den fürchterlich zähen Widerstand des Fulbe- und Mandingogeistes habe ich überwunden und nun liegt die ganze alte Religion und Geschichte des westlichen Sudan in allerdings nur ziemlich unhandlichen Aktenstücken vor mir. Während ich diese Zeilen schreibe, wird ja wohl der grosse Teil der Dokumente schon zu Hause angekommen sein. Was uns übrig bleibt, ist das Herauskrystallisieren [!] der Vorgeschichte und der Geschichte der weiteren Umgebung, alles auf kulturgeographischer Grundlage. Das wird nicht so schwer sein, weil ich nun schon überall meine entsprechenden Fragen mit Geschick anbringen kann; die Grundlage ist da. – Welche Menge von Arbeit aber zu erledigen war, dafür will ich Ihnen nur einige grobe Aussenzahlen geben: ich schreibe jetzt täglich (seit Monaten) ½ Druckbogen ins Reine (neben der Expeditionsarbeit). Ich habe im Ganzen etwa 150 Druckbogen Originalarbeit in Schick und Takt. Das ist natürlich nicht gesagt, um damit zu protzen, sondern um Ihnen ein Aussenmass zu geben. – Es ist kein Wunder, wenn ich etwas abgenutzt bin.«[4]

Frobenius reist ohne Rücksicht auf seine Gesundheit, immer den Blick nach vorne, auf die nächste Etappe, gerichtet und – sich darin grundlegend von anderen Museumsbeauftragten unterscheidend – in letzter Instanz stets am vergangenheitsbezogenen ganzheitlichen Blick interessiert. Frobenius war ein Außenseiter im Museumsbetrieb, der keine Gelegenheit ausließ, um die Geistlosigkeit derer zu brandmarken, die nur Objekte horten. So wird er, gegen Ende seines Lebens, am 17.2.1937, in einem Schreiben an die Mitglieder des Bundes der deutschen Museen für Völkerkunde noch einmal mit aller Schärfe seine Position behaupten:

»Sehr verehrte Berufs- und Volksgenossen! Die Darlegungen meines Rundschreibens vom 29. Januar verfolgten die Absicht, meine Stellungnahme in Angelegenheit ethnographischer Museen zu kennzeichnen. Es war die Absicht zu sagen, wie hoch ich das Mass der Verantwortung einschätze, die jeder von uns zu übernehmen hat, der es wagt, die Leitung einer Sammlung von völkerkundlichen Dokumenten in die Hand zu nehmen. Nachdem ich persönlich mein ganzes Leben in ehrlichem Ringen um die Möglichkeit in den tiefen Sinn der uns sich erschliessenden Geistigkeiten einzudringen, verbracht habe, bin ich zu der Überzeugung gelangt, dass es jedem einzelnen nur gelingen kann den Rand des Verständnisses zu erreichen und vielleicht um wenige Zoll zu überschreiten, dass wir aber niemals das Recht haben werden, uns aufzuschwingen zu irgendeiner dünkelhaften Überzeugung des Beherrschens der uns anvertrauten Materie. Es ist meine Überzeugung, dass jeder von uns sich, soweit er nur kann, dem Sinn der Dinge hinzugeben hat. Dass er dann automatisch auch die Form erfüllt, ist selbstverständlich. Wenn er aber nur mit der Form fertig wird, und der Sinn ihm infolge der vielen Formsachen immer fremder wird, dann kann er auch nicht mehr die Verantwortung tragen für das Wesentliche der ihm anvertrauten Aufgaben.

Niemand wird mir nachsagen können, dass ich in meinem Leben vor irgendeiner Schwierigkeit, irgendeinem Kampf, irgendeiner Auseinandersetzung zurückgeschreckt bin. Also darum handelt es sich nicht. Aber je weiter es mir gelungen ist, mich mit dem Wesen der Dinge vertraut zu machen, desto mehr ist mir bewusst geworden, dass nur die äusserste Bescheidenheit und ein hohes Mass von Verantwortungsfähigkeit, das auch jeden Augenblick bereit ist, für den Geist und die Verantwortungsfähigkeit seiner Mitarbeiter einzutreten, das Recht hat, Verantwortungen der Leitung zu übernehmen ...«[5]

In den Jahren zwischen 1934 und 1937 werden – im Zusammenhang mit Frobenius' Ausbau des Frankfurter Forschungsinstituts, seiner Lehrtätigkeit an der dortigen Universität und der Leitung des Völkerkundemuseums – seine Leipziger und Bremer Lehrjahre noch einmal aufgerollt und heftig diskutiert. Seine Angriffslust gegen die Museumsbürokraten ruft seine Kritiker auf den Plan, die ohnehin in ihm nur einen arroganten »Pseudogelehrten« sehen.[6] Sie bestreiten den Wert seiner Sammlungen, werfen ihm vor, er gebe sich bei »seinen« für Hamburg aquirierten Objekten aus dem Kongo als der Sammler aus, sei aber bei seiner ersten Afrika-Reise 1904 nur Käufer und Mittler gewesen.

Frobenius' legerer Umgang mit der Presse ist den Museumsan-gestellten ein Dorn im Auge; so leiten sie aus einem Artikel, in dem die Vorgänger von Frobenius' Felsbildfunden nicht erwähnt werden, eine Unlauterkeit des Forschers ab, obwohl er etwa in sei-nem Werk *Hadschra Maktuba* sehr wohl auf diejenigen verweist, die ihm vorgearbeitet haben.[7] Während also diese Kritikpunkte von den Angreifern selbst zurückgenommen beziehungsweise abgeschwächt werden, bleibt bis zuletzt der Vorwurf bestehen, hier gebe sich jemand als Fachmann aus, der in Wirklichkeit ein blutiger Museumslaie sei. Frobenius' Angaben, er sei in den Museen Bremen, Basel und Leipzig angestellt gewesen, wird grundweg bestritten; es habe sich nur um kurzfristige und uner-hebliche Beschäftigungen gehandelt. In der Tat ist es schwierig, die Regularität seiner Arbeit nachzuweisen. Es finden sich lediglich sekundäre Beweise (wie ein Schreiben vom 4.8.1894, in dem Fro-benius um die Überweisung des anstehenden Honorars bittet[8], oder ein Schreiben von Jensen und Rhotert, in dem die folgenden Daten angegeben werden: Januar bis September 1894 in Bremen, Oktober 1896 bis Juli 1897 Basel, August 1897 bis September 1898 Leipzig.

Das inhaltlich sicher interessanteste Detail, das die um 1934-1937 geführte Auseinandersetzung um Frobenius zutagefördert, belegt, daß seine Isolierung innerhalb der deutschen Museen auch auf seine Unangepaßtheit und seine nicht stromlinienförmige Theorie zurückzuführen ist. Das beweist besonders eindrucksvoll ein Schreiben des Bremer Museumsdirektors vom 14. November 1934:

»... Ich bin mit meinem Kollegen Weissenborn der gleichen Ansicht, dass, abgesehen von den schlagwortartigen Aufmachun-gen des hier in Bremen nicht besonders angesehenen Autors, viel-fach alter Wein in neue Schläuche gefüllt wird, die nicht einmal von besonderer Bedeutung sind.

Frobenius hat auf dem letzten (2.) Nordischen Thing, das der geschäfts- und gesinnungstüchtige Kaufmann Roselius in der Ihnen vielleicht aus der Tagesliteratur bekannten ›Böttcherstrasse‹ veranstaltet hatte, einen Schlussvortrag über ›Schicksalskunde‹ mit einer phrasenhaften Arroganz und Verurteilung alles bisher in der völkerkundlichen Disziplin Ueblichen gehalten, dass die Teilnehmer teils lächelten, grösstenteils aber tief enttäuscht und entrüstet waren. Unser Senator Dr. von Hoff, der für die Rassenkunde äusserst interessiert ist und als bedeutender Verfechter des deutschen Rassegedankens immer wieder hervorgetreten ist, hat in seiner neuen Zeitschrift ›Rasse‹ Band 1, Heft 4/5, Seite 205 über F.'s oben genannten Vortrag geschrieben: ›Die Anschauungen von Leo Frobenius, der auf dem Thing über Werden und Wandeln von Gesittungen sprach, sind mit dem Rassegedanken schlechtweg unvereinbar: die Beurteilung der Gesittungen (Kulturen) als ›Organismen‹, die nach eigenen Gesetzmässigkeiten, unter den Wirkungen der erdgebundenen und kosmischen Umwelt, werden und vergehen, schliesst eine Einbeziehung der Rasse als massgebend wirksamer Kraft für die Gestaltung volkseigener Gesittungen aus. Dieses Beispiel ist als grundlegender Hinweis auf den Mangel einer klaren Linie des Things herausgegriffen‹. Ich glaube, das sagt genug, besonders in heutiger Zeit.

Ich habe mich so wie so schon recht sehr gewundert und begreife überhaupt nicht, unter welchen Umständen in heutiger Zeit ein Mann von der Einstellung eines Fr. hat Direktor des immerhin deutschen Völkerkundemuseums in Frankfurt a. Main werden können.«[9]

Die Kultur prägt die Rasse – und nicht umgekehrt. Das war Frobenius' zentraler Gedanke in seiner Paideuma-Lehre. Aber auch schon in der zugrundeliegenden Kulturkreislehre spielt die Rasse nur eine untergeordnete Rolle: die als Organismen gedachten Kulturen sind in erster Linie an den Raum und nicht an Rassen gebunden. Frobenius' auf Verstehen, Einfühlung und Tiefenschau gegründete Theorie, die sich für seelisch-geistige Prozesse interessierende und vom Fremden faszinierte, ganzheitliche Kulturbetrachtung paßte nicht in das stromlinienförmige Konzept der damals dominierenden Ethnologen. Auch Wilhelm E. Mühlmann, der den kulturmorphologischen Ansatz später rundum ablehnen wird, wirft ihm »unklare Anschauungen« vor. Er distanziert sich von Frobenius' Rede von »verblödeter Rassensucht«, was er im Widerspruch sieht zu der Theorie, daß das so hochgeschätze Paideuma doch selbst für die Bildung von Rassen verantwortlich sei.[10]

»Afrika bäumt auf. Afrika fordert Anerkennung seines Daseins.«
Frobenius, Das unbekannte Afrika (1923:3)

3. Die Europäer und die fremden Kulturen

»Es kann nicht anders sein, als daß jeder von
uns heimkehrt als ein Leonhard Hagebucher.«
Frobenius, *Schicksalskunde* (1938: 19)

Europäer erforschen und dokumentieren außereuropäische Kulturen und ergreifen auf diese scheinbar unverfängliche Art und Weise von ihnen Besitz. Ein solcher Akt der Aneignung unterscheidet sich grundlegend von der kulturimmanenten Besitzergreifung: der Selbstbewußtwerdung, dem Gefühl und dem Wissen vom Wert der eigenen Kultur, zum Beispiel der Afrikanität.

Reisende und Forscher ließen sich immer wieder dazu verführen, diese radikale Differenz zu verringern oder sie gar in einer Art kultureller Konversion (verbunden mit dem Wunsch, die Rolle der »Wilden« zu spielen) aufzuheben. So zieht sich eine Linie von den portugiesischen *Lançados* und Südsee-*Beachcombers* (im 15. bis 19. Jahrhundert) über Leonard Woolf (»das Leben der Ceylonesen nachzuempfinden, ja zu leben«) und Victor Segalen (»an ihrer Statt zu denken, zu sagen, was sie vielleicht gesagt hätten«) und James Fletcher bis zu Bronislaw Malinowski, der sich als »Ex-Melanesier« bezeichnete.

Jedes Sich-Einlassen auf Situationen, auf Wirklichkeiten einer außereuropäischen Kultur führt unweigerlich zu einer Verunsicherung und Infragestellung der eigenen Person, ihrer Werte und Normen. Die Aufenthalte in außereuropäischen Kulturen waren lange Zeit dominiert von der Widersprüchlichkeit: im Dienste einer Kolonialmacht sich als Überlegener zu verhalten und zugleich den Wunsch zu verspüren, die Anderen aus ihrem Leben heraus, aus ihren Ordnungen und Einstellungen, aus ihrer Wirklichkeit zu verstehen und darzustellen.

Wie weit man auch heraustritt aus der eigenen Kultur, wie weitgehend man sich die Kleider der anderen anzieht oder gar in ihre Haut zu schlüpfen versucht, man bleibt dennoch der Andere, der Fremde: verkörpert ein anderes System, ist Repräsentant einer anderen Gesellschaft. Karl-Heinz Kohl hat deswegen die generelle

Frage gestellt, ob der »kulturelle Überläufer« (die »kulturelle Konversion«) überhaupt möglich ist oder ob es nicht immer nur »Travestien der Lebensformen« sind.

Mag sich die Identifizierung mit den »Wilden« – der Wunsch, die Seiten zu wechseln – auch als verkehrt herausstellen, so sind doch die darin zum Ausdruck kommenden Bewegungen und Emotionen der Reise, der Fremderfahrung und der Ethnologie zugehörig. Ebenso wichtig ist es, daß uns die Angehörigen außereuropäischer Kulturen unablässig auf diese Übergriffe und Projektionen aufmerksam machen.[1]

Der Wunsch nach einem Perspektivenwechsel prägt aber nicht nur die Geschichte der Ethnologie, der Forschungs- und Abenteuerreisen, sondern auch die jüngsten Unabhängigkeitsbewegungen (ehemals kolonisierter Völker) sowie deren europäische Programmatiker (wie etwa Jean-Paul Sartre in bezug auf die Négritude). So verwundert es denn auch nicht, in Léopold S. Senghor einem glühenden Verteidiger der Konversion zu begegnen. In seinem Aufsatz über »Die Wurzeln der Négritude« erinnert er an Griaule (»der jedes Jahr mehrere Monate unter den Dogon weilte«, und das Bedürfnis empfand, »sich der Initialzeremonie zu unterziehen, um die Dogon wirklich aus eigenem Erleben heraus kennenzulernen«) und an P. Libermann (der seinen Missionaren empfahl: »Werdet bei den Negern zu Negern«). Sein größter Lehrmeister aber wird bei dem Verlangen nach einer weltumspannenden Kommunion und dem Wunsch, in den verschiedensten Ausdrucksformen, Philosophien und Ethnologien, das Gleiche und Universale zu entdecken, Leo Frobenius ...[2]

Nicht anders als alle entscheidenden Ethnologen und Reisenden des ausgehenden 19. und beginnenden 20. Jahrhunderts hat Frobenius viele Spielarten zwischen Distanziertheit, kultureller Konversion und massiver Abwehr ausprobiert, Spielarten, deren wechselnde Schauplätze von den Reisezielen vorgegeben waren. Dabei hält sich die Orientierung an eine Figur durch, die Wilhelm Raabe in seinem Roman *Abu Telfan* (1867) erfunden hatte: »Es kann nicht anders sein, als daß jeder von uns heimkehrt als ein Leonhard Hagebucher ... und es ist auch fraglos, daß wir allen anderen vor allem als Kuriositäten erscheinen.«[3]

Greifen wir eine für Frobenius' Berichte typische Beschreibung heraus. Eine entscheidende Etappe seiner Forschungsreise in das Niger-Gebiet (April bis Dezember 1908) stellt er so dar:

»In gemächlicher Fahrt, die reiche Gelegenheit zu allerhand Studien bot, deren Annehmlichkeit aber durch die Unbilden der in vollster Entwicklung befindlichen Regenzeit, durch Moskitoplagen und den duftenden Fischreichtum der Uferbewohner bedenklich beeinträchtigt wurde, fuhren wir den Strom hinab bis zur Hafenstadt Timbuktus, das wir mit dem Scheiden des Juli erreichten. In der alten Wüstenstadt blieben wir einige Wochen und kehrten dann zu Wasser wieder bis Mopti an der Mündung des Bani zurück. Mich selbst dem Studium des alten Massina-Staates hingebend, sandte ich Herrn Nansen nach der alten Stadt Djenne, rüstete die neue Landkolonne aus und führte die Hauptkolonne dann in Etappen über Bandiangara [Bandiagara], Uahiguja nach Wagadugu. Anfang November traf auch Dr. Ing. Hugershoff in Wagadugu ein, und während ich mich dem Studium der zentralen Mossi ergab, ließ ich meine Begleiter auf verschiedenen Wegen das Gurunsi-Land bis zur Nordgrenze der Goldküsten-Kolonie bereisen. Die wiedervereinte Expedition traf am 11. Dezember in der deutschen Kolonie Togo bei Natjundi ein.

Diese Anlage der Reise brachte eine anscheinend recht gut klarstellende Oberflächenbearbeitung der Westhälfte des Niger-Bogens mit sich, die eine hübsche Ergänzung zum Material meiner Wanderungen nach Beledugu im Norden und Liberia im Süden repräsentiert.«[4]

Frobenius ist der unstrittige »Führer« der Expedition, die sich, in Haupt-, Neben- und Erkundungskolonnen, in Bewegung setzt (auf einem »Bogenmarsche marschiert« und eine »Mittelbeobachtungslinie« wählt), geordnet und systematisch das fremde Gebiet durchstreift, es kartographisch erfaßt und dabei die gemachten Funde datiert und klassifiziert. Es ist der Eifer des Systematisierens – der den westlichen Menschen gegenüber den »Eingeborenen« auszeichnet –, dieser sich an den Dingen festhakende Blick, diese Sammelleidenschaft (handelt es sich nun um Felsbilder oder Steinwerkzeuge, Masken, Fetische oder andere Objekte), und es ist schließlich die, wie es in einer Reportage von Paul Freye vom

August 1935 »26.000 km im Lastauto von Frankfurt um das Mittelmeer, durch die Sahara und zurück« hieß, »sportliche Leistung ersten Ranges«, die den Forschungsreisenden Frobenius für den Zeitgeist nach 1933 interessant machte. Und am Ende wird er sogar als »Bezwinger der Wüste durch den Motor« gefeiert. Technikferne und Technikpathos gehen in der politischen Ideologie – und wie sie auf Frobenius angewendet wird – eine eigenartige Verbindung ein, die auch, auf verschiedene Weise, bei so markanten Zeitgenossen wie Hugo A. Bernatzik, Luis Trenker oder Leni Riefenstahl zu beobachten ist.[5]

In Frobenius' Reiseschilderungen selbst ist die »sportliche Leistung« nur ein Nebenaspekt der Lust am Unterwegssein, Entdecken und am »ununterbrochenen Rausche«; die technischen Hilfsmittel werden benutzt und dankbar eingesetzt – gelegentlich auch gefeiert. Nicht weniger lustvoll vertraut sich Frobenius einem Boot an, um »in gemächlicher Fahrt ... den Strom hinabzufahren«, oder er geht zu Fuß, immer wieder zu Fuß!, verweilt an einem Ort, sich »dem Studium des alten Massina-Staates hingebend«, und sendet andere Expeditionsmitglieder zu weiteren Aufgaben aus, vor allem, um Mythen und Märchen zu sammeln, Felsbilder zu erkunden und die »Kultuskunde« voranzutreiben: »Unsere Boten zogen weit hinaus und riefen die alten ›Kenner‹ der Vergangenheit und die weisen Väter manches entlegen wohnenden Volkes zusammen.«

Frobenius' Beziehung zu Afrika ist geprägt von seinem Wunsch, die Gleichwertigkeit der Kulturen zu propagieren, sich als ein Wissender darzustellen, der als Europäer Auskunft gibt, und der doch zugleich die Befangenheit im europäischen Egozentrismus und Rationalismus aufzugeben bereit ist, um sich als Schüler in eine andere, eben die afrikanische Zivilisation einzuführen und hineinzudenken.

»Denn ach und wehe! Dieselben europäischen Gesellschaften, die ihre Spezialisten hinaussandten, um die Natur der Kautschukpflanze und die Ertragsart und -fähigkeit des Bodens zu erforschen, um so zu höchster Rentabilit der Bodenschätze zu gelangen – dieselben dachten gar nicht daran, etwa auch die menschliche Natur und die Kulturart und -fähigkeit der Eingeborenen und der in ihnen investierten Arbeitskraft zu studieren. Aus den wilden Zeiten der ersten Entdeckungen, in welchem der brutale Export von Negersklaven aus Afrika nach Amerika ein lohnendes Geschäft darstellte, war eine rohe Vorstellung von der ›haustierischen‹ Natur des Negers überkommen. Die Vorstellung, daß der Neger ein plumpes Sklaventier sei, das zu jeder Art von Zwangs- und Massenarbeit gerade deswegen so gut zu verwerten sei, weil er noch eine niedere und kulturlose Ursprungsvariante und Wildart der species homo sapiens darstelle.

Diese Meinung war der europäischen Anschauung so fest und tief eingehämmert worden, daß sie nicht einmal erschüttert wurde, als die Forscher des 19. Jahrhunderts beim Vordringen über die Grenze der durch den europäischen Sklavenhandel zerstörten Kulturstreifen gegen große Staaten prallten, die genau so kompliziert und differenziert waren wie asiatische Reiche. Schon die ersten europäischen Eindringlinge stießen hier auf Völker mit entwickelten Gewerben, die die Eingeborenen mit prachtvollen Gewändern, mit Plüschstoffen, mit zierlich geschnitztem und geflochtenem Hausgerät, mit prachtvollen Eisenwerkzeugen, mit herrlichen Eisen- und Kupferwaffen, ja mit kunstvoll tauschiertem Prunkgerät ausstatteten. Europa blieb blind, als die Entdecker im Sudan, am oberen Nil, im südlichen Kongobecken in große Städte und Dörfer kamen, die hier und da mit kunstvoll gepflanzten Baumalleen und Fruchtgärten angelegt waren, in denen ein blühendes Familienleben im Schatten wohlgeordneter Königtümer und Staaten sproßte.

Ach, Europa hat für dieses stille und kultivierte Glück der dunkelfarbigen Menschheit keinen Blick gehabt!«[6]

Welches Bild hatte man von Afrika, ehe es Frobenius bereiste und beschrieb? »... keine alten Traditionen, keine Ruinenfelder, keine überwucherten Monumentalbauten«, habe man zu jener Zeit in Afrika wahrgenommen, notiert Walter Beck 1938. »Als ein unergründlicher wesenloser schwarzer Klumpen lag noch vor kurzem Afrika vor uns, bis Frobenius mit der Forderung auf den Plan trat, ›Afrika muß weiter in das Gesichtsfeld der beglaubigten Geschichte gerückt werden‹. Auf zwölf Expeditionen durchstreifte er die weitesten Teile Afrikas, und mit jeder dieser Reisen wischte er ein Stück des Schattens, der diesen Kontinent verdunkelte, beiseite. In jahrzehntelanger unermüdlicher Forscherarbeit verstand er es, die ›schwarzen Seelen‹ zu enträtseln.« Frobenius selbst nennt als seinen »bedeutendsten Fund« das »Mitschwingen und die Güte menschlicher Seelen«.[7]

Werfen wir also einen Blick zurück in jene Zeit der Erforschung Afrikas. In den Jahrzehnten vor Frobenius' Reisen schien sich das Klischee vom mörderischen Wilden zu bestätigen: 1856 wird E. Vogel westlich des Tschadsees ermordet, 1858 Dr. Cuny in der Sahara, A. Tinné 1869 auf ihrer Reise nach Timbuktu, 1881/82 drei französische Missionare und Forschungsreisende bei Ghadamès, M. Palat 1886 im südlichen Algerien, C. Douls 1887 vor Timbuktu ...

Vermag man sich noch eine Vorstellung von dem Ausmaß an Fremdartigkeit zu machen, das die in Afrika eindringenden Europäer darstellten? Besessen von ihrer Eroberungsidee, ihrem Missionierungseifer oder Geschäftssinn, überidentifiziert mit ihrem Abenteurertum hatten sie keinen Blick dafür, daß sie extreme Fremdkörper in den afrikanischen Kulturen darstellten. Sie schwärmten von deren Unberührtheit und Reinheit, verachteten sie auch deswegen, aber ihre eigene Rolle als Eindringlinge reflektierten sie nicht.

Leo Frobenius, und er ist zu Ende des 19. Jahrhunderts in der Begeisterung für die Fremde in guter Gesellschaft, verschlingt die Berichte der Reisenden und Abenteurer, er kennt all die Erzählungen, ob von Barth, Rohlfs, Schweinfurth oder Nachtigal und natürlich von den legendären Begegnungen zwischen Stanley und Livingstone, 1871 in Udjidji am Tanganjikasee, und zwischen dem französischen Saharaforscher S. de Brazza und Stanley, 1880 am Kongo. Als Frobenius 1904 in diese Gegend aufbricht, haben Stanley (1877), Coquilhat (1882-1891) und van Kerckhoven (1883-1892) das Kongogebiet bereits bereist – aber den Europäern haben sie kein Bild von der *Kultur* der dort lebenden Menschen vermittelt.[8]

Erst der Ungar Emile Torday , der von 1900 bis 1904 und ein zweites Mal von 1905 an größere Teile des Kongo bereist und eine zu dieser Zeit noch weiße Landkarte mit seinen Reiseerzählungen und ethnographischen Beobachtungen zu den Vili ausfüllt, sowie der ihm 1905 folgende Frobenius, der sich nahezu ausschließlich mit dieser Kultur an den Ufern des Kiulu beschäftigt, fangen damit an, die *Ethnographie* dieses Landes zu schreiben.[9]

Frobenius, dem 1904 von der Geographischen Gesellschaft in Berlin die Leitung einer wissenschaftlichen Expedition in das spätere Zaïre übertragen wurde und der am 18. Januar 1905 in Boma, am 28. Januar in Kinshasa eintraf und am 2. Februar seine Arbeit bei den Kiulu aufnahm (unterstützt von einem M. Drynpondt, der ihm Karten zur Verfügung stellte und ihm den Aufenthalt zu erleichtern versuchte) hat insgesamt neunzehn (bislang unveröffentlichte) Journal-Bände, fünfundzwanzig Bände mit Aufzeichnungen und seine 1907 publizierte Studie *Im Schatten des Kongostaates* hinterlassen.[10]

In ausführlichen, kritischen Würdigungen haben J.M. Ita (1972), Jan Vansina (ca. 1974) und R. Smith (1987) ein komplexes Bild dieser Texte und des Autors gezeichnet, eines eifrigen Autors, der als einzelner versucht, Ordnung in die Fakten zu bringen, Deutungen wagt und sich unerschrocken den Menschen verschiedenster Ethnien zuwendet, ohne zumeist deren Sprache zu verstehen. Was aber teilt er uns über Herkunft, soziale Stellung oder Alter seiner Informanten mit, und stammt diese oder jene Information aus erster oder zweiter Hand – was ja bei der Aufzeichnung oraler Traditionen nicht gerade unerheblich ist –, und überhaupt, in welcher Sprache wurden ihm im jeweiligen Fall Dinge mitgeteilt? Frobenius' Erzählungen der afrikanischen Märchen, Geschichten, Legenden und Mythen blieben zweifelhaft, da er mit den »Originalen« nach »eigenem *gusto*« umgegangen sei, sie dramatisiert oder aber aufgeweicht und verschwommen aufgezeichnet habe. Und immer wieder die Frage nach den Informanten, da sie doch als authentische Übermittler des Traditionellen eingesetzt wurden, oft aber gerade »Entwurzelte«, ihren Traditionen Entfremdete, Exilierte, waren, deren Aufenthalte in den von Frobenius erforschten Gegenden und Milieus in vielen Fällen nur von kurzer Dauer blieben. Und dennoch: eine Schatzkammer längst verlorener geistige Reichtümer tue sich in seinen Schriften auf, und seine ethnographischen Beobachtungen etwa zur Kultur der Kiulu zu Beginn des

20. Jahrhunderts stellten immer noch präzise Quellen dar – so der vorherrschende Tenor in der Rezeptionsgeschichte. Kaum erkannt wird dabei, wie eng Frobenius' Aufzeichnungen an sein ihm eigenes Vorgehen, an seine Begeisterung für die afrikanischen Traditionen und an seine empathetische Beziehung zu den Menschen gebunden war. Frobenius gewann das Interesse der Afrikaner, indem er *zuerst* erzählte, die deutschen Märchen, die er kannte. Dann seien sie, so hat er berichtet, geradezu begierig darauf gewesen, ihre eigene Kultur in ihren Märchen und Mythen darzustellen.

Zur Zeit, als Frobenius seine großen Expeditionen unternahm, konnte er sich nur noch in einigen wohl ausgesuchten Gebieten als Entdecker und Erforscher eines »dunklen Kontinents« fühlen. Wird Marcel Griaule bei seinen Dogon-Studien schon ein deutliches Gefühl von dem Beginn einer neuen Zeit haben, Michel Leiris in *Phantom Afrika* bereits eine Totalabrechnung mit der kolonialistisch verdorbenen Ethnologie machen und den Exotismus (in der Folge Victor Segalens) gleichermaßen als Verlockung, als Produktivkraft und als große Illusion beschreiben können, und sich Georges Balandier in Afrika als Chronist des Übergangs in eine neue Zeit (als Verkünder der *Tiers-Monde*) begreifen, ist Frobenius in den Jahren vor 1900 und den folgenden zwei, drei Jahrzehnten noch ganz der Entdeckertypus des 19. Jahrhunderts – oder bereits seine Karikatur?[11]

Jeder Veränderung, jedem Fortschritt innerhalb der afrikanischen Gesellschaften, jeder Modernisierung gegenüber feindlich eingestellt, wacht Frobenius geradezu über die alten Traditionen, stellt sich »schützend« vor seine Entdeckungen. »Das Afrikanische« kann er nur im »Alten« sehen, und dessen Bewahrung erscheint ihm als das höchste Gut. Hier blieb seine Lehre von der Morphologie also abstrakt; er konnte sie nicht positiv auf den Wandel der afrikanischen Gesellschaften anwenden. Und vor allem kam es ihm nie in den Sinn, danach zu fragen, was die Afrikaner selbst wollen, wie *sie* ihre Zukunft sehen. Ähnlich wie Balandier – dieser Gegentypus zu Frobenius, ein Sozialist und einer, der sich auf die Seite der Afrikaner schlägt und notiert, »Afrika hat mich weiterhin unterwiesen, hat mir die Stärke von Kulturen und die Form gelehrt, die die Religionen den kulturellen Metamorphosen verleihen« – bekennt sich auch Frobenius immer wieder aufs neue zu Afrika als einem Lehrmeister, aber, und das ist der entscheidende Unterschied zu Balandier, für ihn ist Afrika ein Meister im *Kindesalter* der Menschheit. (Diese metaphorische Umschreibung korrespondiert mit der Faszination der Väter der Négritude für die Kindheit, oder wie es immer wieder bei Senghor heißt, für das »Königreich der Kindheit«. Es ist dieses revolutionäre Moment, das von Anfang an der Négritude eigen war und das zeitweise nur durch die bewußte Priorität des Kulturellen gegenüber dem Politischen nicht für alle erkennbar blieb, das genau die Grenze in der Wahlverwandtschaft zwischen Frobenius, Senghor und Césaire markiert. Eine Grenze und kein Mißverständnis, denn die Kraft, die die Begründer der Négritude für ihre Bewegung aus Frobenius' Lehre zogen, überwog bei weitem die Differenzen.)

Frobenius schien eine besondere Gabe dafür besessen zu haben, im »Hier« wie im »Dort« ungewöhnlich präsent gewesen zu sein, also ganz in der Gegenwärtigkeit – handelte es sich nun um Berlin, München, Frankfurt oder um ein Dorf in Kongo, im Nigergebiet oder Sudan – gelebt zu haben. Clifford Geertz hat »Hier« und »Dort« zu Kategorien erhoben, durch die sich der Ethnologe definiert: Was er »dort« tut, beobachtet, notiert, hat sich »hier« zu bewähren. Von wenigen Ausnahmen abgesehen – etwa James Fletcher in der Südsee oder Balandier in Afrika – brachen die Ethnologen (und Amateurethnologen) ihren Kontakt zur Heimat nicht ab, im Gegenteil, sie schienen stets darauf angewiesen zu sein, daß man sie »hier« erwartete, daß sie »hier« das Erlebte ausbreiten konnten. Und dies in besonderem Maß dann, wenn sie sich auch als leidenschaftliche Sammler verstanden. Der Ethnologe als Sammler, dessen Leidenschaft durch die Funde und ihre Ausstellung materialisiert wird; der Ethnologe als Abenteurer, dessen Erlebnisse erst durch die Erzählung wahrhaft wirklich werden.

Aber das Bild von Frobenius – alias Leonhard Hagebucher, der vom »Schicksalsgemäßen« berichtet – will sich nicht widerspruchslos runden. Auch die Zeugen äußern sich kontrovers, ja

sogar ihren eigenen Aussagen gegenüber. So ist dieser ausnahms-
los auf Informanten angewiesene, gleichsam selbst sprachlose
Mann auf einmal doch einer, der sprach, ja, der »wie das [fremde]
Volk lebte – sprechend [!], tanzend und selbst Rechtsstreitigkei-
ten, die sie untereinander hatten, regelnd.«[12]

Ich hörte also zu –, ja, als geduldiger Zuhörer (manche mag dies überraschen!)
gewann ich die Zuneigung und das Vertrauen der anderen, ob hier bei uns oder
in Afrika. Ein ander Mal agierte ich. Meist hat man mich nur in meinen
Aktivitäten wahrgenommen und mich als Draufgänger, als unerschrockenen
Reisenden beschrieben. Vielleicht war ich weniger ängstlich als andere, und ich
ging nicht gerade zimperlich mit mir selbst um. Als mich ein Giftpfeil ins Schien-
bein getroffen hatte, brannte ich die Wunde mit meiner glühenden Zigarre aus.
Was mir aber wichtiger erscheint, das ist meine Liebe zu Afrika, die mich antrieb
und mich die Strapazen vergessen ließ. Ich liebte alles Afrikanische und war
erfüllt von Ehrfurcht vor diesen Menschen und ihrer Kultur. So machte ich mich
denn auf die Suche nach dem Sinn, entwickelte meine Vorstellungen von der
Seele und dem Geist der Kultur. Das war aber für mich nicht nur etwas
Abstraktes, ich fühlte mich den Afrikanern von Herzen verbunden.

(So stellte sich Frobenius selbst seinem früheren Mitarbeiter Walter Bücheler vor.
Dieser Passus stellt ein Extrakt seiner Erinnerungen dar.)

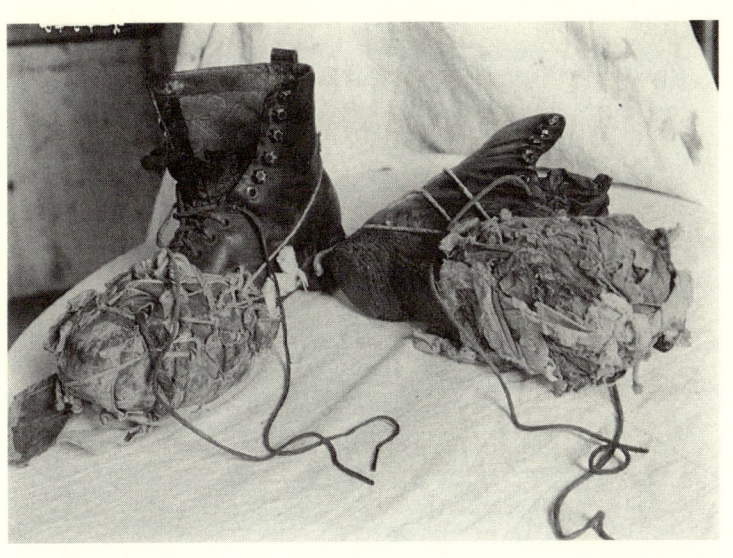

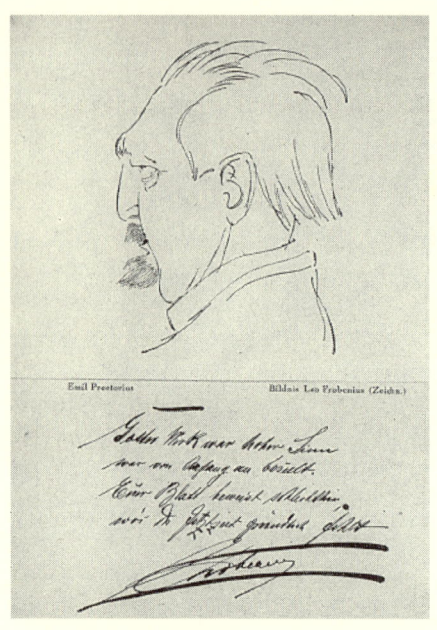

Emil Praetorius   Bildnis Leo Frobenius (Zeichn.)

4. Autodidakt und Forschungsreisender

»Er hatte das Salz auf der Zunge.«[1]

Den Cognac zum Tagesbeginn nannte Frobenius den »eye-opener«, den zu Mittag »day-cutter« und zum Abend »sun-downer«.

Einmal, so berichtet ein früherer Mitarbeiter des »Instituts für Kulturmorphologie«, sei Frobenius in Frankfurt im Sarrasani-Zirkus aufgetreten. Auf einem Pferd sei er hereingeritten, in Begleitung von Adolf E. Jensen und mehreren Negern, mit kaiserlichem Signal und einen Text singend, der so begann: »Mein Geld ist weg …« Ein ander Mal, 1927, bei einem Fest in Frankfurt, dem »großen Sommer der Musik«, habe er eine afrikanische Gruppe entdeckt, sei sofort auf sie zugegangen und habe sie in einer afrikanischen Sprache angesprochen. Alle seien völlig begeistert über diese unerwartete Geste gewesen. In beiden Fällen hätte man in Frobenius einen Ausbund an Vitalität und Spontaneität bewundern können. Und Karl Reinhardt berichtet: »… in Frankfurt war er Veranstalter afrikanischer Maskenfeste unter echt erschrecktem Gebrüll der Löwen und Tiger im Zoologischen Garten.« Selbst wenn er an einer Expedition nicht teilgenommen hatte, ließ er sich doch mitfeiern und rüstete sich kurzerhand mit Tropenhelm und verstaubten Kleidern aus. Die Autos und die Expeditionsteilnehmer wurden ebenfalls, wenn nötig, zuvor im Frankfurter Stadtwald, eingestaubt.

Wilhelm II., der ihm – in der von Frobenius verbreiteten Version – für seine Verdienste um die Erforschung Afrikas den Titel »Geheimrat« verlieh, pries seinen »hohen sittlichen Mut«, und in einem 1923 erschienenen Porträt ist von einem »Gelehrten, einem Professor gewiß, aber ein wenig von der ›wilden‹ Art« die Rede. (In Wahrheit hatte Frobenius den Titel nur für *eine* Expedition in die Türkei im Rahmen seiner politischen Agententätigkeit, die ihn 1915 nach Nordostafrika führte, erhalten.)[2]

»… ein mittelgroßer, sehniger Mann mit energischen und doch nicht strengen Zügen«, so stellt sich Frobenius dem Besucher, der ihn im März 1934 im Auftrag der *Frankfurter Illustrierten* Frobenius befragt, dar. »Sind Sie Berliner, Herr Geheimrat?« – »Ich stamme direkt aus dem Zoo in Berlin. Mein Großvater, Dr. Heinrich Bodinus, hat nämlich den Berliner Zoologischen Garten eingerichtet. Er hat auch den Kölner und den Amsterdamer ins Leben gerufen. Im Berliner Zoo habe ich als kleiner Junge die erste Sehnsucht nach Afrika empfunden. Denn mein Großvater hatte einmal für die Schau Nubier geworben. Ich sage Ihnen, dieser Duft von Hammelfett, brennendem Holz und fremden Leibern erfüllte mich mit einem gewaltigen Verlangen nach dem Lande, aus dem alles stammte. Kam noch hinzu, daß ich als Junge sozusagen auf dem Schoß des berühmten Gustav Nachtigal groß geworden bin, der Togo und Kamerun unter deutschen Schutz gestellt hat. Selbstverständlich verschaffte ich mir nach und nach die Werke der großen deutschen und englischen Afrikaforscher. Ihre Bücher wurden meine Jugendlektüre. Sie bestimmten meinen inneren Werdegang: Peters, Wissmann, Livingstone, Stanley, sie alle ließen den Wunschtraum *Afrika* in brennenden Farben aufglühen. Ich kannte bald nur noch das eine Lebensziel: dieses Land auf meine Weise zu erforschen!«[3]

Frobenius hat als Reisender etwas Draufgängerisches, Unerschrockenes an sich. Das Begehren, die wunschbesetzte und triebhafte Beziehung des Produzenten zum eigenen Werk und des Reisenden zu seinem mythisch verklärten Objekt tritt uns hier geradezu unverhüllt entgegen. Die Besessenheit, mit der er reiste, schrieb und seine überdimensionalen Projekte durchboxte, prägt ihn auch noch, als er, am Ziel angekommen, Honorar-Professor an der Universität und Direktor des Völkerkundemuseums war. Und doch gibt es auch Hinweise darauf, daß er etwas Zartes und Schüchternes an sich hatte, das er durch seine »burschikos-koloniale« Art (Karl Reinhardt) überspielte.

Selbst in dem Augenblick, da ihm der mit so viel Eifer und Kalkül betriebene Verkauf seines ziemlich maroden Afrika-Archivs nach Frankfurt gelungen ist und er gerade mal die Sammlung und seine privaten Dinge dort untergebracht hatte, brach er schon wieder auf. Seine achte große Expedition führte in die Nubische Wüste. Zwar waren die dortigen Felsbilder bereits zum Teil bekannt; Frobenius und seine Mitarbeiter aber haben sie »als erste mit wissenschaftlicher Genauigkeit dokumentiert, fotografiert und kopiert.«[4]

Der Autodidakt – und dies zeigt sich exemplarisch an Frobenius ebenso wie an Johann Jakob Bachofen oder Hubert Fichte – bezieht seine Kraft vor allem aus einem defizitären Gefühl. Im Grunde behält er ein Leben lang das Gefühl, weniger zu können und zu *sein* als die »Gebildeten« und deren Vorsprung nie aufholen zu können. Frobenius kompensierte diese schmerzlich empfundene Differenz mit Abenteuerlust und Forschungseifer, mit geschickter Verhandlungsstrategie und Beharrlichkeit in der Durchsetzung der einmal ins Auge gefaßten Projekte. Und diese hatten immer wieder *ein* Ziel: die Schaffung eines einflußreichen und materiell abgesicherten Instituts. Frobenius' Arbeit in Berlin und München läßt sich als Vorstufe, als ein Experimentieren und Sich-Ausprobieren für den großen Auftritt und die entscheidende Kampfabstimmung in Frankfurt deuten.

Erinnern wir uns: 1898 hatte er – vier Jahre, nachdem die Idee Kontur gewonnen hatte – das »Afrika-Archiv« als private Stiftung gegründet. In den folgenden rund zwanzig Jahren, ehe das Archiv von Berlin nach München übersiedelte und in »Forschungsinstitut für Kulturmorphologie« umbenannt wurde, unternahmen der Gründer und seine Mitarbeiter insgesamt zwölf ethnographisch-archäologische Expeditionen, archivierten die Materialien, an allererster Stelle die Felsbilder. Der *Atlas Africanus* – bereits ein Dokument der »Kulturkreislehre« – wertet in den von 1921 bis 1930 erschienenen ersten sieben Lieferungen die Expeditionsergebnisse kartographisch und kulturmorphologisch aus. Er ordnet dabei das Erfassen in Tabellen und Formeln dem verstehenden Zugang unter. So kann er die Dynamik und den Wandel der Kulturen erfassen, statt sie nur kartographisch als tote Materie zu behandeln. Seine ethnologische und archäologische Vorgehensweise war wesentlich von den Museums-Aufträgen, Sammlungen anzulegen, bestimmt.

In München ist das Archiv in einem Trakt des Nymphenburger Schlosses untergebracht. Frobenius kauft sich ein kleines Haus und läßt daneben »mehrere Häuser im Negerstil« erbauen.[5] 1923 reist er nach Frankfurt, um einen Vortrag über die Kulturkreis-

lehre zu halten. Sein Auftreten ist unkonventionell und informell: ein Künstlertypus, ein Reisender mit großem Schlapphut, bunter Seidenkrawatte und vom Kaiser geschenktem Brillantschmuck. Er hält seinen Vortrag (vor einer Gesellschaft von Gelehrten, wohlhabenden Bürgern der Stadt, einem Großherzog und einem Konsul) mit ungewöhnlicher Klarheit. Er versteht es auf Anhieb, die Zuhörer – die zum Teil gern bereit waren, für Projekte, die sie überzeugten, Geld zu geben – für sich zu gewinnen. Der engste Kreis der Gelehrten, die ihn schätzen und sich für seine Übersiedlung nach Frankfurt einsetzen, besteht aus Walter F. Otto, Karl Reinhardt, Hermann Lommel, Richard Wilhelm, Hans Naumann und Josef Horovitz. Als ihn sein Freund, der damalige Direktor des Städl-Museums, Zwarzensky, fragte, warum er nicht wieder nach Berlin wolle, antwortete er, Berlin sei ein »langweiliges Nest«, man sollte »ein tiefes Loch bohren, einen Zentner Dynamit hineintun und ganz Berlin in die Luft jagen«.[6]

1925 wechselt das Institut nach Frankfurt (zuerst in das Bundespalais), gibt seinen privaten Status auf, wird sich der Johann Wolfgang von Goethe-Universität angliedern und heißt von 1946 an »Frobenius-Institut«. Im März 1932 wird Frobenius Honorarprofessor an der Universität und 1934 Direktor des Völkerkundemuseums. Gleichzeitig gehen damit die Bestände des »Afrika-Archivs« in den Besitz des Museums über.

Nicht nur der Ankauf von Frobenius' Archiv (für den von vielen als »maßlos überhöht« bezeichneten Preis von 260.000 Reichsmark zuzüglich einer jährlichen Aufwandsentschädigung von 6.000 Reichsmark), sondern auch die Ernennung zum Honorarprofessor ist damals Gegenstand heftiger Auseinandersetzungen und von gegenseitigen Diffamierungen geprägten Disputen gewesen. Frobenius, von den einen protegiert und umworben (zum Beispiel von der sogenannten Mythologen-Schule um Walter F. Otto, Karl Reinhardt und Paul Tillich), von den anderen (vor allem seinen Konkurrenten etwa am Frankfurter Völkerkundemuseum) aufs schärfste zurückgewiesen und als wissenschaftlich unseriös bezeichnet, wird in eine merkwürdige Doppelrolle verstrickt: er spricht dem Mitbewerber um das Amt des Museumsdirektors, Lehmann, das Recht ab, das Parteiabzeichen zu tragen; selbst handelt er sich aber damit den Vorwurf ein, er sei für die »neue nationalsozialistische Bewegung untragbar« und es bestünden Zweifel an seiner richtigen Gesinnung. Frobenius – in seinen wissenschaftlichen Fähigkeiten in Frage gestellt und wegen seines Verhandlungsgeschicks beargwöhnt – argumentiert im Sinne der Partei und der »Reinheit der deutschen Urteilsbildung« und sucht die akademische Anerkennung; und er weiß sich doch in beiden Fällen als Außenstehender, als Randfigur. Ja, ein Beteiligter in dieser Affäre spricht sogar von der »völligen wissenschaftlichen Respektlosigkeit«, die bei ihm »unverhüllt zutage« trete.[7]

Bereits ein flüchtiger Blick auf die von Frobenius gesammelten Materialien nimmt die Besessenheit und auch den (im besten Sinn so zu nennenden) Anfängergeist wahr, mit dem sich hier ein einzelner Forscher – Schivelbusch spricht vom »eigenbrötlerischen Individualisten mit einem leichten Zug ins Unseriöse« – der Masse des Unbekannten stellt, überzeugt davon, Ordnung zu schaffen, im Disparatesten einen Sinn zu lesen. Diesen Eifer erkennen wir sowohl bei den sogenannten »Pantoffelreisenden« (wie Bachofen), die zu Hause Unmengen von Schriften exzerpierten und archäologische Funde klassifizierten, als auch bei den leidenschaftlichen Reisenden. Zu ihnen gehören Segalen, der, auf eigene Faust, große Grabungen in China unternahm, oder Fichte, der, als Amateurethnologe, daran ging, Heilpflanzen penibel zu klassifizieren, oder Leiris, der, als linguistischer Laie, die Geheimsprache der Dogon zu beschreiben und zu deuten versuchte. In keinem Fall wurde ihnen ihr Eifer von den Fachwissenschaften sonderlich gedankt. Man zollte ihrem Unternehmungsgeist Anerkennung, nahm ihren visionären Blick auf das ganz Fremde wahr, beglaubigte auch zuweilen – nach Abschluß aufwendiger wissenschaftlicher Studien – die von ihnen aufgestellte These, aber ihr methodisches Vorgehen und ihre Beweisführung fanden letztlich doch nie wirklich Gnade vor dem strengen Auge des Spezialisten. Segalens archäologische Studien (*China. La Grande Statuaire* u.a.), Leiris' ethnolinguistische und ethnopoetische Arbeiten (*La Langue secrète de Dogons de Sanga*, *La Néréide de la Mer Rouge* u.a.), Fichtes ethnobotanische Exkurse (*Xango*): man diskreditierte sie als exotisch und unseriös und verzieh den Autoren nicht, daß sie grenzüberschreitend in den Disziplinen wilderten und dabei doch auch, mit Ausnahme von Segalen, einen starken Wunsch nach Integration und wissenschaftlicher Anerkennung empfanden. Nicht anders ist es Frobenius ergangen: Man bemängelte in erster Linie seine linguistische Inkompetenz, seine wilde Archäologie und das Improvisierte, das methodisch nicht Ausgereifte seiner ethnographischen Vorgehensweise.[8]

Signifikant ist die Art und Weise, in der er das Klassifikationsschema hamitisch-äthiopisch der damaligen Afrika-Linguistik adaptiert, ohne sich in die akademischen Diskussionen einzumischen. Sein Interesse bestand hier, wie in vielen vergleichbaren Fällen bei ihm, in einer intuitiven weitausgreifenden Fortentwicklung eines Begriffs und einer Idee, eingebunden in seine Konzeption. So verwandelt er, gleichsam in einem Handstreich, die biologisch-evolutionär orientierten Begriffe in kulturphilosophische Leitmotive, die in der Lage sind, Lebensgefühle und Weltanschauungen zu erklären. Ja, noch darüber hinaus, werden das Hamitische und Äthiopische ihrer geophysischen Bedingungen entledigt und als Urkulturen der Menschheitsgeschichte erkannt. »Dahin konnte Frobenius gelangen«, so Rottlands richtige Schlußfolgerung in einem Aufsatz über »Hamiten, Neger, Négritude«, »weil er sich nicht an den Genen orientierte, sondern am ›Gemüt‹.« Eine solche Orientierung, eingebettet in ein Verfahren, das sich »Tiefenschau« nannte, konnte nicht mit dem Interesse der akademischen, sich ihrer methodologischen Fortschritte rühmenden Wissenschaft rechnen.

So distanziert sich die von Marcel Mauss in den zwanziger, dreißiger Jahren beherrschte, soziologisch orientierte Ethnologie in Frankreich von Frobenius' Kulturmorphologie. Auch wenn Mauss einzelne Arbeiten in der Zeitschrift *L'Année sociologique* gesondert vorstellt (*Zeitalter des Sonnengottes*, *Atlas Africanus* und *Atlantis*-Bände), so ist doch das gegenseitige Mißtrauen zu groß, als daß man sich wirklich auf die Theorien der anderen Seite einließe. In Frobenius' Werk spielt die französische Soziologie keine Rolle und das Urteil der Mauss-Schule fällt insgesamt gegenüber Frobenius genauso entschieden negativ wie in bezug auf Kerényi und Spengler aus. Es handle sich um sehr spekulative, vage, teilweise obskure und nur literarische Entwürfe.

Und doch wäre auch eine viel differenziertere und wohlwollende Rezeption, unter anderen Bedingungen (das heißt vor allem: bei einem größeren Interesse von Frobenius' Seite an Mauss' Theorie), möglich gewesen. Lenkt man sein Augenmerk auf das eher versteckte Lob, das Mauss den »undeutlichen« und »zumindest außerwissenschaftlichen« Betrachtungen und Vorgehensweisen, diesen »zu rasch ausgeführten, anmaßenden und ungewissen Arbeiten« von Frobenius zollt, dann offenbart sich eine andere, auch von Mauss ins Auge gefaßte Lesart: Zwar trenne Frobenius in seiner Schrift *Zeitalter des Sonnengottes* ständig den Mythos von seiner Umgebung ab, aber ihm komme doch das Verdienst zu, die enorme Verbreitung von Mythen gezeigt zu haben. Der *Atlas Africanus* wird als ein beachtenswertes, interessantes und nützliches Werk bezeichnet, dessen Fortsetzung man mit Neugierde erwarte. Man müsse es zwar mit Vorsicht benutzen; dies läge aber auch daran, daß die (soziologische) Kartographie insgesamt noch ganz in ihren Anfängen stecke. Unter den »vom Weg Abgekommenen (enfants perdus) in unseren Wissenschaften« rangiere Frobenius seit langem in der ersten Reihe. In der angelsächsischen, von Radcliffe-Brown dominierten Anthropologie der zwanziger, dreißiger Jahre hatte Frobenius' historische und spekulativ verfahrende Ethnologie noch weniger Chancen, angemessen beachtet zu werden. Frobenius hielt keine Antworten auf die Frage, welche *Funktion* einzelne Kulturelemente für den Gesamtzusammenhang haben, bereit. Angesichts des Fortschritts, den die synchronische Methode in die damalige Forschung gebracht hatte, erschienen Frobenius' universalistische Rekonstruktionen, seine Suche nach Ganzheit und Sinn, seine Entwürfe großen Stils und seine vergleichende Methode als abwegig und rückschrittlich. Sie war nicht geeignet, Licht in die Grundlagen der Kultur, das heißt in das Netz der sozialen Beziehungen zu bringen. Der beiden Richtungen gemeinsame Bezug auf die Antike trennt sie zugleich: während sich die strukturale Theorie auf die Institutionen des römischen Rechts stützt, bezieht sich die Kulturtheorie auf den griechischen Mythos, insbesondere auf den Schicksalsbegriff, »den

Frobenius in seiner *Schicksalskunde* von der Tötung des Gottkönigs und der Vernichtung der ›alten‹ Kultur durch aufstrebende
›junge‹ Kulturen zu aktualisieren versuchte«.[9]

Nicht anders erging es Frobenius in der Rezeption seiner
archäologischen Studien. Hin- und hergerissen zwischen dem
»Genie« und dem »Scharlatan« Frobenius, zwischen der Freude
darüber, daß ein so bedeutender Gelehrte sein ganzes Augenmerk auf die afrikanische Vergangenheit lenkt, und der Enttäu-
schung über die Mißverständnisse und Fehler, die ihm unterlaufen, hat E.F. Gautier in einer exemplarischen Auseinandersetzung
1921 ein Resümee gezogen: es sei eigentlich gar nicht Nordafrika, das ihn interessiert habe, seine Sache sei vielmehr die Suche
nach Atlantis gewesen. Manche seiner Mißverständnisse seien
damit zu entschuldigen, daß er kein Historiker und kein
Philologe gewesen sei, andere Fehler müsse man nur einfach darauf zurückführen, daß die Expeditionsmitglieder (trotz der guten
Finanzierung und reichlichen Besetzung) schlecht vorbereitet
gewesen seien und das Terrain nur sehr ungenügend gekannt hätten. Und dennoch: Niemals habe Frankreich eine gleich namhaf-
te und systematische ethnographische Erforschung Algeriens in
Angriff genommen.

»Feuerwerksgarben werden darin aufgezeigt von oft seltener
Schönheit, knatternd, prasselnd, rauschend«, so nimmt Frobenius'
Zeitgenosse, der Hamburger Ethnologe Paul Hambruch[10], die
Schriften des Forschers wahr, den er mit Richard Strauss'
»prickelnden, den Effekt betonenden, sensationell wirkenden Sin-
fonien« vergleicht. Hambruchs Kommentar ist im ganzen – außer
in bezug auf Frobenius' »vierten Lebensabschnitt«, den des
»Mystikers« – voll des Lobes und der Bewunderung, betont immer
wieder das »ungeheure Wissen«, die »Unantastbarkeit« vieler seiner Arbeiten, die Tatsache, daß er von »bewundernswerter Energie, Tatkraft, Ausdauer und Eifer« gewesen und »glänzend ausgerüstet« gewesen sei, »unbestreitbar Großes geleistet« habe, »mit
einem erlesenen Stabe vortrefflicher Mitarbeiter« ausgezogen sei
und Kulturen aufgedeckt habe, »bevor die europäische Kultur und
Zivilisation gleich einem Mehltau über sie herfiel, sie zersetzte und
vernichtete«.

Und doch macht sich Hambruch gerade zum Statthalter der europäischen und nicht der afrikanischen Kultur, fordert den strengen, analytischen und nicht den synthetischen Blick. Ja, er sieht sogar in Frobenius' intuitiver Art des Erfassens – die sich am Ende wieder verstärkt auf seine »vorwissenschaftliche Zeit« zurückbeziehe – »Kräfte dämonischer, dunkler Art« am Werk. Er will damit zum einen – bewußt – die irrationalistischen Strömungen der Zeit brandmarken; zum anderen aber projiziert er, ihm selbst nicht bewußt, das gängige Bild vom dämonischen Wilden und vom dunklen Kontinent Afrika auf Frobenius, der sich diesem Kontinent und seinen Bewohnern gegenüber nicht wissenschaftlich distanziert verhielt, vielmehr der Tendenz nachgab, sich ihnen anzuverwandeln, an ihrer Statt zu denken und fühlen.[11]

Und noch etwas kommt hinzu, was Hambruchs Kritik als symptomatisch erscheinen läßt: Hier fügt sich ein einzelner Forscher nicht in die bestehenden institutionellen Vernetzungen, mißachtet die Regeln seines wissenschaftlichen Clans, gründet ein eigenes Institut und beschafft sich selbst die nötigen Gelder. Da muß der Kritiker gar die »höheren Gewalten« bemühen, die das Archiv zerstören und damit für die Forschung verlustig machen könnten; oder »ein Verkauf ins Ausland würde die Sammlungen völlig wertlos machen«. Warum eigentlich? Eben weil sie nicht im *eigenen* Museum ihren Ort gefunden haben? In »seinen Händen« seien die »großen Sammlungen« verblieben und damit »im museumstechnischen Sinne leider wertlos«. Ein Blick über die nationalen Grenzen hinweg zeigt, mit welcher Freude Frankreich Frobenius' Funde vorzeigte: Emma Cabire etwa beschreibt im November-Heft der Zeitschrift *Cahiers du Sud* (1935) emphatisch die an den Mauern des Trocadéro in Paris reproduzierten Felszeichnungen und feiert den Sammler und den Theoretiker Frobenius. So hatten denn die Parteistellen, die von 1939 an Frobenius' Nachfolge (gegen Jensen) neu zu regeln versuchten, gar nicht so unrecht: »… es ist ein Kreis, der eher nach Paris paßt als in unser heutiges Deutschland«.[12]

So ist es am Ende einerseits das Kämpferische – der Tatendrang und die Durchsetzungskraft, das Überzeugtsein vom eigenen Auftrag –, das man in den Jahren um 1933 an Frobenius dankbar für die politischen und wissenschaftlichen Ideologien verwertete; und zugleich gerät diese kämpferische Haltung da in Mißkredit, wo sie sich als autonom, individuell und grandios – also sich dem Kollektiven nicht einordnend – gibt.

»Wer da will, mag zwischen kulturmorphologischer Prosa und expressionistischer Lyrik Ähnlichkeiten des Gebarens [zwischen Frobenius und dem Sinologen Richard Wilhelm] aufspüren. Was hätte Frobenius darum gegeben, lapidar zu sein! Ach, wie beneidete er Oswald Spengler doch um seinen Stil! Aber immer wieder entwischte ihm dazwischen etwas Burschikoses, Koloniales, ein »Ui Ui«, »Tatütata«, etwas Feucht-Fröhliches. Nichts lag ihm ferner als zu bosseln. Er vermied nicht, sich zu übersteigern. Eigentlich sei seine Art von Jugend an ganz schüchtern gewesen, erklärte er einmal. Jedenfalls erlebte man durch ihn, wie auch Morphologie als ›Ausdruck‹, den er über alles schätzte, nicht als Anwendung, die er verabscheute, ekstatisch sein kann. Seine eigene Wissenschaft wurde ihm selbst, soweit er sie erlebte, eine Art Roman.«
(Reinhardt 1973/74:4)

5. Aufstiegs- und Untergangsvisionen

Der weite Rahmen kulturgeschichtlicher Betrachtungen, der Frobenius' Denken auszeichnet, ist besonders attraktiv für diejenigen Forscher, die den etablierten Kontext ihrer Wissenschaft sprengen wollen und sich nicht im engen Sinn als Fachgelehrte begreifen. Dies trifft in besonderem Maß zu auf Walter F. Otto (den ersten Latinisten der Frankfurter Universität, der dort von 1914-1934 unterrichtet und sich in den Jahren um 1921/22 von der akademischen Wissenschaft distanziert), auf Karl Kerényi (Ottos Freund und »Schüler«, bei dem sich von 1929 an eine Frontstellung zur etablierten, »bloss-historischen« Philologie durchsetzt), auf Hermann Keyserling (den Begründer einer ganz und gar außerwissenschaftlichen Institution, der Darmstädter »Schule der Weisheit«) und, im begrenzten Maß, auf Karl Reinhardt, der, bei aller Exzentrizität, schließlich doch in sein Fach integriert bleibt.

Wenn Kerényi notiert, daß seine Neufassung der Religionsgeschichte eine Fortführung der von Frobenius vorgenommenen Übertragung der Stilerfahrung von der Kunstgeschichte auf die gesamte Kulturgeschichte darstelle, wenn Walter F. Otto Frobenius' Blick für die Totalität und das Wesen rühmt und dessen Idee von der Kultur als »drittem Reich« übernimmt, und wenn schließlich Keyserling sein Verständnis des Spiels und des Mythos ganz wesentlich von Frobenius herleitet, dann tritt dessen konzeptionelle Stärke in diesem Strang der Rezeptionsgeschichte besonders deutlich hervor.

Unabhängig von einigen unklaren Punkten in dieser Geschichte – an allererster Stelle die Frage, ob sich Frobenius und Otto bereits in München in dem Milieu um Klages und die Georgeaner persönlich kennengelernt haben oder erst später in Frankfurt – wird doch hier eine sehr geschlossen wirkende geistige Strömung sichtbar. Angesichts der begrifflichen und konzeptionellen Stärke in Ottos Werk könnte es denkbar erscheinen, daß nicht Otto von Frobenius (wie dies in der Regel gesehen wird) die entscheidende begriffliche Orientierung an einer »Wesensschau«, einer »Kultur-seele«, an »Paideuma« und »Ergriffenheit« erfahren hat, sondern daß, umgekehrt, Frobenius bei Otto sein intuitives Vorgehen, seine visionäre Betrachtungsweise fundierte. (Im Unterschied zu Frobenius war Otto bis 1921/22 in seiner Wissenschaft sehr anerkannt, bevor er mit *Manen und Musen*, 1921, *Die Götter Griechenlands*, 1929, und *Dionysos*, 1933, die Grenzen über-schritten habe, wie seine Kollegen meinten.) Diese Begriffe gehören jedoch fast von Anfang an – nach den frühen ethnogra-phischen Texten – so wesentlich zu Frobenius' Denken, auch wenn sie noch nicht entsprechend formuliert und exponiert waren, daß man sie doch eher in seiner eigenen Vision begründet und situiert sehen möchte.

Während sich Otto (1874-1958) und Kerényi (1897-1973) zuerst in ihrer Wissenschaft aufgehoben fühlen konnten, war Fro-benius von Anfang an ein Außenseiter seines Fachs. Aber ganz ähnlich wie bei Kerényi bleibt auch zeitlebens bei Frobenius der Wunsch lebendig, von der Fachwelt anerkannt zu werden. Nach einer einschneidenden Begegnung mit Walter F. Otto in Athen ent-schließt sich Kerényi zu einer prinzipiellen »Absage an die her-kömmlichen Formen eines akademischen Lebens« und vollzieht den Bruch mit der »Schulphilologie«, derer er »überdrüssig« geworden ist. Dies hielt ihn jedoch nicht davon ab, sich auch spä-ter noch, zum Beispiel in den vierziger Jahren, als »philologisch-historischen *und* psychologischen Forscher« zu bezeichnen. Un-überwindbar aber der Graben zwischen ihm und einer Wissen-schaft, in der die »humanistische Idee« verschwunden sei und man sich Autoritäten unterordne, die sich durch ihre Beschränkung auf »einseitige Fähigkeiten« auszeichneten. In dieser Haltung konnte sich Kerényi der Unterstützung durch Frobenius sicher sein. Ihre enge Verbundenheit und Freundschaft dauerte von 1934 bis zu Frobenius' Tod. Während sich Kerényis Bruch mit der Wissen-schaft, der er sich doch trotz aller Differenzen zugehörig fühlte, nach seiner eigenen Aussage, langsam vollzog, ist Frobenius' Distanzierung abrupt und heftig erfolgt.[1]

Frobenius und Kerényi gleichen sich in ihrem selbstbewußten Auftreten und dem Wunsch, eine geistige Führungsrolle einzunehmen und eine eigene Schule, zumindest aber einen eigenen Kreis zu begründen. So ist auch Kerényi nie im Eranos-Kreis auf dem Monte Verità (Ascona) heimisch geworden; er wollte sich – was Frobenius mit seinem Institut und Keyserling mit seiner »Schule der Weisheit« gelungen war – eigenständig situieren. Auch er ließ sich ungern vereinnahmen, zumal die Art, in der der Eranos-Kreis die »Seinsbefähigung« esoterisch im praktischen Leben und in der Theorie zuspitzte und Geist und Seele zu einer neuen Lebensform zu vereinen versuchte, nicht seinem Ideal entsprach. Ähnlich wie Kerényis Verhältnis zum Eranos-Kreis vor allem durch seine enge Beziehung zu C.G. Jung (seit 1939, ein Jahr nach Frobenius' Tod) aufrechterhalten wurde, so war auch Frobenius' Verhältnis zur »Schule der Weisheit« (die sich nicht als Institution, sondern als »Bewegung« verstand) durch seine Nähe zu Keyserling geprägt. Er hielt dort 1927 im Rahmen der Tagung »Mensch und Erde« (an der unter anderem Max Scheler teilnahm) einen Vortrag über »Erdenschicksal und Kulturwerden«. Den Teilnehmern war auferlegt worden, *Paideuma* von Frobenius zuvor zu lesen.[2]

Kérenyis, Keyserlings und Frobenius' Arbeiten sind bereits in ihrer Anlage spekulativ, weitausgreifend und visionär. Ihre Geistesverwandtschaft, vor allem die zwischen Frobenius und Keyserling, wird besonders in ihrer kritischen Auseinandersetzung mit einem anderen großen Propheten jener Zeit, mit Oswald Spengler, deutlich. Keyserlings 1927 verfaßte Schrift *Das Spektrum Europas* sowie Frobenius' Studien *Paideuma* (1921) und *Schicksalskunde im Sinne des Kulturwerdens* (1932) haben, genauso wie Spenglers Untergangsvision, das Schicksal Europas im welthistorischen Maßstab zum Gegenstand. *Ihre* Botschaft aber lautet, daß dieses Europa noch nicht verloren ist und daß sich der Einsatz für dessen Erneuerung – aus einem anderen, nichteuropäischen und vorzivilisatorischen Geist – lohnt. Die Autoren dieser, wie man gesagt hat, lachenden, belebten und innovativen Gegenstücke[3] zu Spenglers Theorie machten sich ihre emotionale Nähe zur Vitalität anderer Kulturen sowie ihr Überzeugtsein von einem Wandel in der Kultur zunutze, einem Wandel, der in sich das Prinzip des Sinns, des Geistigen und Seelischen trägt.

Es war ihr (politisches) Schicksal, daß sie damit für die nationalsozialistische Kulturerneuerungsidee brauchbar wurden. Während Spengler mit *Untergang des Abendlandes* (ein Buch, dessen Titel allein schon den durch die Niederlage traumatisierten deutschen Leser in seinen Bann zog) in der Folge als Schwarzseher und Reaktionär verfemt wurde, bieten Keyserling und Frobenius sowohl von ihren Ideen als auch von ihrer Begrifflichkeit her eine Fülle von Anknüpfungspunkten für eine politische Aufstiegsvision. So sah man zeitweise, und ganz im Dienste des damals herrschenden »Geistes«, in Frobenius den Künder einer erdumspannenden Vision, den »Entdecker der Seele Afrikas«, den »Deuter des deutschen Wesens und zugleich Seher und Wegweiser für die lebendige Aufgabe einer geistigen Durchdringung, der mit der Weltwirtschaft eingeleiteten Erdumspannung.«[4]

Aus Frobenius' Blick für den Wert der Kulturen Afrikas und seiner Reinheits- und Ursprünglichkeitsidee läßt sich allerdings nur eine rassenideologische Ausrichtung ableiten, die seinem Kultur- und Paideuma-Verständnis völlig konträr war. Im Kontext der nationalsozialistischen Ideologie las sich die Rede von der »Unberührtheit von zivilisatorischen Übergriffen« und von »irreführenden fremden Überschichtungserscheinungen« auf einmal ganz anders.

Während also Spenglers Botschaft lautet »Auf dem verlorenen Posten ausharren ohne Hoffnung, ohne Rettung«, und dies von ihm gar als »Pflicht« bezeichnet wird, sieht Frobenius im »Paideuma« der primitiven Kulturen nichts Chaotisches und im Paideuma der gegenwärtigen Kulturen nicht das der Erneuerung Unfähige, sondern das neuer Sinngebung Zugängliche. So erscheint ihm Spenglers »Kultur- und Völkerkunde« als Torso, limitiert auf eine »ablaufende Gestaltungsperiode«. Zugleich findet er in ihm einen der wortgewaltigsten Unterstützer seiner Ansicht von der Kultur als »Organismus«.[5] Später wird man kritisch von einem »botanisierenden Verhältnis zur Geschichte« sprechen.[6]

Sowohl in *Paideuma* als auch – und noch stärker – in seiner *Schicksalskunde* stellt Frobenius Spenglers Untergangsvision eine komplexe Sicht des Kultur*wandels* entgegen und begreift Schicksal als Zukunfts*gestaltung*. Das »deutsche Volk« bedürfe der aktiven Gestaltung, eine Fähigkeit, die nur dann in ihrer ganzen Stärke begriffen werde, wenn sie auch ihrer rezeptiven Anteile gewahr werde. Auch hier kommt wieder der zentrale Begriff der Hingabe und Ergriffenheit zum Tragen. Die »Titelrolle in der kommenden Zeit« werde nur einem »Kulturstile« zufallen können, in dem Ergriffenheit und Gestaltungsgabe miteinander verbunden seien.

Die Rolle, die Deutschland im »kommenden Drama einer neuen Verwirklichung« zukomme, liest sich in der gesellschaftskonformen Rezeption in den Jahren um 1934 so: »Erfüllung kann diesem heute noch hohlen Weltwirtschaftsgebilde erst die Ergriffenheit der Menschheit von dem ›Wesen‹ der *Einheit* bringen, eine Ergriffenheit, die das Vertrauen der Völker zur Voraussetzung haben müßte. In einer fünften Periode, der Periode der sogenannten ›Erdkultur‹, in dem ›orchestralen‹ Zusammenklang der Kulturen aller Völker sieht Frobenius eine Möglichkeit der Zukunft, und damit diese ›Erdkultur‹ eine ›Wirklichkeit‹ werden könnte, auch eine *deutsche* Aufgabe. Deutschlands Kultur ist eine Stilform der vierten materialistischen Periode. Sein Urpaideuma aber ein patriarchalisches und somit zentrifugales, ein mit dem Wirklichkeitssinn, dem Gefühl für Mystik begabtes. (...) Die Lage Deutschlands in unmittelbarer Nachbarschaft der matriarchalischen Kulturräume, zugleich sein Einbezogensein in die vom Tatsachensinn bestimmte Kulturperiode bringt eine Zwiespältigkeit und Unsicherheit in das deutsche Wesen, schafft Stilformer, die seiner kulturellen Struktur nicht immer adäquat sind. Seine Neigung zur Intensität wird zur Gefahr, sich in Fremdes allzu sehr zu vertiefen und sich oft damit zu identifizieren. Frobenius glaubt aber, daß für Deutschland durch die Kulturwissenschaft bewußt ein Weg erschlossen werden kann zur Selbsterkenntnis, zur Selbstbesinnung und dadurch zur Selbsterfassung. Denn nur so kann Deutschland seine Aufgabe erfüllen, heterogene Stilelemente des eigenen Kulturgeschehens und solche der Gesamtheit zur ›Gestalt‹ zu einen.«[7]

Es ist unübersehbar, welche Rolle Frobenius als Hoffnungsträger, ja, als Erlöser von Anfang an bei einer breiten, in sich überhaupt nicht kohärenten Leserschaft spielt; sie reicht vom Kaiser –

»Ich bin wie erlöst! Endlich weiß ich, welche Zukunft wir Deutschen haben, wozu wir noch berufen sind!« – bis zu den großen Visionären, Mythologen und Antirationalisten der zwanziger, dreißiger Jahre und den Gründungsvätern der Négritude bis schließlich zu den Verkündern eines neuen, zivilisatorisch unverdorbenen Deutschland.

Und dies alles aufgrund einer etwas unkonventionellen und wissenschaftlich abseitigen Neufassung des Hamitischen und Äthiopischen, in der der äthiopischen, mystischen Kultur die ungeheure Bedeutung zugesprochen wird, die Moderne von der Dominanz des Ich, des Irdischen und den Verirrungen im Mechanischen und Materialistischen zu befreien. Die von Frobenius in Afrika entdeckte, weltgeschichtlich ausgedehnte und modifizierte Gegensätzlichkeit wurde durch die extreme Aufwertung des einen Pols zu einer »Aufbruchsideologie« zugespitzt.[8] Anders als Spengler (der den »Haß auf die Zivilisation, das Ressentiment gegen den Intellekt, die nostalgische Sehnsucht nach brutaler Gewalt und Entfesselung der elementarsten Instinkte hinter einer vorgetäuschten objektiven Unempfindlichkeit« verbirgt), äußert Frobenius jede Empfindsamkeit und jedes Gefühl, jede Zustimmung oder Ablehnung, jede Begeisterung und jede Ergriffenheit unmittelbar, wählt immer den kürzesten Weg in der Resonanzbeziehung zwischen den Dingen, den Verhältnissen und sich und seinen Visionen.

Dem Spenglerschen »Untergang in Schönheit, mit Größe und ›Stil‹« stellt Frobenius einen ebenso gestalteten *Wandel* entgegen. Dafür drückt ihm Keyserling seine Bewunderung aus, nennt ihn einen »rein intuitiven Geist«, einen nahezu »posthumen Sproß des Zeitalters des Sonnengottes«, der eine so außerordentliche Fähigkeit zur »Ergriffenheit« besitze, »daß selbst aus seinem Gestammel mehr Wahrheit als Wirklichkeitsausdruck spricht, als aus den durchdachtesten Darlegungen anderer Forscher«.[9]

»Ergriffenheit« war von den Vertretern der offiziellen Wissenschaft leicht als projektive Verzerrung zu verurteilen. Anders als in einem methodisch abgesicherten und auf Stringenz pochenden Vorgehen, das viel Kraft in ein objektives und projektionsfreies Aussehen investiert, war Frobenius' intuitive Schau völlig unge-

schützt. Aber nicht nur diese methodische ›Unreife‹ und ihr unbe-
griffliches Pendant – »Tiefenschau« und »Einfühlung« etwa
erschienen ja eher als Nichtbegriffe – machten Frobenius ver-
dächtig und drängten ihn an den Rand. Seine Gegner spürten auch
die Gefahr, die von diesem Querdenker für das europäische Selbstverständnis und dessen so festgefügte Vorstellung von »Ich« und
Identität ausging.

Frobenius' Abwendung vom ichfixierten und identitätsbefan-
genen Denken und seine Hinwendung zur Tiefenschau und
wesenhaften Betrachtung sind nicht denkbar ohne eine breite, quer
durch die Wissenschaften und Künste gehende weltanschauliche
und geistesgeschichtliche Wandlung zu Beginn dieses Jahrhunderts. Auch wenn Frobenius nicht explizit auf die Psychoanalyse
Bezug nimmt und auch seine vom Schicksalhaften dominierte
Theorie nicht mit der Psychoanalyse (und deren Begriff von Triebschicksal) in Einklang zu bringen ist, so hatte er doch in ihr einen
Wegbereiter für seine neue Sicht der Welt und der Kultur zur Seite:
Unwiederbringlich hatte Freud die Illusion zerstört, daß die
Menschheit den Gipfelpunkt des Universums bilde. Nein, das Ich
konnte sich nicht einmal mehr als »Herr im eigenen Hause«
fühlen. So findet denn auch Frobenius' Vorstellung von der Kultur als eines weitgehend selbsttätigen Prozesses, an dem der
Mensch bloß teilhat, eine Parallele in Freuds Idee, daß die Kulturentwicklung ein »eigenartiger Prozeß« sei, der »über die Menschheit abläuft«. Wenn Freud weiterhin davon sprach, daß wir *orga-
nisch* nicht für die »gegenwärtig höchste Kultur« taugen, hatte er
eine Instanz (»der oder das große Unbekannte«) im Sinn, der er
die Möglichkeit zuschrieb, dieses so weit entwickelte zivilisatori-
sche Projekt noch einmal aufzugreifen: allerdings mit einer »anderen Rasse«.[10]

Frobenius findet diese erneuernde Kraft in den vorzivilisatorischen Kulturen Afrikas und hofft auf die jeder Kultur innewohnende paideumatische Kraft der Erneuerung und Revitalisierung.
Indem sich Europa der Stärke anderer Kulturen öffne, könne es
zu seiner eigenen Bestimmung zurückfinden. Der sich zu Beginn
dieses Jahrhunderts auflösende Glaube an die Zivilisation als eines
»eurozentrischen Mythos, in dem sich die Moderne selbst anbe-

tet«, und der in den zwanziger Jahren sich ankündigende Zustand einer »quasi buddhistischen Endposition«[11] werden von Frobenius mit Leidenschaft und Pathos erlebt und gedacht und mit Engagement, Entdeckerlust und visionärer Begabung zu überwinden versucht. Dem »unrettbaren Ich«, von dem der Philosoph Ernst Mach bereits 1885 spricht – Das Ich »ist nur ein Name. Es ist nur eine Illusion ...«, setzt Frobenius das Zauberwort *Paideuma* entgegen. Die »Entgrenzung«, die um 1900 ein verbreitetes Phänomen darstellte, wird durch seine Vorstellung von der »Ergriffenheit« erweitert.[12] Der von ihm nicht mehr christlich eingeengte Begriff sollte die Gnade der Teilhabe am Sein zum Ausdruck bringen. Nach dem Vorbild der Ergriffenheit des Gottkönigs in den afrikanischen Kulturen hätten die Untertanen eine Hingabe an Herrschaft entwickelt, die im Gegensatz zum »rebellischen Moment« des Schamanismus stehe.

Die von Frobenius mit dem Schamanismus in eins gesetzte Besessenheit erscheint als Stärkung der »Ichpotenz«: der Mensch »stellt sich als ›Ich‹ auf und wird zum Usurpator«. Es handelt sich also für Frobenius um eine Instanz und Vorstellungskraft, die das (ergriffene) Einssein mit der Wirklichkeit verhindere.[13] Eine Parallele hierzu stellt Kerényis Begeisterung für den »ankommenden Gott«, den »Gott des Festes«, der »religiösen Überschreitung«, den »trunkenen Gott« Dionysos dar.[14] Kein anderer Gott sei in den Denkmälern und der Natur Griechenlands und Italiens, »in der erhaltenen sinnlichen Tradition der Antike, so gegenwärtig wie Dionysos« und repräsentiere gleichermaßen das »Urbild des unzerstörten Lebens«.

Kerényis Vorstellung einer durchgeistigten dionysischen Lebenswelt, einer Welt gelebter Mythen, in der Tragödie, Komödie und Spiel, Riten, Opferhandlungen und das Geheimnis in engstem Zusammenhang untereinander standen, liest sich wie eine in der Freude, der Lust, dem Rausch und der Überschreitung zur Erfüllung gekommene Ergriffenheit. Nimmt man noch Kerényis Einwand gegen Nietzsches Bekenntnis zum Rausch, zum »*Ausbruchscharakter* des Dionysischen« und des »Orgiasmus« hinzu – wodurch das »stille, mächtige Element des Vegetativen, des Pflanzlichen« vergessen gegangen sei –, so läßt sich auch dies als verschlüsseltes Lob auf Frobenius' Hochschätzung der *pflanzlichen* äthiopischen Kultur lesen.[15] Kerényis Wunsch nach einem möglichst umfassenden philosophisch-kulturgeschichtlichen Bild des Dionysischen und der griechischen Welterfahrung insgesamt – dieses durch die Religion, die Mythologie und Mystik, das Geistige, Visionäre und Kultische abgesteckten Erfahrungs- und Erkenntnisraums – findet seine Entsprechung in Frobenius' Vorstellung von der äthiopischen Kultur, in der die Ergriffenheit zur Entfaltung komme. Diese *»natürliche Todlebensgemeinschaft«* finde im »Sinnwillen« ihre Gestalt. Der Wandel von der Ergriffenheit zum Begreifen sei dann der entscheidende Schritt bei jeder Kulturbildung.[16] Die transzendente Gegenwart des Göttlichen und Heiligen nimmt – darin waren sich Frobenius, Kerényi und Otto einig – dem Menschen die Hybris, die Aufgeblasenheit eines selbstherrlichen Ich, zeigt ihm auch die Abhängigkeit von einem »Gegenüber«. Ob in Frobenius' Paideumalehre, in der griechischen Religion und Mythologie oder im Buddhismus, ob in der Psychoanalyse oder in den modernen Systemtheorien – stets geht es darum, die periphere Stellung des Menschen aufzuzeigen und ihm seine Abhängigkeit von anderen Instanzen – heißen sie nun Schicksal, Seele oder Geist, Symbolordnung oder System, das Unbewußte oder das Heilige – klar zu machen. Stets markieren diese Instanzen das schlechthin Andere. *Von etwas anderem bestimmt zu sein*, das hat dem Menschen sowohl Glückserfahrungen, ja Ekstase und Trance, als auch tiefe narzißtische Kränkungen beschert.[17]

Die zu Beginn dieses Jahrhunderts von der Kunst, der Literatur und den Wissenschaften begonnene Infragestellung des europäischen Weltbildes und der darauf beruhenden Vorstellungen von »Identität« und »Ich« ermöglichte völlig neue Erfahrungen: »... das Affektive, Traumhafte und Irrationale bekamen einen neuen Wert. Aber das Problem bestand darin, was aus diesen Erfahrungen gemacht werden konnte. Die Auflösung des Ichs führte entweder zu Reisen ohne Rückkehr: man blieb jenseits der Wirklichkeit; oder dazu, daß man zwar zurück kam, aber nichts mehr zu erzählen hatte (Sprachlosigkeit von Lord Chandos); oder schließlich dazu, daß man bei der Rückkehr doch wieder ins alte

Ich hineinschlüpfte, dabei das Neuerfahrene in die alten Kategorien übersetzte und es auf diese Weise mystifizierte oder mythologisierte. Die Auflösung des Ichs war aber nicht nur Ausdruck des Dranges nach neuen Wirklichkeiten, sondern auch die Unfähigkeit, sich mit der bestehenden Realität auseinanderzusetzen. Insofern entsprach Machs Diktum vom ›unrettbaren Ich‹ durchaus den ideologischen Tendenzen der Zeit und fand deshalb breiteste, natürlich oft auch verfälschende Resonanz in den Kreisen der Intellektuellen. Die empiriokritizistische These von der Unerkennbarkeit der Realität wirkte entlastend auf ein Bürgertum, das diese Realität nur als Bedrohung hätte wahrnehmen können.«[18]

»Der europäische Egozentrismus der Weltbetrachtung und Geschichtsschreibung
wurde vorbereitet von der der dorischen Einwanderung folgenden griechischen
Kulturentwicklung. Was vorher geschieht, ist Mythe, Sage. Troja ist Sage.
Mykene ist Sage. Erst Schliemanns Spaten hat die Realität Trojas und Mykenes
zu erhärten vermocht. Mit den Griechen wurden sogar die Pelasger zur Sage.
Neueste Forschung erweckte sie erst wieder. Wie für vieles andere liegt die Kon-
zentration auf das »Ich«, die Schätzung der »Anders-als-ich-Artigen«, begründet
in der Ichnatur der Griechen, die uns heute auf diesem Gebiet ebenso
beherrscht, wie auf anderen (Staatsphilosophie, Geldwesen, Baukunst, Logik
etc.). Dieses aus dem Norden stammende und bis auf uns zurückreichende
Griechentum prallte bei seiner Ankunft aber senkrecht auf eine damals von Ost
nach West reichende Kulturachse asiatischer Hegemonie. In diesem Anprall
zerstörte Griechenland als Sturmbock aufschwellender europäischer Kulturwucht
die letzten Reste der damals schon im Mittelmeer absterbenden und nur noch
lebensschwachen asiatischen Kulturmacht und -straßen und damit auch –
die Wege nach Afrika.
Denn diese bestanden oder hatten bestanden, wenn sie auch vor der Ausdehnung des Griechentums schon eingeschrumpft waren.«
Frobenius, *Das unbekannte Afrika* (1923:8f.)

91

»… Was zuerst ins Auge fällt, ist der Kopf des Mannes: ein Gelehrter, ein Professor gewiß, aber ein wenig von der ›wilden‹ Art, mehr lebendig als geistig, mehr projektierend als besitzend, nicht sehr souverän. Dann aber der Gesamt-bau und – dies ist das Entscheidende – der Gang! Seltsamer, fast erschütternder Kontrast! Es ist der Schritt …, der Schritt des Eroberers … Dieser Mann hat sich seine Kenntnisse erschritten, erwandert, vielleicht auch erflogen als ein nachtwandlerisch sicherer Zugvogel des Geistes. Sein Denken selbst muß so etwas sein wie ein Wandern, Abschreiten, Durchmessen und Abstecken großer Räume. Sein Forschen ist ewige Bewegung, kinematisch, nicht statisch, abgrenzend, ohne ganz auszufüllen und zu besitzen. So ist er auch der Aufspürer anderer großer Wanderungen geworden, nicht nur der Völkerwanderungen, sondern auch der Irrfahrten des Geistes und ganzer Kulturen. – Ein ungebro-chen Leibliches, ursprünglich Instinktsicheres, wahrhaft Primitives und Naives, das in seinem Schreiten lebt, scheint auch das Denken, in den ›Kopf‹ dieses modernen, wissenden Abendländers eingedrungen zu sein, der aber nun Mühe hat, sich anzupassen und ›Schritt zu halten‹. Der ganze Dualismus, das Ausein-anderklaffende, aber auch die außerordentliche Spannweite dieses schöpferischen Daseins, die Tragik und die Seligkeit dieses Wanderers und Sehers, Sammlers und Deuters läßt sich so im sichtbaren Sinnbild seiner Erscheinung ahnen. Polarität von ›Kopf‹ und ›Fuß‹ – könnte man sagen, damit einen Gegensatz andeuten, der, auf ganze Kulturindividuen angewandt, auch die Völkerseelen-lehre des Frobenius selbst erfüllt. –
Was nun der ›Kopf‹ in fast erbitterter Systematik, rapider Methodik mit dem Erlebten, Erschrittenen beginnt, was der bewußte Wille und Ehrgeiz dort, wo die erste Instinktsicherheit verloren ging, nachzufüllen vermocht hat, all das Begnadete und das Erzwungene seines Denkens und Deutens: wird es bestehen-bleiben oder auch nur sich einreihen in die ruhige Entwicklung völkerkundlicher Wissenschaft?«
(Dr. G.F. Hartlaub, Mannheim, in: *Der Tag*, Berlin, 9.10.23. Wieder abgedruckt in: *Ein Lebenswerk aus der Zeit der Kulturwende*, 1933: 158.)

6. Kulturkreislehre, Kulturmorphologie und Paideuma

»Wir sehen nicht Menschen, wir schauen
Kulturen.«
Frobenius, *Monumenta Terrarum*
(1929: 182)

»Afrika hat für mich die Bedeutung, die für einen Bakteriologen der Käfig (das Loch) der Meerschweinchen hat, der ihm erlaubt, die Kultur der Mikroben zu überwachen.« Als Frobenius dies einem italienischen Journalisten auf die Frage nach den Gründen seiner Vorliebe für Afrika zur Antwort gab – wahrscheinlich während der Ausstellung im Trocadéro 1933 –, ging es ihm um eine anschauliche Umschreibung seines Paideuma-Begriffs. Er war sich sicher – und er folgte darin nicht nur seiner eigenen Über-zeugung, sondern auch den Vorstellungen eines ausgeprägten »élan intuitif« bei den Primitiven, wie dies exponiert Lévy-Bruhl dargelegt hatte –, daß die Seele einer Kultur besonders gut in Gesellschaften wie den afrikanischen zu erkennen sei, da diese noch nicht »von unreinen Kontakten verschmutzt« worden seien. Abgesehen von der Schwierigkeit, Kultur und Kulturseele letzt-lich durch denselben Begriff (nur in einem anderen Gewand) erklären zu wollen, bewegt sich Frobenius zu jener Zeit längst schon abgeklärt und souverän in diesem Terrain, hantiert und jon-gliert er doch seit 1898 (*Ursprung der Afrikanischen Kulturen*) mit dem kulturmorphologischem Instrumentarium.[1]

Wie können wir uns heute diesem etwas entrückten Begriffsre-pertoire wieder nähern? Vielleicht durch eine Umschreibung von Frobenius' Vorstellungen in zeitgenössischen Termini.

»Es sind nicht einzelne Politiker, Industrielle oder andere Mäch-tige, die den Gang der Gesellschaften bestimmen. Es sind die Kon-zerne, Banken und Technologien, die Mafia und sich verselbstän-digende Ideale wie ›Fortschritt‹ und ›Konsum‹.« Setzt man in die-ser Aussage, die von mir hier in dieser Form als Summe der heute allgemein vorherrschenden Meinungen konstruiert wurde, an die Stelle der uns als zeitgenössisch vertrauten Begriffe die von Frobe-

nius ins Spiel gebrachte Idee des *Paideuma*, dann begegnet uns die
gleiche Wahrheit in einer allerdings etwas verfremdeten Form: Die
selbsttätige Dynamik, die unsere Gesellschaften längst ergriffen hat
und die den Menschen mehr oder weniger als Spielball von über-
geordneten Mächten und Instanzen erscheinen läßt, wurde von
Frobenius – angesichts der sich bereits zu seiner Zeit abzeichnen-
den destruktiven Entwicklung – auf die ihr ebenfalls eigenen *kon-
struktiven* Elemente zurückbezogen. Im Vertrauen auf die jeder
Kultur innewohnende Seele postulierte er ein sinnvolles selbsttäti-
ges Werden und Vergehen der Gesellschaften, an dem der Mensch
teilhat, ohne dies allerdings ursächlich bestimmen zu können.

Bereits die geringfügige Ersetzung von Namen und Begriffen
macht aus einer vertrauten Behauptung eine befremdliche – und
umgekehrt. Setzt man an die Stelle bestens bekannter Namen in
einer politischen Berichterstattung die Namen von Afrikanern
oder australischen Aborigines oder an die Stelle der uns fremden
Namen in einem indianischen Mythos alltägliche Namen der eigenen Kultur, verändert sich geradezu blitzartig unsere Wahrnehmung und Einstellung, unsere Lesart. Eingeschworen auf die Plau-
sibilität aktueller Begrifflichkeit und Argumentation engt sich der
Blick so weitgehend ein, daß er die eine Aussage als zeitgenössisch
und die andere als antiquiert empfindet. Die Herkunft der zentralen Begriffe in Frobenius' Werk – »Paideuma«, »Tiefenschau«
und »Ergriffenheit« – kann nicht restlos geklärt werden. Lokali-
sieren muß man die Begriffe im weiten Kontext des Griechischen
und der Mystik (zwei Strömungen, die Frobenius allerdings nicht
allzu gut kannte), des Goetheschen Denkens, der Romantik und
sich einer von der Besessenheit (als Steigerung der Ich-Potenz)
absetzenden Haltung. Hinzuzunehmen sind noch die Vorstellungen des Kreises um Klages, der Georgeaner und von Walter F. Otto
in Frobenius' Münchener Zeit, wobei in diesem Fall die Einflüsse
stärker umgekehrt waren, also von Frobenius ausgingen.

Kerényi notiert in seinen 1943 verfaßten »Betrachtungen über
Griechische Gottheiten« *Töchter der Sonne*: »Wenn nicht doch
Leo Frobenius Recht hat und der *religiös-empfängliche Geist* dem
technisch-praktischen in der Geschichte der Kulturen voraus-
geht«. Hinter dieser aperçuhaften Bemerkung zur Erfindung des

Rads (das vom religiös-empfänglichen Geist gemäß der Scheibe erfunden wurde, die »ihren Weg am Himmel täglich macht«) verbirgt sich eine damals schon knapp zehnjährige Zeit des Austausches, in deren Mittelpunkt die Idee der Ergriffenheit steht. Bei keinem anderen Altertumswissenschaftler fallen Frobenius' ethnographische, mythologische und philosophisch-anthropologische Ideen auf eine so große Bereitschaft, sie in ihrer ganzen Breite – angefangen bei seiner Studie *Zeitalter des Sonnengottes* bis zu seinem letzten Vortrag – aufzugreifen und ins eigene Werk zu integrieren. Frobenius' Begriff der Kultur als Organismus wird von ihm auch ausdrücklich auf die Mythologie angewandt.

Die erste Begegnung datiert von 1934. Im August 1936 besuchten dann Karl Kerényi und seine Frau Frobenius zum ersten Mal in Biganzolo, blieben eine Woche und kamen in der Folge wieder. Im März 1938 war Frobenius bei ihnen zu Gast in Budapest, kurz nach dem Anschluß von Österreich an Deutschland, worüber er, wie Magda Kerényi betont, sehr erschüttert gewesen sei. Einen Sieg des Nationalsozialismus habe er sich auf gar keinen Fall gewünscht. Er habe sich zutiefst mit Kerényi einig gewußt, der sich bereits im Sommer 1934 mit Thomas Mann über das Geschehene verständigte und klarsichtig sein Entsetzen über das noch zu Erwartende zum Ausdruck gebracht habe. Magda Kerényi schildert Frobenius als einen politisch kritischen, inspirierenden und besonders lebhaften Mann. Die Jahre zwischen 1934 und 1939 sind für Kerényi von zentralen Begegnungen geprägt, außer mit Frobenius, mit Thomas Mann, Martin Heidegger (den er im März 1936 bei einem Vortrag Heideggers über Hölderlin in Rom kennenlernt) und C.G. Jung. Von 1939 an betont Kerényi deutlicher seine eigene Theorie gegenüber Frobenius' Werk. Nach Auskunft des ungarischen Archäologen János Szilagyi stand der engere Kerényi-Kreis Frobenius durchaus auch kritisch gegenüber. Dennoch habe Frobenius' Kulturbegriff stets eine zentrale Rolle gespielt.[2]

Eine Kultur, so formulierte Frobenius in vielen Varianten, müsse man sich wie einen »Organismus« vorstellen. Organismen stehen in Beziehung zueinander, überlagern sich. Ihr Gesetz ist das des Lebens: also des Entstehens und Vergehens.

Die Kulturmorphologie versucht sowohl die relationalen geistigen Beziehungen und Überlagerungen als auch die organische Seite der Kulturen zu verstehen und zu deuten. Unter einem universalhistorischen Horizont könne ihre Gleichwertigkeit sichtbar und die Unabhängigkeit kultureller Dominanz von der weißen Rasse erwiesen werden.

Alle Kulturen bilden in dieser Sichtweise eine *organische*, eine gewachsene Einheit. Die verschiedenen »Kulturkreise« (die weder auf eine ersichtliche geographische Zusammengehörigkeit noch auf einheitliche linguistische und ethnische Formen angewiesen sind) erscheinen als Abkömmlinge dieses Einen. Die jeder Kultur eigene Seele – ihr »Paideuma«, ihre vitale »Erfülltheit« – ergreift, als ein lebendiges Wesen, den Menschen. So werden hier biologische, geistig-spirituelle, vitalistisch-lebensphilosophische und historische, kulturkundlich-philosophische Ansichten und Lehren miteinander verknüpft, ohne daß die einzelnen Theorien von Frobenius immer besonders gründlich reflektiert worden wären.[3]

Die gestaltende »Kulturseele« ist der Garant dafür, daß geschichtliche Entwicklungen einen Sinn haben; die »Kulturkreise« verleihen der Verteilung eine Ordnung. So wird dem technisch-wissenschaftlichen Fortschritt – dessen erste Höhepunkte den jungen Gelehrten Frobenius prägen – einerseits ein Sinn zugesprochen und ihm andererseits eine andere Dimension (die des Seelischen) entgegengehalten. Sie stand ja gerade in Gefahr, sich im blinden Fortschrittsglauben zu verflüchtigen. In der Folge treten die biologischen Denkkategorien – das »Greifen nach naturwissenschaftlichen ›Krücken‹«, wie Frobenius selbstkritisch sagt – zunehmend in den Hintergrund.[4]

Die sich im 19. Jahrhundert entwickelnde Völkerkunde versuchte die Erfahrung zu deuten, daß geographisch weit auseinanderliegende, ethnisch und linguistisch uneinheitliche Kulturen form- und funktionsgleiche geistige und materielle Merkmale aufwiesen. Über Friedrich Ratzels geographischen Determinismus und Adolf Bastian (der von »Elementargedanken«, von universalen menschlichen Gesetzen sprach) führte der Weg zur Annahme von verbindenden »Kulturkreisen« und schließlich, unter dem Einfluß von Oswald Spenglers *Untergang des Abendlandes*, zur

Kulturmorphologie. Unter einem solchen Gesichtspunkt – der schon die Tendenz zur Dogmatisierung und maßlosen Globalisierung inhärent war – erschienen alle historischen und funktionalen Zusammenhänge als Ausdruck einer Ordnung. In Gräbners und Schmidts Wunsch, der Kulturkreislehre weltumspannende Bedeutung zu verleihen, wird gerade der definite historische Sinn, den man den vermeintlich unhistorischen schriftlosen Kulturen zugesprochen hatte, wieder in ein diffuses Licht getaucht.[5]

Nicht in ihrem universalistischen Wahn und auch nicht in ihrer Zuspitzung zu einer Zyklentheorie konnte die Kulturkreislehre überleben. Ihr wissenschaftstheoretisch auch heute noch interessanter Kern betrifft vielmehr die Idee des Morphologischen, der Gestalt und der Wandlung, die in der Theorie der morphogenetischen Felder (Sheldrake) kreative Nachfolger gefunden hat. Die einzelnen Aspekte von Frobenius' kulturkundlicher Lehre – großenteils biologistisch verzerrt und dogmatisch erstarrt – sind inzwischen aus den Hauptgebäuden der Völkerkunde und Ethnologie ausgelagert worden, und doch sind diese Etappen nicht wegzudenken aus unserem Zugang zur *Kultur* und dem Bemühen um die verstehende Deutung.[6]

Es waren ja gerade die Reisen, die es Frobenius ermöglichten, von außen auf die eigene Kultur zu schauen, in Distanz zu treten zu dem sich verabsolutierenden Fortschrittsglauben und Rationalismus, zu den Idealen und Gesetzmäßigkeiten der westlichen Kultur. Verstehende Deutung ist überhaupt nicht denkbar ohne Distanzierung, ohne einen interkulturellen Standpunkt. Auf diesem Weg einer Verlagerung des Standpunktes nach außen, einer Ablösung von der eigenen Kultur und damit auch von dem sie prägenden Politischen, wird der Blick – trotz der nun drohenden exotischen Verzerrung – prägnanter und symptomatischer den »Geist« und dessen Verunstaltungen in der Gesellschaft (aus der man sich gelöst hat) beschreiben können. Ja, dieser Blick ist selbst bereits Ausdruck und Symbol der Dynamik und Widersprüchlichkeit, die die westliche Gesellschaft dominiert.

Die scheinbare Gleichgültigkeit dieses exotisch bereicherten und ver- bzw. entzerrten Weltbildes gegenüber dem, was als zeitgenössisch und verbindlich galt, macht es »umso unverhüllter zu deren Signatur und ungewolltem Kommentar ... Kulturanthropologie erscheint bei näherer Betrachtung als Anthropologie des Ausnahmezustandes, an der Felderfahrung und Kriegserfahrung gleichermaßen arbeiteten und in der ferne Kulturen vor allem nach Deutungen für die katastrophale Geschichte Mitteleuropas befragt wurden«.[7]

Dem »Irrewerden an der eigenen Kultur« setzte Frobenius den Glauben an eine den Kulturen zugrundeliegende paideumatische Kraft entgegen. Die aus ihrem Ursprung und in ihrer Ganzheit begriffene, oder richtiger: *ergriffene* und erschaute Kultur sollte den Menschen ihr schöpferisches Potential vor Augen führen. In einem an Schelling, Herder, Bachofen und Creuzer anschließenden *Verstehen* beziehungsweise Einfühlen und bildhaften, mythopoetischen *Ausdruckswunsch* setzt sich bei Frobenius – ebenso wie bei Walter F. Otto und Karl Kerényi – ein nicht-analytisches, ein synthetisches und holistisches Denken durch, ein Denken, in dem sich das »Ich« einer (überpersonalen) geistigen und schicksalhaften Instanz als Größe unterordnet. Folglich können auch das Denken und der Begriff – Produkte des (eingeschränkten) Ich – weder die Mythen und Mysterien noch die künstlerischen Gestaltungsformen adäquat zum Ausdruck bringen.[8]

Die Bekanntschaft mit Frobenius hat Kerényi (in seiner »dritten wissenschaftlichen Periode«) zu einer allgemeinen Mythologie geführt. In einer einfühlsamen, begriffsgeschichtlichen Skizze von 1939 greift Kerényi Frobenius' Konzeption auf, löst das Wort »Paideuma« aus dem Kontext der originären Lehre und überläßt sich *seinen* Assoziationen. Er forscht dem »eigenen Dasein« dieser »pseudogriechischen Schöpfung« nach, die Frobenius in Analogie zum rein körperlichen »Plasma« gewählt, ja wohl richtiger: »gemacht« haben könnte, eine Wortbildung, die sich für Kerényi in einem Fluidum des Willkürlichen und Gewollten und doch auch einer »bewußten oder unbewußten Entlehnung aus reinster, klassischer Quelle« bewegt. So erinnert er – und wie bei Kerényi nicht anders zu erwarten, kommt er auf die Götter zu sprechen – an die Wendung in Platons *Timaios* »wie es euch ziemt, die ihr Kinder und Zöglinge von Göttern seid«. Und er übersetzt dies in Frobenius' Sprache: Zum Wesen der Kultur gehört das »Zöglingtum«

der Menschen: »eine Passivität höheren, bildnerischen Mächten gegenüber«. Der Mensch wird von den paideumatischen Mächten gewählt. »Durch das Paideuma sind alle, die im zeitlichen und räumlichen Bereiche jenes Paideuma leben, *so ausgeliefert*, daß sie eben nur *den* bestimmten Lebensstil haben können, oder anders ausgedrückt: nur *den* bestimmten Göttern dienen und keinen anderen.« Dieses »Ausgeliefert-Sein« – das im Wort von der Ergriffenheit deutlicher die Dynamik von Aktivität und Passivität zeigt – weist den Menschen weit über sein eigenes Sein hinaus: in die Dimension der großen Kräfte, wie sie von den Gestirnen, den Pflanzen, den Tieren und den Göttern (diesen »mächtigen und festlichen Wirklichkeiten«) geformt werden.[9]

Besonders deutlich und einprägsam vermag Kerényi in seinen Schriften *Antike Religion* (1941, 1995), *Mythologie der Griechen* (1951, 1958), *Töchter der Sonne* (1945, 1997) und *Mysterien von Eleusis* (1962) das religiöse Erleben veranschaulichen und die Götter als etwas Uranfängliches darstellen, dem sich der Mensch unterstellen und von dem er sich ergreifen lassen kann: »Die Kulte aller Völker sind nur als menschliches Reagieren auf das Göttliche zu verstehen.«

Stehen im Zentrum des geistigen Austausches zwischen Frobenius und Kerényi die Konzepte der »Ergriffenheit« und des »Paideuma«, tritt in Kerényis Beziehung zu C.G. Jung die »Archetypenlehre« in den Mittelpunkt. Ähnlich wie Frobenius, der seine Theorien in engem Kontakt mit seinen ethnographischen Erfahrungen zu entwickeln versuchte (was ja oft bestritten wurde), verstand sich auch C.G. Jung Zeit seines Lebens, trotz aller weitausgreifenden Spekulationen, als Empiriker. Und so ist denn auch die von Kerényi und Jung entwickelte Mythologie der Versuch einer wissenschaftlichen Neubegründung, in der sowohl den mythischen Gestalten, den seelischen Ausdrucksformen als auch den archetypischen Prinzipien eine adäquate Beachtung geschenkt werden soll.

1932 greift Frobenius gegen Ende seiner *Schicksalskunde* noch einmal in konzentrierter Form seinen zentralen Paideuma-Gedanken auf, beginnend mit seinem »Grundbeispiel«: Ein Kind spielt mit drei Streichhölzern »Hänschen, Gretchen und Hexe«. Plötzlich weist das Kind weinend auf eins der Streichhölzer und fleht den Vater an, die Hexe wegzunehmen. Es kann das eine Streichholz, in dem es die leibhaftige Hexe wahrnimmt, nicht mehr anfassen. Frobenius spricht von einer »dämonischen Schöpferkraft«, die im Spiel des Kindes zutage trete. Sie bilde den »Urquell aus heiligsten Grundwässern«, aus denen sich jede Kultur und jede große Schöpfungskraft speise. Im Spiel erweise sich die elementare menschliche Fähigkeit, »sich seelisch und in voller ›Wirklichkeit‹ einer zweiten Erscheinungswelt hinzugeben« – sich ergreifen zu lassen, was einen Wechsel seiner Einstellung zur Folge habe.

Die von Otto, Kerényi und Jensen episch dargestellten Spiele sowie die »festlich gestaltete Erinnerung des Mythos« in antiken und außereuropäischen Kulturen werden, wie bei Frobenius auch, als Höhepunkte der Kultur begriffen. Kultur, losgelöst von jeder funktionalistischen Einengung, wird, mit Bezug auf das kreative Spiel des Kindes, als ein freier, lebendiger Ausdruck des Geistigen verstanden. Was einer Kultur »auf den Leib« geschrieben sei, das offenbare sich in seiner Ergriffenheit.[10]

So findet denn der von Frobenius inaugurierte Begriff des Paideuma – ein »Vermögen und eine Bildungsform« (Spranger), eine Art Schicksals-Mana: die wirksame, treibende Kraft der Dinge, eine »heilige« Kraft, ein »Wirklichkeitsstrom« (Max Weber) – seine fruchtbarste Anwendung in der Auslegung der Mythen und in einem sich vom Egozentrismus befreien wollenden Denken. In den »pansakralen Kulturtheorien« von Otto, Kerényi und Jensen wird ein Religionsbegriff expliziert, der ganz dem holistischen Ideal von Frobenius entspricht. Damit schließt sich auch der Rückbezug auf Bachofen, für den Religion »das Einzige, das All, die Einheit im All« war.[11]

Damit ist in den zwanziger, dreißiger und vierziger Jahren die Religion wieder als Fundament der antiken Existenz freigelegt und der Mythos als umfassende Ausdrucksform dieser Religion benannt. Indem sich Kerényi von Ottos absolutem Verständnis der Götter als objektiver Existenzen distanziert, gerät er auch nicht in Gefahr und nicht in Verdacht, dem Mißbrauch des Mythosbegriffs Vorschub zu leisten. Darin ist er wiederum Frobenius vergleichbar, der sich mit seinem Paideuma-Begriff entschieden von der Rassenideologie distanziert hatte, was *ihn* allerdings nicht davor bewahrte, genau in diesem (nationalsozialistischen) Sinn gedeutet und weitgehend (miß-)verstanden zu werden.[12]

Allerdings darf man auch nicht die Äußerungen von Frobenius übersehen, die etwa den »großen Italiener« Mussolini preisen, der, wie andere weitsichtige Geister jener Zeit, die Notwendigkeit einer kulturellen Erneuerung begriffen habe. Frobenius ist von der vorbildhaften Rolle begeistert, die der deutsche Kulturbegriff fortan spielen könne. »Als Mussolini letzthin die Wiedergaben der im italienischen Lybien [sic!] neu aufgefundenen urzeitlichen Fels-bilder betrachtet hatte, sagte er bewundernd zu mir: ›Das alles ist Kunst; das ist hohe Kultur!‹« Der englische Kultusminister spricht anläßlich einer Ausstellung südafrikanischer Felsbilder von »admirable culture« und in Frankreich spreche man von »cultures grandioses«. »Das will sagen, daß ein deutscher Begriff begonnen hat, die Welt zu erobern.« Der Kulturkunde obliege es, das Ver-ständnis für die Kultur als »Sinngebung«, »Wesenserfüllung« und »Arterkenntnis«, im Sinne der »Ergriffenheit«, der »Gesamt-schau« und einer »neuen Substanz«, zu fördern. Nicht anders Keyserling, der 1926 notiert: »Mussolini schafft heute dem Italie-nervolke eine neue Seele, d. h. er verhilft neuem Dasein zur Geburt. Wie tut er dies? Durch Sinngebung, also durch Auswirkung von Geist.«[13]

»*Einer der bedeutendsten Gedanken von Leo Frobenius, der meiner Ansicht nach noch heute Gültigkeit hat, besagt, daß der Mensch vom Wesen der Dinge in seiner Umwelt ergriffen wird, und daß diese Ergriffenheit in kulturellen Gestaltungen ihren Ausdruck findet. Wenn der schöpferische Impuls erlischt, wird die Kulturgestalt ihres ursprünglichen Inhalts entleert, das vordem Ergreifende wird zum Begriff (Frobenius, 1932, S. 175). Sie tritt in das Stadium der Anwendung ein, wobei der einstige Impuls nicht mehr lebendig ist. Es ist eine Änderung des Bewußtseins eingetreten; denn der Mensch hat im Laufe seiner Geschichte unterschiedliche Bewußtseinslagen durchlebt, in denen er jeweils von verschiedenen Wesenheiten seiner Umwelt ergriffen wurde.*«*
Zerries (1973/74: 365)

II.

PAIDEUMA UND DIE FOLGEN

»›Paideuma‹ ... Einmal ausgesprochen,
beginnt das Wort sein eigenes Dasein.«
Karl Kerényi (1939: 157)

Wenn die Vergangenheit nicht mehr die
Zukunft erhellt, dann geht der Geist in die
Finsternis ein.
Alexis de Toqueville

1. Momentaufnahme: Paris von 1930 an

In der Zeit von 1928/29 bis 1935/36 gelingt Frobenius die defini-
tive Darstellung seiner Theorie – französische Übersetzungen von
Aufsätzen, die Abschlußbände von *Erlebte Erdteile* und *Atlas
Africanus*, *Indische Reise*, die *Kulturgeschichte Afrikas* und die
Schicksalskunde werden publiziert –, und er hat das Glück, den
Anfang der Wirkung seines Werkes in Frankreich miterleben zu
können. Nach der weitgehenden Mißachtung durch die Marcel-
Mauss-Schule erscheinen nun mehrere Aufsätze, unter anderem in
den Zeitschriften *Documents*, *Revue du Monde Noir* und *Cahiers
d'Art*, die 1930/31 fast ein ganzes Heft (8/9) seiner Felsbildforschung widmet, eingeleitet von einer Hommage Walter F. Ottos
und gefolgt von grundlegenden Beiträgen des damals am Collège
de France in Paris lehrenden Henri Breuil und von Adolf E. Jensen. Dennoch, und obwohl das Heft 8/9 von *Cahiers d'Arts* sich
unmittelbar darauf bezieht, bisher nahezu unbekannt ist eine erste
Ausstellung südafrikanischer Wandmalereien und Felsbilder
geblieben, die vom 20.11. bis 20.12.1930 in Paris stattfand und in
deren Verlauf, am 30. November, Frobenius im Chopin-Saal des
Pleyel-Gebäudes im Norden von Paris einen Lichtbilder-Vortrag
über die Felsbilder Süd-Afrikas gehalten hat. In einer Kartei der
Schwarzafrikanischen Abteilung des Musée de l'Homme[1] findet
sich ein Vermerk, wonach Frobenius offensichtlich persönlich
zehn Abgüsse von Objekten aus Nigeria dem Museum als Schenkung übergeben hatte. Hingewiesen wird auf diese erste Ausstellung und auf den Vortrag im *Bulletin du Musée d'Ethnographie
du Trocadéro*: Die Ausstellung der großartigen Felsbilder-Auf-
nahmen sei ein eminenter Erfolg gewesen. Und der Philosoph und
Schriftsteller Georges Bataille widmet ihr eine Besprechung in der
Zeitschrift *Documents*: Die Bedeutung dieser Ausstellung sei vielleicht nicht genügend stark unterstrichen worden, handle es sich
doch hier um eine höchst seltene, innige und tiefgründige Bezugnahme zu den lebendigsten Formen der frühen Menschheit, zu
einem menschlichen Leben, das noch kaum von der Natur unter-

schieden gewesen sei. Frobenius' Zugang, seine Erforschung und das Verzeichnis der Felsmalereien Süd-Afrikas, die man oft zu Unrecht »bushmen-paintings« nenne, müsse als viel weitreichender als die Arbeit seiner Vorgänger angesehen werden. Aber offensichtlich kümmere dies die Menschen von heute recht wenig. Die Tatsache, daß der Saal im allgemeinen ziemlich leer geblieben sei, beweise das mangelnde Interesse an der Möglichkeit, mit frühen Kulturen in Beziehung zu treten. (Der eminente Erfolg, von dem das *Bulletin du Musée d'Ethnographie* spricht, bezieht sich offensichtlich nur auf die Ausstellungseröffnung.)[2] Das *Journal de la Société des Africanistes* vermerkt das Ereignis nur mit einer winzigen Notiz[3].

So kommt dem ebenfalls bisher nahezu unbekannten Artikel von Emma Cabire über Frobenius' Felsbildersammlungen in der Zeitschrift *Cahiers du Sud* (1935) besondere Bedeutung zu. Ob Frobenius bei Gelegenheit der zweiten Ausstellung (10.11.1933) abermals in Paris gewesen ist und eventuell einen weiteren Vortrag gehalten hat, muß offenbleiben. Die zehn Objekte aus Süd-Rhodesien, die im Musée de l'Homme als Schenkung von Frobenius, 1934, vermerkt sind[4], wurden offensichtlich nicht von ihm selbst übergeben. In einem Artikel von 1934 (»Les Styles de l'art rupestre sud-africain«, Erscheinungsort ist mir nicht bekannt) nimmt Frobenius auf die Ausstellungen von 1930 und 1933 Bezug und versucht, die Stilformen der südafrikanischen und der nordafrikanischen Felsbildkunst (die im Mittelpunkt der zweiten Ausstellung stand) zu erläutern. (In *Art et Décoration* war im April 1933 ebenfalls ein Aufsatz von Frobenius über »Les graphismes préhistoriques du Sahara« erschienen.)

Nachdem 1936 die *Kulturgeschichte Afrikas* auf französisch herausgekommen und eine erste, sehr kenntnisreiche und abwägende Besprechung von René Daumal in der *Nouvelle Revue Française* erschienen ist, erscheint 1937 in der Zeitschrift *Formes* ein Aufsatz »L'Age de Bronze en Afrique du Sud«; die Zeitschrift *Cahiers du Sud* (die durch Emma Cabire über die Jahre hinweg mit Frobenius eng verbunden bleibt) bringt Ende 1938 eine umfassende Würdigung: Cabires emphatische Rezension der *Histoire*, einen Aufsatz von Frobenius' Mitarbeiter Ewald Volhard und einen Auszug aus Frobenius' 1925 erschienener Studie *Der Kopf als Schicksal*. Es ist erstaunlich, daß sich diese erzählerischen Passagen (»Trois femmes d'Afrique«) im Französischen moderner lesen; sie scheinen unbelasteter von Eigentümlichkeiten, wie sie den damals zeitgenössischen deutschen Stil prägen.[5]

»Mit Frobenius über seine häufigen Besuche in Doorn, bei Wilhelm II. Die Mischung aus Schnoddrigkeit, Abenteuerlichkeit und Genialität, die er erstellt, ist sehr merkwürdig. Ich kann gut verstehen, daß er und der Kaiser einander mögen. Der Kaiser hängt sehr an ihm, sie unterhalten sich prachtvoll, und wenn der Geheimrat weg ist, fällt jener förmlich zusammen, langweilt sich, schreibt ihm Briefe, unterzeichnet ›Ihr Schüler Wilhelm‹.« Thomas Mann

»Mit diesen Veröffentlichungen [Atlantis-Reihe] von Frobenius tut sich für uns das riesige Afrika auf, und es ist keine Kleinigkeit und Spielerei, was da herauskommt. Eine neue Literatur, ein neues Stück Menschentum ist uns erschlossen, eine Quelle von ungeheurer Frische und Urkraft. Es sind Elefanten, ›Affen und Giraffen‹, Urwald und Wüste, es ist ein strotzender Schöpfungstraum von ergreifender Fülle und Zeugungskraft, an Geist um nichts ärmer, als was europäische Primitive je geschaffen haben, an Glut und praller Bildlichkeit unseren Märchen überlegen. Die Arche des Noah geht auf, und wer unserer müden, klugen, verlegenen und bis ins Sinnlose ausgekräuselten Dichtung müde ist, dem steigt hier eine neue, reichere Küste empor.«
Hermann Hesse

2. Frobenius: »Poet«?

Vom Atlantik zum Roten Meer
Fliehend Europa
Ging der Reisende ohne Frau
Allein mit den Göttinnen deren Kerzen
flammten in seinem Hirn
Und mit den erträumten Sirenen
Die im dunklen Wasser seiner Augen schwammen ...[1]

Wenn Suzanne Césaire Recht hatte, Frobenius einen Dichter zu nennen, dann wäre eine solche ethnopoetische Darstellung der Reiseerfahrung in Michel Leiris' »Nereide des Roten Meeres« sicher die Form gewesen, die ihm vorschwebte – und die ihn zugleich auf unvereinbare Weise von seinen Nachfolgern Jensen und Haberland trennt.[2]

»Poète« – das war für Suzanne Césaire, Aimé Césaire und Léopold S. Senghor nicht nur jemand, der die Sprache auf besondere Weise zu handhaben wußte, sondern immer auch ein Visionär, einer, der seinen Blick über die vermeintliche Tatsachenwelt hinweggleiten und sich nicht von ihrem Schein betrügen ließ. Und das hieß immer auch, den Schein eurozentristischer Vorherrschaft zu durchschauen, sich auf eine *Gesamtbetrachtung* einzulassen, der Einfühlung und Intuition einen großen Raum zuzugestehen. »Denn allein die Intuition kann über die Materie hinaus bis zu den *Werten* vordringen, die die Zeichen, besser, die aktiven Wirkungskräfte des Lebens sind. Hier erkennen wir [bei Frobenius] neben Ideen von Nietzsche, solche von Bergson und Rimbaud. Es handelt sich hier schliesslich um eine neue Philosophie, die Befürworterin ist der *Poesie* im etymologischen Sinn des griechischen Wortes, das gleichermassen Vision und Handeln ist.«[3]

Die Bewunderung, die Aimé und Suzanne Césaire, Léopold S. Senghor (und zurückhaltender L.G. Damas und Alioune Diop) dem »Dichter« Frobenius entgegenbrachten, ist nicht frei von projektiven Verzerrungen. Poesie war für sie eine Art Wunderwaffe im Kampf um die Selbstbewußtwerdung und zum Ergreifen der

Afrikanität. Die rationalistisch und diskursiv besetzten Darstellungsformen waren nicht geeignet, um die der afrikanischen Kultur eigenen Werte zum Ausdruck zu bringen. Und da erscheint ein Europäer auf der Bildfläche, proklamiert – auch für den Westen unüberhörbar – Afrika als einen Kontinent der Kultur und der Zivilisation, tut dies mit vollkommener Selbstverständlichkeit, überzeugt und überzeugend, ohne seine Botschaft in einer Wissenschaftssprache zu verklausulieren.

Mußte er den Vätern der Négritude nicht wie einer von ihnen erscheinen, und das hieß doch: als ein »Sänger«, ein »Dichter«: einer, der nach einer eigenen, authentischen Sprache sucht, ja, die »Wahrheit« nicht nur *sagt*, wie es der Dichter René Char später fordern wird, sondern sie *lebt* ! Die Art, wie man sich selbst sehen und verstanden wissen wollte, projizierte man auf diesen so exponierten und angesehenen Vertreter Europas – und er gab dafür eine überaus geeignete Projektionsfläche ab: hatte er doch von sich selbst viel eher das Bild eines reisenden Erzählers und Dichters als das eines ansässigen Gelehrten, freilich, ohne sich jemals der Verführung entziehen zu können, auch wissenschaftlich anerkannt und etabliert zu sein.[4]

Aber ist der Ton, den er in seinen Schriften gefunden hat, wirklich poetisch zu nennen? Vergleicht man seine Sprache nur mit derjenigen von Blaise Cendrars – einem ähnlich draufgängerischen und besessenen Reisenden wie er einer war –, dann wird sogleich deutlich, was das ist, ein Dichter: einer, der das Erfahrene übersetzt, ihm einen ganz eigenen Raum in der Sprache verschafft, selbst dann, wenn man so nah wie Cendrars am Erlebten bleibt:

Der Panamakanal ist innig mit meiner Kindheit verbunden ...
er hat meine Kindheit durcheinandergebracht.
Ich hatte ein schönes Bilderbuch
Und da sah ich zum ersten Mal
Den Wal
Die dicke Wolke
Das Walroß
Die Sonne

Das große Walroß
Den Bär den Löwen den Schimpansen die Klapperschlange
die Fliege
Die Fliege
Die entsetzliche Fliege
»Mama, die Fliegen! die Fliegen! und die Baumriesen!«

»Schlaf, mein Kind, schlaf.«
Ahasverus ist ein Schaf
Der Panamakrach hat mich zum Dichter gemacht![5]

Bei Frobenius dagegen bleibt die Erinnerung anekdotisch und wird nicht in eine autonome poetische Form übersetzt. Das, was Suzanne Césaire als poetisch bei Frobenius bezeichnet, ist dessen Botschaft, und dies vor allem in den Ohren derer, die Afrika die verloren gegangene Würde zurückgeben möchten. Poetisch ist sicher auch der Duktus seiner Sprache, ein von den Afrikanern (deren Geschichten, Legenden, Märchen und Mythen er rekonstruierte) hoch geschätzter Ton. Poesie also als Umschreibung eines »afrikanischen Humanismus«.[6]

Damit sind wir wieder beim strittigen Begriff des Humanismus angelangt. War Frobenius also doch Humanist? Nein, dies bleibt ein Mißverständnis. Senghor möchte in ihm einen »afrikanischen Humanisten« sehen (wie er selbst genannt worden ist). Diese Charakterisierung ließe sich nur dann auf den Europäer Frobenius übertragen, wenn man den Begriff entpersonalisierte – Frobenius war ja bei aller Affinität kein Afrikaner –, und seine Botschaft auf *die* Lesart zuspitzte, in der sie in der emphatischen Aufnahme durch die Négritude-Begründer (als eine revolutionäre Aufwertung des Afrikanischen, der afrikanischen Zivilisation) gebraucht wurde.

Gerade an der Person Léopold Sédar Senghors wird sich, und dieses Mal mit viel mehr Recht, diese Zuschreibungseuphorie, wie sie in den Jahren um 1936 Frobenius gegolten hatte, wiederholen. Auch seine Vision wird, überhöht, als Poesie verehrt, so, als ob nur die *Poesie* die Authentizität des Proklamierten und die einmal ergriffene Afrikanität bekunden und sichern könnte.

Senghors Vorstellung vom »Anderen«, dem man sich öffnen müsse, um sich mit ihm zu verbinden, ja zu vermischen, paßt nicht zu Frobenius' Liebe zu Afrika, das er in seiner Reinheit, ebenso wie Europa in seiner Andersheit, erhalten möchte. Aber es ist nicht nur die Idee der kulturellen Vermischung, diese »métissage culturel« (exemplarisch: Négritude und Frankophonie), die beide trennt; es ist auch die auf solchen Verbindungen und Überlagerungen beruhende umfassende Vision einer »civilisation de l'universel« (von der keiner so bildhaft wie Teilhard de Chardin schwärmte), eine Symbiose der fruchtbaren Elemente aller Zivilisationen, ein »rendez-vous de l'universel«, eine Synthese, Vernetzung und Globalisierung, die Senghor mehr zu einem Vorreiter der Idee eines globalen Dorfes als zum Adepten von Frobenius' Reinheitsideen macht, in denen zwar auch die Idee des Universellen eine hervorragende Rolle spielt, aber abstrakt, kulturmorphologisch, begründet ist.[7]

Senghor nimmt eine universalistische Ausweitung des Paideuma-Begriffs vor: mit Frobenius' konzeptioneller Aufwertung der afrikanischen Kultur und Kulturseele im Rücken, prescht er nach vorn, postuliert eine kulturübergreifende Seele, eine geistige Energie, die sich auf ganz spezifische Weise in der Afrikanität verkörpert habe und von hier aus wieder kollektiv erweitert werden müsse; ja, er definiert Afrikanität auch als die sich gegenseitig ergänzende Symbiose der Werte in der arabischen Tradition und denen der Négritude. »Jedes Volk besitzt sein Paideuma, das heißt eine ihm eigene Fähigkeit und Art und Weise, berührt zu sein: ergriffen zu werden. Der Künstler jedoch – Tänzer, Bildhauer, Dichter – gibt sich nicht damit zufrieden, das Andere wiederzuerfahren; er erschafft es aufs neue, um es für sich selbst und für andere besser wahrnehmbar zu machen. Er erschafft es durch den Rhythmus und macht solcherart daraus eine höhere Wirklichkeit: wahrer, das heißt wirklicher als die tatsächliche Wirklichkeit.«

So gibt es denn auch in der Négritude keine Berührungsängste mit den unterschiedlichsten Ideologien, Philosophien und Kunstrichtungen (ob deutscher Idealismus und Romantik oder Bergson und Nietzsche, Surrealismus, Expressionismus und Kubismus), während Frobenius konservativ bleibt und zurückschreckt vor dem Synkretismus und Modernismus, wie er sich in der Kunst seit etwa 1910 ankündigt. Expressionist ist er nicht als Kunstverständiger, sondern in seinem Lebensgefühl, in seinem Ausdruckswillen.[8]

In Senghors philosophischstem, auf Frobenius detailliert und nicht bloß anekdotisch verweisenden Text »La Révolution de 1889 et Leo Frobenius« schlägt er einen weiten Bogen über die geschichtliche Rekonstruktion des Rationalismus (den die französischen Kolonialherren den jungen Afrikanern predigten: Descartes sollte auch ihr Gott werden!), und anderer dominierender geistiger Strömungen, um schließlich in Frobenius' Begriff des »Ur-Deutschland« das Bindeglied zu entdecken: zwischen der bereits von Senghor und seinen jugendlichen Mitstreitern erahnten und empfundenen Bedeutung der Intuition und Imagination und der von Frobenius nicht nur mit Emphase, sondern auch noch mit wissenschaftlichem Anspruch ausgebreiteten antirationalistischen Theorie.[9]

Diese Passagen sind stark geprägt vom Habitus eines Gelehrten; so, als ob er definitiv unter Beweis stellen müßte, daß die Afrikaner ihre (philosophische) Lektion um nichts schlechter gelernt haben als die Europäer. Er vertieft sich sogar in Finessen und Details: zum Beispiel, daß J.G. Fichte, vor Hegel, als Wiederentdecker der Dialektik anzusehen sei. Aber damit gelingt ihm auch schon wieder der Zugriff auf Frobenius und dessen Betonung der Einheit, der Synthese. Mit einer dankbaren Geste an Nietzsche und vor allem an Bergson – das Erscheinen des *Essai sur les Données immédiates de la Conscience* ist ihm Grund genug, von einer »Revolution von 1889« zu sprechen – verabschiedet er sich von dem in Positivismus, Materialismus und Realismus versinkenden 19. Jahrhundert und ruft emphatisch aus: »Enfin, Frobenius vint«.[10]

Von der »Heraufkunft« dieses Mannes scheint Senghor derart überwältigt gewesen zu sein, daß er ihn zum Zentrum nahezu aller entscheidenden wissenschaftlichen und künstlerischen Bewegungen zu Ende des 19. und zu Beginn des 20. Jahrhunderts macht: er stellt ihn in einen von ihm nicht weiter erläuterten Zusammenhang mit der *art nègre* und dem Expressionismus, schlägt eine große Volte von Bergsons Begriff *noûs* (als einer Symbiose von Ratio und Intuition) und Rimbauds Ur-Négritude (»Je suis une bête, un nègre«) zu Frobenius als Widersacher der mechanistisch denkenden Soziologie und Visionär der Ganzheit, Seite an Seite mit Nietzsche, Bergson und Chardin (»dialogue de l'universel«).

Das Afrika, das Frobenius beschwor und dem Senghor und die Négritude auf der Spur waren, ist eines der *Einheit* in der Verschiedenheit, eines, das die Dialektik in ihrem ursprünglichen ägyptisch-afrikanischen Sinn, gegen Hegel, für sich reklamieren kann; eine Sichtweise, die Cheikh Anta Diop ausführlich zu belegen versucht hat. Eine Dialektik schließlich, die nicht als Widersacher, sondern als Bruder der Poesie auftritt – Poesie verstanden als Vision und Handlung in einem.[11]

3. Frobenius und die Négritude –
Wahlverwandtschaft oder Mißverständnis?

> *»Aber welch eine Erschütterung, plötzlich, von*
> *Frobenius hervorgerufen! Die gesamte*
> *Geschichte und Vorgeschichte Afrikas wurden*
> *da erleuchtet – bis in ihre Tiefen hinein.*
> *Und wir tragen immer noch, in unserem*
> *Geist und in unserer Seele, die Markzeichen*
> *des Meisters, wie Tätowierungen,*
> *die man während der Initiationsriten im*
> *heiligen Wald angebracht hat.«*
> Senghor (*Liberté* III: 398)

> *»Frobenius hat uns geliebt.«*
> Senghor (1980: 28)

Von Mircea Eliade hat man gesagt, er sei durch die Kulturen und Religionen der ganzen Menschheit »getanzt«. Daran erinnert Suzanne Césaires Kennzeichnung von Frobenius' Philosophie als »Poesie«: man könne es nicht deutlich genug sagen, hier spreche ein Dichter. Ihr 1941 in der Zeitschrift *Tropiques* erschienener und von Aimé Césaire mitinitiierter Aufsatz kann als ein Schlüsseltext für die außerordentliche Bedeutung gelten, die Frobenius' Theorie spätestens seit 1936 bei den frankophonen Intellektuellen und Künstlern Afrikas und der Karibik gewonnen hat. Für die französischsprachige Elite Afrikas und der Antillen, die nach Paris gekommen war und dort 1935 die Zeitschrift *L'Etudiant Noir* gegründet hatte, bildeten der Surrealismus und die deutsche Kultur des 18., 19. und beginnenden 20. Jahrhunderts einen Anknüpfungspunkt für die Erneuerung des eigenen Selbstbewußtseins.

Frobenius' Blick für die »Totalität« und für das »Wesen«, sein Postulat grundsätzlicher Gleichwertigkeit der Kulturen und seine Methode der »Tiefenschau« werden von Aimé und Suzanne Césaire und in der Folge von Senghor begeistert aufgegriffen. 1936 war eine französische Übersetzung von *Kulturgeschichte Afrikas*

(*Histoire de la Civilisation africaine*) und 1940 *Schicksalskunde im Sinne des Kulturwerdens* unter dem Titel *Le Destin des Civilisations* erschienen. Zwei Rezensionen (von Daumal und Cabire), Textauszüge in *Cahiers du Sud* und *Tropiques* 1935/36-1942, Suzanne Césaires Text und Aimé Césaires Gedichtzyklen »Cahier d'un retour au pays natal« und »Les Pur-sang«, in die Frobenius' Ideen unmittelbar Eingang fanden, bilden den Kern der von der Paideuma-Lehre und der Kulturmorphologie grundlegend inspirierten Bewegung der Négritude. Ja, es ist nicht übertrieben, Frobenius als den geistigen Vater, als die theoretische Autorität für die Gründer der Négritude zu bezeichnen.[1]

Ähnlich wie Frobenius hat man die Dichter der Négritude »lyrische Historiker« genannt: Chronisten ihrer (Leidens-)Geschichte, über die Selbsterfahrung der eigenen Stammes-Geschichte hinausgehende kollektive Berichterstatter, Verkünder der »Schattengesänge« und Träger der »Negermaske« (wie ein Picasso gewidmetes Gedicht von Senghor hieß), des »anderen Gesichts, das der Nacht«, auf die Hautfarbe fixierte Apologeten des Negertums, und dennoch ihrer Kultur entfremdet und der europäischen angepaßt, ja untergeben.[2] Die Ende 1936 einsetzende Rezeption von Frobenius' *Kulturgeschichte Afrikas* bei Césaire und Senghor schließt an die Bedeutung an, die zuvor der Surrealismus für den martiniquesischen Dichter und die deutsche Musik, die Romantiker und die Lektüre der Bibel für den senegalesischen Dichter hatten. Beide erkennen auf Anhieb – über den Augenblick der Begeisterung hinaus, der Begeisterung dafür, daß ein Europäer *und* Wissenschaftler ihrer Kultur eine derartige Hochachtung entgegenbringt –, daß ihnen hier ein Begriff und eine Konzeption von Kultur angeboten wird, die ihren eigenen Gedanken ein theoretisches Fundament liefert. Kultur als ein wachsender, dynamischer Organismus, dessen Wert nicht an die Errungenschaften der westlichen Zivilisation gebunden ist – wie konnte angesichts dieser These das spätere Mißverständnis entstehen, in Frobenius einen »Humanisten« sehen zu wollen? – verleiht der afrikanischen Geschichte wieder die Würde, die ihr der Kolonialismus geraubt hatte. Ja, noch darüber hinaus, die eine Kultur beseelenden paideumatischen Kräfte sind, gemäß Frobenius, in den afrikanischen Kulturen besonders ausgeprägt und erkennbar geblieben. »Emotionalität«, »Intuition«, »Ergriffenheit« und »Hingabe« – in der deutschen Romantik hoch geschätzte Tugenden – verbinden die afrikanische Mentalität mit der europäischen, sofern sich diese auf ihre »sous-realité« (Frobenius/Senghor) besinnt, die Chimären des Rationalismus, Materialismus und Tatsachenglaubens durchschaut und den Weg der »Tiefenschau« und der »chair mystique« (von der Césaire spricht) einschlägt.[3]

Man hat inzwischen natürlich längst bemerkt, daß diese Theorie nicht frei von Widersprüchlichkeiten und Tautologien ist (»Paideuma der Kulturseele« heißt ja, darauf hat man verschiedentlich hingewiesen, so viel wie »Kultur der Kulturseele«) und daß mit Paideuma ein »drittes Reich« ausgerufen wurde, das politisch in die Irre führte. Zur Zeit seiner Entdeckung freilich war dieses »dritte Reich« – von dem auch Walter F. Otto und andere Wissenschaftler sprachen – nichts anderes als der vehemente Versuch, neben dem Organischen und dem Anorganischen eine dritte Instanz, etwas »Superorganisches« (Kroeber), etwas *über* oder *unter* der Realität Liegendes zu postulieren. Das Tautologische, das sich dabei einschleicht, läßt sich auch damit entschuldigen, daß ein neuer Begriff bei seiner Etablierung das ihm in etwa Gleichlautende noch mit sich schleppt und zur Verdeutlichung (in diesem Fall: der Beseeltheit der Kultur) wieder herangezogen wird.[4]

Die Gründungsväter der Négritude interessierten solche Implikationen und Unausgereiftheiten wenig. Die Emphase für Frobenius' Werk, die von Aimé Césaire poetisch übersetzt wird, findet bei Suzanne Césaire und bei Senghor ihren Niederschlag in einer theoretischen, programmatischen Weiterführung: Frobenius' Theorie als Grundlage der Afrikanität. Senghor hat immer wieder die Initialzündung für diese folgenreiche Begegnung erzählt: »Es war im Jahre 1936. Wenige Jahre zuvor hatte eine Gruppe von schwarzen Studenten aus Afrika und den Antillen mitten in Paris, im Quartier Latin, die Bewegung der *Négritude* ins Leben gerufen. Es fehlte uns nicht an Argumenten, um unsere Brüder, Afrikaner und Neger der Diaspora, zur Renaissance der *schwarzen Kultur* aufzurufen. Es gab den Jazz, den *Blues* in seinen verschiedenen Formen, den Tanz, aber vor allem die Negerkunst, deren Ausdruckskraft Picasso und die Künstler der Pariser Schule, Tristan Tzara und einige surrealistische Dichter, wie eine Erleuchtung ergriffen hatte. Aber wir suchten nach weiteren, schlagkräftigeren Argumenten, bis wir auf Leo Frobenius trafen.«[5]

Es gibt eine augenfällige Korrespondenz zwischen Senghors Bekenntnis, daß er besonders stark *unter dem Eindruck der Deutschen reagiert* habe – also einem persönlichen Charakterzug – und seiner Begeisterung für das Moment der *Ergriffenheit*: »Die Gabe der Ergriffenheit ist diese mystische Intuition, die das Äußere der Tatsachen durchdringt«. Frobenius hatte ja schon die Doppeldeutigkeit der Ergriffenheit als rezeptive Eigenschaft und als Charakteristikum einer großen zukünftigen Kultur (sofern sie sich mit *Gestaltungsgabe* liiert) betont. Unter dem Eindruck der Stärke, einer wirkenden paideumatischen Kraft die eigene Kreativität zu entfachen – so läßt sich die Beziehung zwischen Senghor und Frobenius pointieren.

Frobenius' Theorie bot seinem Bedürfnis, sich »am Gleichen in meiner Identität zu bestärken oder mich durch Ergänzendes zu vervollkommnen« reichlich Nahrung; aber nicht nur ihm persönlich, sondern auch dem allgemeinen Wunsch der ersten Vorkämpfer der Négritude »nach Entdeckung, Erweckung und Erhärtung der im schwarzen Menschen ›schlummernden Energien‹ ... denn er sprach zu uns von jenem einzigen Problem, das zu unserer Sache geworden war: von dem Problem der Natur, des Wertes und der Bestimmung der schwarzafrikanischen Kultur«. Es ist das Moment der Ergriffenheit, auf das auch Aimé Césaire in allererster Linie bei Frobenius zu sprechen kommt und das er, ganz im Sinne seines Verständnisses seiner eigenen Kultur, um eine interessante Nuance erweitert. Nicht der Mensch ist der »Macher«, er wird »ergriffen«, ja »besessen«: in diesem Sinn *spielt, mimt* er die Welt.[6]

In mehreren Aufsätzen hat Senghor die Bedeutung von Frobenius' ganzheitlicher und visionärer Betrachtungsweise für die Selbstbewußtwerdung Afrikas betont. Er vermag ein lebendiges Bild von der Sprengkraft dieser Theorie für die gerade einsetzende Neuorientierung zu geben. Umstellt von Vorurteilen über den geistig minderwertigen Afrikaner, bietet ihnen Frobenius eine völlig neue Sichtweise an: Die Deutschen reiht er mit den Negro-Afrikanern in die äthiopische Kultur ein, während er die Franzosen, Engländer und Amerikaner zusammen mit den Araber-Berbern und etwa den Pygmäen zur hamitischen Kultur rechnet. Der Mystizismus als Bindeglied der Deutschen und der Negro-Afrikaner wird von Senghor dankbar aufgegriffen, um die eigene Stärke des Intuitiven und des Gefühls neu fundiert zu exponieren und am Ende den Bogen zu einer *Vision des Universellen* (Teilhard de Chardin) schlagen zu können, in der (wie es Frobenius in *Schicksalskunde im Sinne des Kulturwerdens* dargelegt hatte) Einfühlung und Wille, Seele und Verstehen eine Symbiose im Geist bilden.

Der von Janheinz Jahn vorgebrachte Einwand, Senghors Frobenius-Rezeption beruhe auf einem Fehler in der französischen Ausgabe der *Kulturgeschichte Afrikas* – wo »Ebenmäßigkeit der Bildung« so übersetzt wurde, als postuliere Frobenius eine Einheit der afrikanischen »Zivilisation« und nicht bloß eine Harmonie in der körperlichen Erscheinungsform des Afrikaners – wurde von Senghor in seinem Aufsatz »Les Leçons de Leo Frobenius« selbst aufgegriffen und zurückgewiesen. Schließlich scheinen beide Lesarten denkbar, wobei dem Übersetzer, vor allem angesichts von Frobenius' Gebrauch dieses Begriffs in der *Schicksalskunde*, eher recht zu geben ist.[7] Andererseits spielt die Idee der Einheit bei Frobenius eine alles überragende Bedeutung …

Ausgehend von Césaire, Senghor und Jahn läßt sich die in sich komplexe und *un*einheitliche Bewegung der Négritude bestimmen, auf die Gegenwart hin verlängern, um so am Ende eine Antwort auf die Frage zu versuchen, ob es sich hier um eine Wahlverwandtschaft oder ein Mißverständnis handelt.

Der Begriff der Négritude hatte, dies gilt es unmißverständlich festzuhalten, die Funktion eines Schlachtrufes und einer Proklamation. Erst einmal bezeichnet der Begriff die (allerdings zu einem Mythos stilisierte) klassische Moderne der afrikanischen Literatur in diesem Jahrhundert. Es ist – neben den zahlreichen »mouvements nègres« nach dem I. Weltkrieg – ein Sammelbegriff für eine »schwarze Literatur«, die von einem erwachenden Selbstbewußtsein getragen wurde. An ihr schieden sich mehr und mehr die progressiven Geister. Négritude – ein Wort, das erstmals von Aimé Césaire 1939 noch ganz unspezifisch gebraucht wurde, entwickelte sich in den 40er, 50er Jahren zu einem Begriff für moderne Negerkunst, der aber dann zunehmend von den Afrikanern selbst kritisiert wurde, als sie erkannten, wie der Begriff für einen personengebundenen Kult und eine Ideologie politisch verwertet wurde.[8] Der Négritude selbst ist schon die Abkehr von ihr inhärent, in ihr selbst sind schon die späteren Auseinandersetzungen vorgezeichnet. Schon auf ihrem Höhepunkt ist sie ›vergangen‹: ein geschichtliches Phänomen.

Négritude als »Demonstration eines Anders-Seins« und als »Protest gegen die Assimilation«, eine »geistige Kraftquelle« mit der Priorität der »kulturellen Revolution« – das war die Sicht Senghors und, in modifizierter Form, Janheinz Jahns, der den rassengeographisch vorbelasteten Begriff der schwarz- oder negroafrikanischen Literatur vermeidet und von »agisymbischer« und »neoafrikanischer« Literatur spricht. Senghor hatte in seinem, 1956 in der Zeitschrift *Présence Africaine* erschienenen Essay »Der Geist der negro-afrikanischen Kultur« geschrieben: Der Neger »besteht zunächst aus Klängen, Düften, Rhythmen, Formen und Farben, er ist Empfindung, bevor er Auge ist wie der europäische Weiße ... er fühlt *sich* ... Das heißt, daß der Neger traditionellerweise nicht von der Vernunft entblößt ist, wie man mir einreden wollte. Aber seine Venunft ist nicht deduktiv; sie ist synthetisch ..., nicht antagonistisch, sondern sympathetisch ... aus Anteilnahme intuitiv«.[9]

Die Négritude war in ihrer initiatorischen Phase – auch darin gleicht sie sehr Frobenius' Vision – Glaubensbekenntnis und Verkündung, übertreibend und ganz getragen vom Wunsch, sich und die eigene Kultur neu zu definieren. Die Entfremdung der afrikanischen Intellektuellen von ihrer kolonial zerstörten Gesellschaft und ihre exzentrische Neuorientierung entsprachen, auf eine verquere Art und Weise, der Entfremdung, die die westlichen Intellektuellen und Forschungsreisenden – Frobenius ist einer der hervorragendsten Exponenten – aus der Mitte ihrer Kulturen in die »primitive Mentalität« und deren Reichtum trieb. So entwickelten sich Entsprechungen – wie die Abkehr von Rationalismus und

Logik bei Senghor und im Surrealismus –, die bei vielen Europäern die gravierenden geschichtlichen Unterschiede zwischen Europa und Afrika in den Hintergrund treten ließen.[10]

Begrifflich befanden sich die Vertreter der Négritude ebenso wie Frobenius in unmittelbarer Nähe zu den Seelen-Konzepten W. Hausensteins (»Die Seele ist alles: letzte Verzweiflung der Zivilisation und erster Urgrund aller Wildnis«), Eckart von Sydows (»Uraltes Selbstgefühl«) oder Hermann von Keyserlings (»körpergewordenes Seelentum« und »All-Beseelung der Welt«). Hier nun aber setzt bereits eine entscheidende Differenz ein. Der in solchen Formulierungen zum Ausdruck kommende Exotismus-Wunsch trennte die Négritude radikal von solchen Konzeptionen: Der Exotismus verhindere gerade die neue Gesellschaft und die neue Kunst auf der Grundlage der alten Negerkulturen, hatten Aimé Césaire und Carl Einstein geschrieben und versucht, den Exotismus als Primitivismus zu entlarven.

Diese kritische Haltung, die sich innerhalb der Négritude-Bewegung manifestierte, bezeichnete, historisch angemessen, die Einsicht, daß die Zukunft alter Kulturen nicht in einem rückwärts gewandten und bloß konservierenden, in einem zudem verschleiernden Akt der Beschwörung von Seelentum und All-Beseelung, von »unproduktiver Romantik« (Carl Einstein) bestehen konnte. Césaire hat besonders deutlich gemacht, daß die Zukunft der ehemals kolonisierten Gesellschaften von einem Konzept des Humanismus abhänge, das den Rasse-Gedanken überwunden hat. Die Négritude, als »Gesamtheit der zivilisatorischen Werte der Schwarzen Welt«, hatte allzu kategorisch Emotion und Vernunft voneinander getrennt und sich mit Gefühl und »emotionaler Empfänglichkeit« identifiziert: Die Emotion sei, so Senghor, »negerhaft wie die Vernunft griechisch ist.«

Mit dem spätereren Bekenntnis zur Revolution war Senghor über die Bestimmung der Négritude (»négrité«) als einer humanistischen Konzeption (der das »panhumane Zusammenströmen« verschiedenster Kulturen zugrundelag) hinausgegangen und schloß an die Momente der Revolte und des existentiellen Kampfes an, die er für den Beginn der Négritude stets reklamiert hat.[11]

Négritude als *lebendiger* Ausdruck afrikanischer Kultur und der »métissage culturel«, als revolutionäre Erneuerung des afrikanischen Selbstbewußtseins, ist nur zu einem Teil Rückgang auf die Traditionen, auf das *alte* Afrika, zum anderen Teil aber Entwurf in die Zukunft. Hier trennen sich Frobenius' Afrika-Bild und das der Négritude radikal, vor allem in der Ausprägung bei Césaire. Bei Senghor ist der Bezug zum revolutionären Aspekt der Négritude sehr viel ambivalenter; sein Blick auf das Zukünftige ist stärker von dem Wunsch einer Öffnung auf den Anderen und das Andere geprägt, eine kommunikative Bewegung, die für ihn in einer universellen Zivilisation (civilisation de l'Universel) mündet. In dieser Haltung der Versöhnung und des Humanismus, die er (in einer projektiven Verzerrung) bei Frobenius vorgezeichnet sieht, wird der elegische Ton seiner Lyrik (man hat gar von einem »elegischen Todesgesang« gesprochen) bewahrt, aber transformiert. Dieser Zweig der Négritude bleibt unvereinbar mit der vor allem im anglophonen Afrika von Beginn der Unabhängigkeitsbewegungen an aufgestellten Forderung, nicht mehr nur als »Zeugen« und »Sänger« der erlittenen Qualen, nicht mehr nur als Verkünder und Prediger eines »Negerstils«, und als »lyrische Historiker« aufzutreten, sondern viel entschiedener eine andere Sprache zu sprechen, um aus dem Schatten der Kolonisierung herauszutreten.[12]

Diese Bestimmungen der Négritude-Bewegung können deutlich machen, daß es sehr *weitgehende*, aber immer nur *partielle* Übereinstimmungen zwischen der Négritude und Frobenius gibt und diese nur durch Projektionen und Überhöhungen den Anschein *einer* gemeinsamen Sichtweise erwecken. In der Person Senghors findet die *Kulturgeschichte Afrikas*, die *Schicksalskunde im Sinne des Kulturwerdens* und die Kulturmorphologie insgesamt eine individuelle Resonanz in einer Totalität, die weit über die begeisterte Resonanz bei Suzanne und Aimé Césaire hinausgeht. Wird bei Césaire diese Nähe später aufgebrochen – in dem Maße, wie er sich der politischen Neubestimmung der Zukunft in der sogenannten Dritten Welt zuwendet –, findet Senghor immer wieder einen neuen Ansatzpunkt, um seine Wahlverwandtschaft zu untermauern. Es ist nicht mehr nur die Nähe zu Frobenius' »Tiefenschau« – eine von Einfühlung, Gemüt und Intuition geleitete Erfahrung von Wirklichkeit –, nicht mehr nur die Dankbarkeit dafür, daß ein europäischer Wissenschaftler den afrikanischen Kulturen ihre Würde zurückgegeben hat, einen gleichen Entwicklungsgang für alle Menschheitskulturen postuliert und von der Einheitlichkeit der menschlichen Zivilisation gesprochen hat; sondern auch die Vorläuferrolle für eine »universelle Zivilisation«, die Senghor Frobenius zuspricht. So macht er ihn schließlich zum Vorläufer von Teilhard de Chardin und zum Träger eines Humanismus, der durch ihn »menschlicher, ja sogar wahrer« geworden sei, da er von der Totalität der menschlichen Gattung überzeugt und geprägt gewesen sei.

Wie Senghor zu Ende seines Aufsatzes »Les Leçons de Leo Frobenius« darlegt, hat sich ihm diese Sicht nach dem II. Weltkrieg bei einer erneuten Lektüre, dieses Mal unter dem Eindruck seiner Kenntnis von Goethe, aufgedrängt.

Die Ergriffenheit und das Ergreifen, die Erkenntnis der eigenen Stärke, die Bewußtwerdung und freudige Durchsetzung der *Afrikanität* (zumeist gleichbedeutend gebraucht mit Négritude und Frobenius' Vorstellung von der »äthiopischen Kultur«), dieses Zusammenwirken der Gabe, sich von außen beeindrucken zu lassen und sowohl in die Entwicklung der eigenen Kultur als auch die der anderen Kulturen aktiv und selbstbewußt einzuwirken – das ist der Kern, auf den hin Senghor die Beziehung der Négritude zu Frobenius noch einmal neu bestimmt. Goethe hat für ihn dabei vor allem die Bedeutung, sich wieder die von ihm erkannten Gefahren kultureller und ethnischer Isolation in Erinnerung zu rufen und alle Kraft in einer »Symbiose im Geist« zu investieren, die Senghor mit dem Begriff des »authentischen Humanismus« und der »Zivilisation des Universellen« belegt.[13] Ein bisher unbeachtet gebliebener Bezugspunkt in Frobenius' eigenem Verständnis seines »Humanismus« ist sein Bekenntnis zu seinem »Lehrer« in Basel, zu Heinrich Wölfflin; er spricht (aus Anlaß des 70. Geburtstages am 21. Juni 1934) von dessen »weltbürgerlichem Humanismus, der aus der Sicherheit des eigenen Standpunktes heraus mit aufgeschlossenen Sinnen das Andere, Fremde begreift«.

126

4. Der »Afrika-Frobenius«

»Anders als den anderen,
die reine Akademiker waren, stand uns eine
Prüfung bevor, ein Ort,
an den wir zu gehen hatten, und ein Ritus,
dem wir uns unterziehen mußten.«
Clifford Geertz (1997: 117)

Dreh- und Angelpunkt von Frobenius' Werk ist die Abkehr von einem Europa, das an seinem eigenen Fortschritt zugrunde zu gehen droht – ein Europa der »Blickverzerrung« –, und die Hinwendung zu den Kulturen Afrikas. Einen guten Eindruck davon, wie Frobenius diese Spannung selbst verkörperte, vermittelt ein 1927 veröffentlichter Text des Psychoanalytikers Georg Groddeck:

»... Ich habe nicht die Gabe, mir von den Menschen ein Bildnis oder irgendein Gleichnis zu machen, bin daher selten von dem Moment überrascht, in dem ich jemanden persönlich kennenlerne, nachdem ich von ihm erzählen hörte. Bei Frobenius war ich überrascht. Ich wußte, daß er eine besondere Vorliebe und Gabe hat, fern von Europa und den Europäern zu leben. Als ich ihn nun sah und sprechen hörte, kam er mir so absolut europäisch, deutsch, preußisch vor, daß ich kaum glauben konnte, er sei wirklich der Afrika-Frobenius. Das war ein recht dummes Verwundern: ich hätte mir von vornherein sagen müssen, daß man wohl ein Vielfaches von Mensch sein müsse, um zu leisten, was er geleistet hat, auch ein Vielfaches an Rasseninstinkten und an Einfühlungsvermögen. Ich habe ihn während der Tagung oft gesehen, wenn auch wenig gesprochen; er war immer Frobenius, aber niemals derselbe Frobenius, stets offen wie ein aufgeschlagenes Buch, aber dieses Buch zeigte für jede Situation, vermutlich sogar für jeden Menschen einen andern Inhalt. Sein Vortrag war ein vollendetes Kunstwerk, bis ins Kleinste untadelig. Und er hatte den unschätzbaren Vorzug, daß er nur eine Stunde dauerte und daß doch alles darin enthalten war, was gesagt werden sollte. Frobenius war der einzige der Redner, der sich bewußt blieb, daß er redete, daß heißt, daß Zuhörer da waren, daß sie Gäste waren, um deretwillen alles geschah, er bändigte sich in echt primitiver Hochachtung vor dem Gesetz der Gastlichkeit; das war um so auffälliger, als er sich, vielleicht wiederum dem Gesetz natürlicher Gastfreundschaft folgend, wo es erforderlich war, unbändig beim Gastmahl geben konnte. Der Tisch, an dem Frobenius des Abends eingeladen war, bildete zu Zeiten den Schrecken aller Nachbartische; es war, als ob er irgendwo bei sich ein Quantum Löwengebrüll mitführte, um es gegebenen Orts erschallen zu lassen. Aus mir unbekannten Gründen muß er angenommen haben, daß in mir auch ein Stück Wildheit sei; denn als eines Abends mitten in sein homerisches Lachen der Pfiff einer Signalpfeife hineintönte und infolgedessen lautlose Stille im ganzen Bankettsaal entstand, war er sofort überzeugt, daß ich den Lärm auf so einfache Weise gebändigt hätte, ein seltsamer Irrtum einem so schüchternen Menschen gegenüber. War er dort, wo es galt, froh zu sein, ausgelassen und ungebunden, so war er im Gegensatz dazu an der Hoftafel des Großherzogs feierlich und abgemessen. Frobenius war für mich ein Mensch, wie ich ihn noch nicht gesehen hatte; ich begreife jetzt ein wenig, wie er seine Erfolge erzielt.«[1]

Frobenius' »Erfolg« wurde in extremem Maße auf sein Auftreten und seine Selbstdarstellung (ein »begeisterter und begeisternder Freund des Lebens«, Volhard), auf seinen »bis an Raserei grenzenden Fleiß« (Jensen) und seine »eiserne Energie« (»allen Widrigkeiten der wirtschaftlichen Notzeit zum Trotz, unter harten Entbehrungen und heroischen Anstrengungen«, so Wilhelm II.) zurückgeführt. Zumeist war eine solche Bewunderung auch mit einer Geste der Distanzierung verbunden, und oft genug wurde die auf seine Person bezogene Kritik mit derjenigen seines Werks vermischt, was besonders deutlich in den Äußerungen seines ehemals engen Freundes Heinrich Schurtz zum Ausdruck kommt: »… Wo aber Gutes und Geniales mit Fehlern und Verschrobenheiten sonderbar gemischt ist, da ist es verzweifelt schwierig, auf dem schmalen Pfade des gerechten Urteils zu bleiben … Mit Arbeitsamkeit und Scharfblick ist es nicht allein getan; wer sich öffentlich als Verkünder neuer Wahrheiten zeigen will, … dem darf die gute Form und das rechte Maß des Auftretens, dem dürfen vor allem Klarheit und vernünftige Erkenntnis der Grenzen seines Könnens nicht fehlen ... wer sich für Ethnologie interessiert, der wird finden, daß der Kern des Ganzen gut ist, so abstoßend auch die Zerfahrenheit der Disposition, der anmaßende Ton, der oft flüchtige Stil, das krampfhafte Suchen nach neuen Ausdrücken erscheinen mögen ...«[2]

Der »anmaßende Ton«, er wird immer wieder, selbst von Freunden, wie etwa H. Rhotert, hervorgehoben. Hat der Vorwurf nicht genauso viel mit der Enge und Unfreiheit derer zu tun, die ihn erheben? Und ist das Maßlose nicht eine der Bedingungen für Frobenius' Kreativität? Einer der Wissenschaftler, die sich von solchen Vorwürfen freimachten und sich ihren Blick für die Weite in Frobenius' Entwürfen bewahrten, war der Südamerika-Forscher Th. Koch-Grünberg. Im November 1923 schickt er Frobenius Band 3 seines *Roroima*-Werkes »in freundschaftlicher Verehrung und Bewunderung für Sie und Ihr Lebenswerk«. Von seiner eigenen Arbeit sagt er, es sei nur das Resultat eines »simplen Feldethnographen« und es bedürfe eines »Kommenden«, der »in ähnlich genialer Weise, wie Sie es für Afrika getan haben«, aus der Materialsammlung »ein zusammenfassendes Bild der Kulturentwicklung Südamerikas geben wird«. Und im April 1924 schreibt er in einem Gutachten für die Universität – worum ihn der Dekan H. Lommel gebeten hatte, er halte Frobenius für einen »genialen Forscher«, der die »Kulturzusammenhänge in der ganzen Welt darzulegen sucht«. In die Jahre 1923/24 fällt auch die von tiefer Anerkennung geprägte Beziehung zwischen Frobenius und dem Religionsforscher Raffaele Pettazzoni.[3]

Abgesehen also von solchen Ausnahme-Beziehungen[3a] steht das von Klischees und Vorurteilen geprägte Bild – Frobenius' »Erfolg«, seine »Originalität«, »Selbstinszenierung« und »Effekthascherei«, sein »Verhandlungsgeschick« und seine Fähigkeit, sich dem Zugriff der anderen zu entziehen – wie eine Mauer zwischen ihm und seinem akademischen Publikum. Auch schienen ihm seine Kollegen in den Museen und Universitäten nicht verziehen zu haben, daß alles, was mit ihm zu tun hatte, einen andersgearteten Lauf als gewöhnlich annahm.

Liest man die Dokumente, die von seinen Anfängen handeln, dann ist der letzte Eindruck, den man von seinem Weggang in Basel und Bremen hat, eine Unklarheit: hat man ihm letztendlich in beiden Fällen nahegelegt zu gehen? Dann der Verkauf des Afrika-Archivs und die Querelen um seine Person in München und Frankfurt. Und schließlich seine Aufenthalte in Paris: Er wird freudig begrüßt, ist gern gesehen. Und was liest man im *Bulletin du Musée d'Ethnographie du Trocadéro* in der Rubrik »Chronique du Musée«: aus »verschiedenen Gründen« sei die Ausstellung ausschließlich von der »Gesellschaft der Freunde des Museums« finanziert worden. Was mögen das, fragt man sich, wohl für Gründe gewesen sein?

Ich fragte mich dies auch, 1996, fast sechzig Jahre nach Frobenius' Tod, während meines Aufenthalts im italienischen Biganzolo, angesichts der Umgebung, in der er sich zuhause fühlte und wo er starb. Hier verstärkte sich sogleich wieder das Bild des Kunstliebhabers, eines Menschen, der in Bildern und Symbolen dachte.

»Große rote sitzende Gestalt« und »Regenzeremonie« – zwei Felsbilder aus Zimbabwe in einer Außenwand von Frobenius' Haus.[4] Sie haben die Unruhen und Zerstörungen während des II. Weltkriegs überlebt. Auf einer Anhöhe über Intra am Lago Maggiore gelegen, waren das alte große und das von ihm erbaute kleinere Haus mit dem weiträumigen, parkähnlichen Garten für ihn seit 1927 Rückzugsort der Kontemplation und Arbeit gewesen.

Die Jahre haben die privaten Spuren verwischt. Die Besitzer haben gewechselt.[5] Der Maler Ruckteschell und dessen Frau, die mit Frobenius verwandte Familie Bücheler sowie Jensen, Rhotert und Volhard gehörten, neben den Institutsmitgliedern insgesamt, in Frobenius' letzten Lebensjahren zum engsten Freundes- und Arbeitskreis.[6] Nach verschiedenen Auskünften von dieser Seite erlag Frobenius einem Herzanfall, in der Folge eines vergifteten Pfeils, der ihn während seiner ersten Afrika-Expedition im Bein getroffen hatte.[7] Hans Rhotert hat ihn, am 10. August 1938, unter Umgehung aller Formalitäten, schon tot im Auto nach Frankfurt gebracht.

Auch dies ein Szenario. Es paßt zu der Art, in der Frobenius sein Leben inszenierte, das immer etwas von einem Theaterstück an sich hatte. Dem fügte sich auch sein Umgang mit der Ethnologie. Ethnologie als ein In-Szene-Setzen des als »fremd« Erfahrenen.

Und was tut der Biograph, der sich dem Leben eines anderen Menschen nähert und ihm eine Gestalt zu geben versucht? Auch er inszeniert: dieses und jenes Ereignis und die es gestaltenden Personen. In diesem Sinn ist auch die Biographie eine Performance; eine, die die Etappen eines Lebens nachstellt und dabei doch neu erfindet; eine, die den Habitus eines Menschen zu verlebendigen, in Szene zu setzen versucht. Im Fall von Frobenius kommt man nicht umhin, dem heroischen Bild nach und nach die Spuren des Leids und des Zerfalls einzuzeichnen. In einem seiner letzten Briefe an den Kaiser (12.12.1935) hatte sich Frobenius selbst so dargestellt:

»Leider muß ich zu denjenigen, die nachgerade erschlaffen, auch mich rechnen. Es ist wahr, ich lebe derzeit in einer düsteren Zeit. Der Horizont ist wieder einmal schwarz bewölkt, und wie schon so manchesmal füllt die Frage, ob Sein oder Nichtsein, Bleiben oder Nichtbleiben, Biegen oder Brechen, meine Nachtwachen aus, mit der Sorge um Antwort. Das Physische vertrage ich anscheinend noch recht gut, aber das Psychische wirkt sich mehr und mehr eklatant aus. Früher konnte ich eine Flasche Rotspohn trinken und dann war die Sorge begraben bis zum nächsten Tage mit einem frisch fröhlichen Erwachen, wo sie sich dann als ein Gespenst erwies, das an wahre Manneskraft nicht herankommen kann. Das ist nicht mehr. D.h. die schwarzen Wolken am Horizont sind die gleichen geblieben, aber der fröhliche Sinn, der ihnen immer ungebrochen gegenüberstand, beginnt mehr und mehr an Kraft zu verlieren. Von außen her scheint alles sehr schön auszusehen, denn von allen Seiten empfange ich ständig Glückwünsche für ich weiß nicht was alles für Erfolge. In Wahrheit sind diese Erfolge ja weiter gar nichts als daß die Menschheit zu erkennen beginnt, was eigentlich vorgeht. Es ist keine Änderung unserer Lage, sondern es ist eine Änderung der Sehweise der Menschheit und eine solche war vorauszusehen. Sie tritt ja immer ein, wenn durch 40 Jahre hindurch das Gleiche Tropfen für Tropfen der Menschheit eingeflößt wird. Aber das Schlimme ist, der Mensch wird ärmer an kleinen Freuden. Je weiter er zu denken vermag, je größer die Dimension wird, zu der sein Denken und Handeln ihn zwingt, desto weiter entfernt er sich von den anderen Mitdenkenden, Mitfühlenden, von der Jugend. Der Mensch wird einsam. Die anderen werden gleichgültig, sie gehen ihre eigenen Wege, müssen sie gehen, sollen sie gehen, aber damit fallen die kleinen Freuden weg, die dem einzelnen beschert werden können, und die viel mehr bedeuten, als im allgemeinen gedacht wird. Wer denkt heute noch daran unsereinem noch die Teilhaberschaft an den kleinen reizenden Beziehungen des Lebens zuteil werden zu lassen? Es sind das ernste Gedanken, und man sollte sie eigentlich nicht zu Festtagen aussprechen. Aber wo soll man sie äußern, wenn nicht denen gegenüber, die auch des ganzen Lebens schwerste Herbheit erfahren haben, und die doch zuletzt auch als einzige übrig bleiben für ein Verständnis in diesem Sinne.«

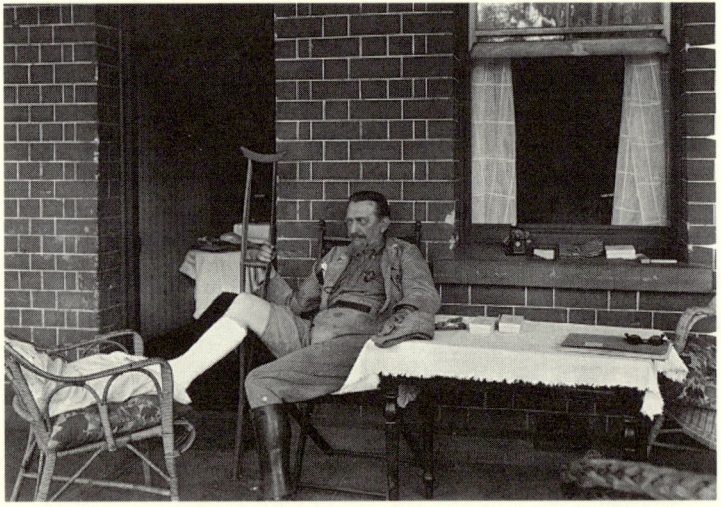

»... abwechselnd gewaltig drohend und fürstlich splendid, norddeutsch,
größter Verehrer Wilhelm Raabes, in der Erscheinung charismatisch anmutend, –
mit der silberbeschlagenen Nilpferdpeitsche, einem Häuptlingsgeschenk,
in seinem Villino am Lago Maggiore gastlich residierend ...«
(Reinhardt 1973/74:4)

III.

DIE FREMDERFAHRUNG UND IHRE DARSTELLUNG

Die nachstehenden Erläuterungen zu zentralen Werken von Frobenius verstehen sich nicht als abgeschlossene Interpretationen, sondern als Zugänge und Öffnungen, als Angebote und Verlockungen, zu den Werken selbst zu greifen.

»Grabt!
Aber achtet darauf, daß die Scherben nicht euch begraben.
Erlebt!«
Frobenius, *Erlebte Erdteile*, V. Bd. (1928: 503)

137

1. Die Suche nach Atlantis

Exotik ist ein Schein, ein schöner Schein. Sie liegt, gleich einer Patina, über allem, was wir als »eigen« und als »fremd« auszumachen glauben. In ihrem Licht und in ihrem Schatten neigen wir dazu, Facetten des Eigenen und des Fremden zu *dem* Vertrauten und *dem* Andersartigen zu abstrahieren und zu fixieren.

Immer dann, wenn wir eine Vision von einer Kultur und Gesellschaft entwickeln, wenn wir uns gestatten, das Eigene und das Fremde zu *schauen* (anstatt es nur in seinen bekannten Limitierungen anzustarren), exotisieren wir. Wir haben keine andere Wahl, wir können uns an der Verzerrung nicht vorbeimogeln. Aber wir können sie reflexiv und introspektiv durchdringen.

Leo Frobenius ist diesen Weg gegangen – und weder für ihn noch für irgendeinen anderen visionären (und das heißt: schöpferischen) Künstler oder Wissenschaftler hat es je eine Wahl gegeben: er mußte so vorgehen. *Es* hat sich auch in ihm gedacht und geschrieben – dies ist die entscheidende poetologische Erkenntnis nicht erst des 20. Jahrhunderts. Zugleich ist Frobenius diesem Weg sehr starrköpfig gefolgt, hat die Exotik nicht genügend reflektiert. Das hat ihn in unheilvolle Verstrickungen manövriert.[1]

Les Immémoriaux, die Zeit des Unvordenklichen, *alcheringa* und *in illo tempore*, das Uranfängliche – das ist der rückgewandte Horizont eines im Banne des Mythos operierenden Denkens, das sich von den Fesseln des Gegenwärtigen zu befreien wünscht und sich in Berufung auf eine fernste Vergangenheit in das Zukünftige hin zu entwerfen sucht. Die Ethnologie, die dieser Spur folgt, die exotische Ethnologie, hat, dies wurde zu Recht kritisiert, den »archaischen« Gesellschaften die *Gleichzeitigkeit* mit den europäischen Gesellschaften verweigert, hat sie nur in Differenz zum Eigenen definiert – und sie damit ins Feld des Unmittelbaren und Mythischen verwiesen.

Gleich dem Schamanen scheint der Ethnologe das unverständliche Fremde in Begreifbares zu übersetzen. Er ist eine Art Medium – und ein Abenteurer gleichermaßen, sind doch seine Unternehmungen mit größter Ungewißheit und extremem Risiko verbunden. Fritz Kramer bezeichnet Leo Frobenius als eine exemplarische Figur, in der mediative und abenteuerliche Züge, in der predigerhafte, die Wahrheit verkündende Töne, und materialbezogenes, sich am Konkreten abarbeitendes Spezialistentum eine Synthese bilden. Frobenius' Vision von Atlantis und der Versuch, es tatsächlich zu finden, sind ein besonders deutlicher Beleg für diese Charakterisierung.[2]

»Atlantis hat seit jener alten Zeit die Menschheit oft erregt, hat aber wohl niemals ein so merkwürdiges Echo hervorgerufen, als im letzten Jahrzehnt im Jahre 1910, nachdem ich dieses Wort von neuem aufgegriffen, und zwar diesmal in die Arena ethnologischer Kämpfe geworfen hatte.

Ich stellte die Hypothese auf, daß diese alte Fabel nicht nur Fabel sei. Ich behauptete, daß es nicht nur möglich sein müsse, das Ganze aufzufassen als eine Erinnerung an eine vorgriechische Kulturzeit, in der man außerhalb des mittelländischen Beckens, also am Atlantischen Ozean, Schiffahrtsbetrieb und Kultur aussäte. Ich behauptete …«[3]

Frobenius stellt sich selbst – seine Person und seine Forschung, seine Reisevorbereitung, seine Hypothesen und Ahnungen – in den Mittelpunkt, um den herum das alte Reich Atlantis an Kontur gewinnen soll. Seine Atlantis-Studie folgt zwei Handlungssträngen: erstens der Verlebendigung der alten Kultur, aufgrund ungeahnter archäologischer Funde, und zweitens der Selbstinszenierung. Immer ist er es, der (mit seinen Expeditionsmitgliedern im Hintergrund) eine Entdeckung macht, der, nach Plato, von Atlantis als einer großen vorgriechischen Kultur, »weit draußen vor den Säulen des Herakles, also jenseits Gibraltar« spricht. Selbst da, wo von ihm der alte atlantische Raum mythopoetisch verlebendigt wird – im Grunde fern der Subjektivität eines einzelnen Forschers –, kann er nicht umhin, sich mit ins Spiel zu bringen. Es ist seine Fähigkeit als Schriftsteller, diesen subjektiven Standpunkt auf *erlebte Geschichte* hin zu erweitern, das Gewesene aus »unvordenklichen« Zeiten in der dramaturgischen Gestaltung (durch das Auftreten und die Selbstaussprache von Menschen dieses Jahrhunderts) zu verlebendigen: »In besagtem Jahr [1892] nämlich erzählte mir in Hamburg ein Neger der Westküste, ein Mann aus dem Yoruba-Land: ›In meinem Lande ist jeder Mann aus alter Zeit ein großer Stein.‹ Ich habe aber nicht weniger als 9-10 Jahre gebraucht, bis ich diesen Satz vollkommen begriff. (...)

Aber nicht direkt ging es nunmehr in das Yoruba-Land, sondern es wurde ein Umweg eingeschlagen. Die ersten Forschungen hatten ergeben, daß die Leute in der Heimat selbst nichts von der Heimat erzählen, daß sie erst dann den Mund öffnen, wenn sie weit entfernt von daheim zu der Überzeugung gekommen sind, nicht mehr wieder zurückkehren zu können und dann sich etwa wegen Plauderhaftigkeit verantworten zu müssen.« Er habe also, so Frobenius, jene Länder aufgesucht, in denen er mit alten erfahrenen Yoruba-Sklaven sprechen konnte.

Dann erst, im Jahre 1910, »begann die Forschung im Yoruba-Land, in Ibadan, in Ife, dem alten Papstsitze dortiger Priesterschaft. Wir wurden vertraut mit den Eingeborenen. Das heilige Gerät strömte in Mengen bei uns zusammen, nachdem die Mitgliedschaft beim Heiligen Bund erworben war.«[4]

Entsprechend ihrer Lage am Atlantischen Ozean nennt Frobenius die Kultur der Yoruba »atlantisch«. Nachdem er ihre Besonderheiten, ihre geographische und archäologische Aufteilung erläutert und, gemäß der karthographischen Methode, jedes einzelne Vorkommnis in eine Karte eingezeichnet und mit bisherigen Erkenntnissen verglichen hat, kommt Frobenius auf sein methodisches Hauptanliegen zu sprechen: Was bedeutet die Erkenntnis der inneren Zusammengehörigkeit von äußerlich ganz unterschiedlichen Phänomenen und Kulturen für die Zusammensetzung der atlantischen Kultur? Das »sinngemäße Ineinandergreifen«, die Gesamtheit und Einheit der Kulturen (wie eine »Flüssigkeit mit bestimmten Strömungen«) bedeute im Fall der atlantischen Kultur, so Frobenius, daß ein »enormes Werden« von Westasien über den Mittelmeerraum zur afrikanischen Westküste »geschehen« sei und sich diese Kultur als »Sproß der solaren Periode« erweise.

»So erklärt sich nun, wenn wir im Kulturbesitze der atlantischen Sphäre eine Unmenge von Eigentümlichkeiten finden, die gerade im Mittelmeere ihre ausgesprochene Verbreitung haben. Da ist der Bogen ... Er ist ursprünglich klein und über die Stirn besehnt. Es ist der trianguläre Bogen der Assyrier und der alten etruskischen Zeit. Daran schließt sich das Spanngerät an. In der Architektur haben wir den großen Impluvialbau, ... dessen ›Atrium toscanium‹ in die Augen fallend ist. Am Bau Kacheln, wie in Westasien, oder Metallplatten als Wandbekleidung, wie sie auch in der Odysee geschildert sind. In alter Zeit eine blühende Terrakottenkunst, hohe Entwicklung der Glasperlindustrie, Steinschneidekunst, die in Quarz geschnittene Gestalten, große Gefäße mit ägäischen Henkeln versehen, Sessel und Figuren hervorbringt. Daneben nun weiter alle die charakteristischen Merkmale wie das breite Schaufelmesser, das westafrikanische Richtschwert, der heilige Sonnenschirm der Könige, die Sänfte. Das Neffen-Erbrecht leitet über zu Formen, die Bachofen schon für die poseidonische Periode festlegte. Andere Dinge führen schon mehr in den geistigen Innenbau dieser Kultur. Brettchenidole, die Verwendung der Hand als Griff und Symbol, heilige Hakenkreuze, die Achterrosette, die zur melusinen Fischform führenden Figuren, Verbindungen, die geschnitzte Frauen mit der Schale zeigen oder die, die mit den Händen den Busen umspannen, Frauen, Mütter und Kinder wie im Isis-Kultus. Gesichtsbecher (Rhytone) sowie die ganze figurale Kleinplastik und Hartmaterialschnitzerei (Elfenbei, Knochen, Speckstein) und Figurendarstellung in Messingguß – das alles hat seine besten Analogien und mehr als das, seine Vorläufer und Entwicklungsformen, draußen im Norden, im Mittelmeer.

Das Ganze aber, und damit kommen wir dem Kern der Sache näher, ist dadurch entscheidend, daß es in allen Punkten innere Zusammengehörigkeit aufweist. Eine Zusammengehörigkeit, die man am leichtesten erkennt, wenn man die alten Fabeln der Eingeborenen, die historischen Erinnerungen und das Bild des Zustandes zur Zeit der Entdeckung überblickt. Auch damals noch bestand das große Reich, das in der Entdeckungszeit Benin genannt wurde. Im Hinterlande Benins liegt die heilige Stadt der Joruben: Ife, in dessen heiligen Orten und Büschen und Kirchhöfen wir unsere archäologischen Funde in Steinarten, Terrakotten und Messinggüssen ergruben. Dort liegt auch der heilige Hain, in dem wir den herrlichen Bronzekopf des Olokun, des Meeresgottes, des Poseidon, gefunden haben.«[5]

142

»So zog er denn aus, sein Atlantis im Hinterlande von Benin zu entdecken, und er hätte nicht Frobenius sein müssen, wenn er es nicht gefunden hätte.« In distanzierter Bewunderung hat zu Beginn dieses Jahrhunderts der Islamist C.H. Becker nicht nur Frobenius' Atlantis-Utopie einer fachwissenschaftlichen Kritik unterzogen, sondern auch auf eine ethnozentristische Verzerrung hingewiesen, die ein weiteres Mal die Implikationen seiner Theorie beleuchtet. Beflügelt von einem »lodernden Haß gegen den Islam« habe Frobenius in seinem »großen Reisewerk« *Und Afrika sprach* zeigen können, daß es auch in Afrika alte Volkskulturen gab, die der Islam nur übernahm. Auch wenn die Beweise zum großen Teil falsch seien – er mißverstand nachweislich »islamischen Import« als »heidnisches Volksgut« –, so sei doch die These richtig: die »Staatenbildung und höhere Kultur« habe in Afrika nicht erst mit dem Islam begonnen. Ita vermutet, daß Frobenius' unbegründete Feindseligkeit dem Islam gegenüber eine Überreaktion gewesen sei: gegen Hegels Glauben in den Islam, als des einzigen zivilisatorischen Einflusses in Afrika. Schließlich hatte sich ja Hegel besonders verächtlich und klischeehaft zu Afrika geäußert, und Frobenius ließ keine Gelegenheit aus, »seinen« Kontinent zu verteidigen.[6]

Befreit von der Dominanzidee des Islam, kann Frobenius seiner Atlantis-Phantasie freien Lauf lassen. Was aber hat er, als Ethnograph, in Ibadan und Ife gefunden, die diese weitreichende Idee rechtfertigen konnte?

In Ibadan und Ife findet Frobenius eine Kultur, die er, in einer weniger entwickelten und vielleicht zerstörten Form, bereits bei den Bakuba im Kongo bewundert hatte: Reste eines außergewöhnlichen kulturellen Reichtums – »Europa hat es ermordet« –, eine »Einheit im Stil«, die bei den Yoruba noch »stärker, größer, lebensfähiger« war. Und nun – wie in einem szenischen Entwurf – evozieren die Erzählungen der Yoruba: die Scherben und Geräte seien ein in die Erde gesunkenes Gut der Götter, ja, die Terrakottaporträts repräsentierten selbst die zu Stein gewordenen Götter, die Erinnerung an die frühe Begegnung mit einem Yoruba im Bremer Hafen. Frobenius wird – aufgrund seiner visionären Atlantisidee – zum Archäologen und Historiographen Nord- und Westafrikas.

Gautier, zu jener Zeit Geograph in Algier, sieht den Nutzen von Frobenius' Algerien-Expedition letztlich vor allem darin, daß die äußerst fragmentarische und schlecht koordinierte Archäologie und Ethnographie im eigenen Land durch diesen Anstoß von außen angeregt und intensiviert werden und dies zur Einrichtung eines Lehrstuhls für Ethnographie und Frühgeschichte an der Universität Algier führen könnte. Im Verhältnis aber zu dem enormen finanziellen und organisatorischen Aufwand und zur Selbstzufriedenheit von Frobenius sowie im unmittelbaren Vergleich zur Arbeit von Stéphane Gsell (*Les monuments antiques de l'Algérie*, Paris 1901), die Frobenius ebenso wie eine Reihe anderer Studien ignoriert habe, nehme sich das Ergebnis der Expedition doch äußerst bescheiden aus.

Gautier macht dafür eine Reihe von Gründen verantwortlich: Frobenius' fixe Idee von Atlantis, die er während einer Afrika-Expedition 1910 durch seine Terrakotta- und Bronzefunde »von großem künstlerischen Wert« belegt sah und die er nun, 1914, weiter ausbauen wollte, indem er in Algerien nach Hinweisen dafür suchte, daß diese atlantische Kultur über Nordafrika ihren Weg gefunden habe; weiterhin sei die Expedition – eigentlich für die Tropen ausgerüstet – durch eine kaiserliche Order ganz plötzlich nach Algerien aufgebrochen. Aber nicht allein aufgrund der äußerst mangelhaften Vorbereitung sei eine systematische ethnographische Studie nicht möglich gewesen, sondern vor allem auch, weil weder Frobenius noch ein anderes Expeditionsmitglied berberisch gesprochen habe und sie so einer Reihe von Fehlinformationen aufgesessen seien (seine »Berber-Freunde« »wußten«, ähnlich wie Frobenius, auch manches im voraus, ohne die Erfahrung gemacht zu haben).[7]

Und so kommt denn Gautier immer wieder, von den verschiedensten Seiten seiner Darlegungen, auf den einen zentralen Punkt zu sprechen: Frobenius war kein Historiker, kein Philologe und kein Archäologe, am ehesten noch Ethnograph, in diesem Fall aber unvorbereitet, ohne Kenntnis der bereits vorliegenden archäologischen Forschung, ohne Sprachkenntnisse, gutgläubig, besessen von seiner Atlantisidee und immer bereit, Fakten und Informationen der ins Auge gefaßten Idee unterzuordnen. Analogische

Schlüsse, die ihm einfallen, überbewertet er, ohne sie zu vergleichbaren, von anderen Forschern aufgestellten Analogien in Beziehung zu setzen; er knüpft Verbindungen – aufgrund einiger Ähnlichkeiten in den kleinsten Details, über riesige Entfernungen hinweg –, zieht seine Schlußfolgerungen und bietet sie als *die* Wahrheit an. Da er nicht Arabisch versteht, notiert er Namen nach dem Gehör; da er weder archäologische Atlanten noch Spezialkarten konsultiert und das libysche und punische Alphabet nicht gekannt habe, unterlaufen ihm nicht nur viele Fehler, sondern er exponiert sich auch immer wieder als »Entdecker«, wo bereits andere Forscher ähnliche Wege gegangen sind, und er macht große theoretische Anstrengungen, wo eine empirische Arbeit weitergeführt oder schneller zum Ziel geführt hätte. Seine Ignoranz sei geradezu »systematisch« und aufs engste in seine Methode verwoben; das Maß seiner Unvorbereitetheit stelle einen »belustigenden Rekord« auf, man müsse beständig »auf der Hut sein«.[8]

Selbst da, wo er ganz in seinem Element sei – bei der Ausgrabung und Bewertung von Grabhügeln – und wichtige Beobachtungen mache, überfrachte er diese sogleich mit spekulativen Interpretationen, die sich nicht halten lassen; exemplarisch die um 90° verdrehte Einzeichnung eines Pfeils, der nach Norden zeigt, aber nach Osten gerichtet sein müßte: »C'est énorme, c'est fantastique, mais c'est comme ça«. Mit einer gewissen Resignation reiht Gautier solche Irrtümer und spekulativen Fehldeutungen aneinander, wundert sich darüber, daß dem Ethnologen die flüchtigsten Impressionen (in diesem Fall nach einer Eisenbahnfahrt) für seine Beschreibungen und Interpretationen genügt haben, und daß der Expedition in der Anfertigung von Zeichnungen gravierende Fehler unterlaufen seien: so wird etwa ein dorisches Kapitell ägyptisch exotisiert. Offensichtlich habe sich der Maler von dem Wort Pyramide zu einer solchen Imagination verführen lassen. Auch hier hält Gautier Frobenius nicht für unschuldig: er habe auch in diesem Fall mitgeholfen, die Tatsachen der eigenen Theorie unterzuordnen.

Einzig seine Ausführungen und Illustrationen zur Ausstattung der Gräber (vor allem Keramik) finden vor Gautiers kritischem Blick Gnade: hier bewege sich Frobenius auf seinem ureigensten

Terrain, und er wisse wirklich, wovon er spreche – und dennoch schleiche sich selbst hier die Tendenz zur Überhöhung ein, wenn etwa Bildunterschriften etwas Aufsehenerregenderes suggerieren wollen als das Bild selbst hergebe.

Wenn man solche Verzerrungen und die spekulativen Überpointierungen und Verabsolutierungen erkenne, würden sich nach und nach die wahren Gegebenheiten herausschälen. Man dürfe aber auch dabei Frobenius' Leistung nicht überschätzen und müsse realisieren, daß er in einer Gegend geforscht habe, die übersät gewesen sei mit Ruinen und Denkmälern der Vergangenheit, so daß die von ihm aufgebrochenen »hunderte von Gräbern« nicht allzu viele seien im Verhältnis zu dem noch Unerforschten. Und dennoch: einen wichtigen Beitrag habe er zur Bestätigung und Absicherung des bereits Erforschten geleistet.[9]

Anstelle des Neuerers und des Entdeckers – als den sich Frobenius selbst sah – wird hier das Bild eines Mannes gezeichnet, dem ein (bescheidener) Beitrag zur Konsolidierung der bis dahin unternommenen, *unspektakulären* wissenschaftlichen Arbeit nicht abzusprechen ist. Was der *Atlantis*-Band aber auch, auf geradezu dramatische Art und Weise, offenbart, ist die Brüchigkeit von Frobenius' emotionaler Beziehung zu Afrika.

Frobenius feiert auf eine höchst abstrakte Weise die Yoruba als Nachkommen der Atlantiden. Er gräbt in Ife den Bronzekopf des Meeresgottes, den Ori Olokun, und zahlreiche Terrakottaköpfe aus – und sucht doch nicht »das Afrikanische«, sondern das Griechische. In Olokun vermutet er Poseidon. Hinter »stumpfsinnigen Proleten«, so erschienen ihm die jetzt lebenden Yoruba größtenteils, wünschte er den Abglanz »klassischer Schönheit « zu erblicken. So betrieb er im Grunde gar nicht afrikanische Archäologie, sondern sehnte sich nach Belegen für das »Ebenmaß« und die »Formfeinheit« des Altgriechischen und einer »unnegerhaften Edelrasse«. In einer »verniggerten Gesellschaft« kann er nicht die »Wahlverwandtschaft« sehen, die der Primitivismus gerade zwischen der afrikanischen und der europäischen Kunst entdeckt. Plötzlich verfällt der große Afrikaliebhaber und Antirassist Frobenius in die Haltung eines x-beliebigen Kolonialisten und Rassisten. »Angesichts seiner höchsten Entdeckerleistung«, notiert

Janheinz Jahn, »erreichte sein menschliches und literarisches Niveau seinen Tiefpunkt«. Frobenius kehrt von dieser Reise nicht direkt zurück, fährt weiter nach Nordkamerun, entzieht sich den internationalen Folgen des Ori-Olokun-Skandals. Er kann die Schuld für das Mißlingen der Expedition nicht bei sich, nur bei den anderen und deren Gemeinheit und Haß sehen.

»Als er in Nigeria eintraf, wußte er, was er suchte. Er hatte sich des Wohlwollens höchster britischer Stellen versichert, aber er verdarb es mit den britischen Unterbeamten, den europäisch gebildeten Schwarzen.

...

Frobenius gräbt aus, findet Bronze- und Terrakottaköpfe. Entdeckerfreude mischt sich mit Habgier, übervorteilte Einheimische erkennen nachträglich den Wert ihrer Altertümer, kleine Mogeleien zeitigen große Zerwürfnisse. Frobenius schreibt über seinen Oberdolmetscher Bida: ›Ich betonte ausdrücklich, daß ganz genau vereinbart werde, ... daß wir das Original des Olokun behalten, der Oni aber eine Kopie erhalten sollte. Bida hat mir später zugegeben, daß er die Sache, um die Verhandlungen zu erleichtern, nach echter Negerart und bequemlichkeitshalber umgekehrt übersetzt habe.‹ Intrigen und Gegenintrigen, die Spannungen eskalieren, der britische Resident Mr. Partridge ergreift die Partei seiner Schutzbefohlenen. Frobenius soll seine Erwerbungen herausrücken, versteckte Terrakottaköpfe werden unter schmutziger Wäsche hervorgezogen, und Frobenius wird als Raubkäufer vor ein improvisiertes Gericht gestellt. Meineidige Verhöre, Verdächtigungen, Winkelzüge, Anschuldigungen – ›Lüge, Raub, Meineid, ja Meuchelmord haben hier mitgespielt, wie nur je in einem Hintertreppenroman‹ –, ein unentwirrbares Hin und Her mit schließlichem Kompromiß, aber Frobenius muß seinen Hauptfund, den Ori Olokun, wieder herausgeben. ›Am gleichen Tage noch forderte Mr. Partridge den Olokunkopf zurück. Er erhielt ihn und erstattete die sechs Pfd. Sterl., die ich bezahlt hatte.‹ Aber der Kopf fand sich nie wieder. Im Museum von Ife steht heute ein anderer Olokunkopf, dem nicht das Stückchen Metall fehlt, das Frobenius ausbrach, um es in Europa (wo es nie ankam) chemisch untersuchen zu lassen. Er tauchte auch in Europa nicht auf, trotz Mr. Partridge. Dieser ›hat dann selbst einige Kisten mit archäologischen Funden mitgenommen, hat also die Forschung auf seine Weise fortgesetzt, obgleich die Ausfuhr von Altertümern nach seiner Angabe verboten war. So ist denn der Poseidon des atlantischen Ozeans, nachdem er aus jahrtausendelangem Schlafe aufgeweckt worden war, in seine heilige Erde zurückgekehrt‹, verkündet Frobenius abschließend, wobei er offenläßt, ob er das real oder poetisch meint.«[10]

2. Der Kopf als Schicksal

»*Die Bücher. Schön, wenn sich dort*
Gedanken, Wörter, Sätze finden, die ahnen
lassen, daß die Erzählung wie ein Kunstpfad
durch weite, dem Leser unbekannte Wälder
führt. So wird er durch Gebiete geleitet, deren
Grenzen ihm verborgen sind, und nur
zuweilen, wie ein Dufthauch, fliegt Kunde
vom Überfluß ihm zu. Der Autor muß
scheinen wie einer, der aus unbeschränkten
Schätzen spendet; und indem er mit barer,
klingender Münze zahlt, läßt er mitunter
Stücke von fremder Prägung einfließen –
Dublonen, auf denen man die Wappen von
unerforschten Reichen sieht.«
Ernst Jünger, *Das erste Pariser*
Tagebuch (1994: 89)[1]

»Ein Bilderbuch./ Ein Buch der Erinnerung für Verstehende./ Ein
schlichtes Buch der Erzählung von Seelen« – so charakterisiert
Frobenius selbst das in den »schicksalsschwangeren Zeiten des
Jahres 1923« verfaßte und 1925 bei Kurt Wolff in München
erschienene Buch *Der Kopf als Schicksal*. Der Titel verdankt
sich dem Refrain eines von einem »Kaschubaneger« gesungenen
Liedes
   Ein Kopf
   Ein Schicksal!
Ein Buch der »Erinnerung für Verstehende«, ein Buch der »Erzählung von Seelen« bedeutet für Frobenius die Vergegenwärtigung
eines tiefen Erlebnisses vom »wirklichen Sein«, das die Tatsachenwelt bedingt. In einer den Ton der zu jener Zeit sich erneuernden Ontologie vorwegnehmenden Sprache werden die Ober-
flächenschichten des »So-Seins«, des »man« und des »Gestells«
durchstoßen, um zu einer elementaren Seinserfahrung vorzudrin-
gen. Diese scheint noch, das ist Frobenius' ethnologischer Zugriff,
in Afrika möglich zu sein.[2]

»Es war am Abend eines Herbsttages anno domino 1905 post Christum natum des Julianischen Kalenders.« Mit diesen Worten beginnt Frobenius in epischem, etwas salbungsvollem Ton seine Erzählung von Menschen, denen er während seiner Afrika-Reisen begegnete, eine Erzählung, die ganz wesentlich von den Erlebnissen seiner ersten Reise in das Kongobecken (1904ff.) geprägt ist. »Ich stand am Ufer eines der Tausende von kleinen Gewässern, die sich zum Flusse Lulua, dann zum Strome Kassai, endlich zum gewaltigen Kongo vereinigen.«

Der Leser hat sofort das Gefühl, sich behaglich zurücklehnen zu können: der Forscher hat die Mühen und Strapazen einer weiten Reise auf sich genommen, und er wird erzählen, was ihm alles passiert ist. Die ersten Eindrücke, die der Reisende von der Natur und dem Dorfleben wiedergibt, verbreiten eine (trügerische?) Atmosphäre des Friedlichen und Harmonischen, in die etwas Fremdes, Störendes eingreift. Der Reisende entflieht der entstehenden Unruhe; verursacht durch das Eintreffen der Expedition, der er doch selbst angehört. »Ein Fieber war im Anzug. Aufregendes und tief Durchgreifendes war heute zur Genüge aufgestiegen.« Diese beiden Sätze folgen fast vermittlungslos dem emphatischen und sich dann leicht distanzierenden Einstieg, und schon hat der Autor eine komplexe, dramatische Szenerie gestaltet, bei der die Grenzen zwischen der äußeren und der inneren Ebene verwischt werden: Ist das Fieber eines, das den Reisenden erfaßt oder bezieht es sich auf das Geschehen um ihn herum? Und von dem Aufregenden und Durchgreifenden wird ja nur gesagt, daß es »aufgestiegen« sei – gleich einem universalen Naturereignis. Im Stil einer epischen Nachdichtung wird dann die Vergangenheit der Konfrontation von Afrikanern und Europäern erinnert und in Szene gesetzt, Dialoge imitierend. Noch einmal macht der Autor klar, daß er sich von der Hektik zurückziehen mußte, um der Diskrepanz von Natur und Kultur standhalten zu können: »Der Kopf war heiß, das Blut hämmerte an den Schläfen. O du herrlicher Frieden der Natur! Du furchtbarer Unfriede der Menschheit.«[3]

Geschickt spielt er mit den Bildern von einem exotischen und einem vertrauten Afrika: so hat der eine Fluß etwas Gewaltiges, während ein anderer, wie er »durch die Auen zog«, ein »Bild unaussprechlichen Friedens« vermittelt. Die Kultur erscheint (in ihrer Dynamik) der Natur ebenbürtig: »In riesenhaften Dimensionen wogt seit Jahrtausenden das Völkermeer des Westsudan, aufgepeitscht im Norden durch die elementare Gewalt der Saharastämme, hinbrausend über die weiten Steppen, verstrandend in den finsteren Urwäldern der westafrikanischen Landschaft. Schicksale türmen sich auf Schicksale. Kein Reich, kein Volk, keine Rasse entging dem brandenden Wirbel. Staaten knickten wie dürres Stroh, und Reiche brachen empor wie vulkanische Ausbrüche. Viel zu groß ist dieses Kräftespiel zweier oder dreier Jahrtausende, um mit dem engen Maßstab historischen Wissens und Denkens erfaßt werden zu können. Was bei uns ein Erlebnis eines Menschenlebens ist, war dort Werden und Vergehen ganzer Völker. Gana ward und zerbrach. Mali ward und zerbrach. Songhai ward und zerbrach.

Aber alles, was an zerschollener Größe dem großen Sturme zu entrinnen vermochte, suchte scheu eine letzte Rettung und Bergung in den unzugänglichen Urwäldern der Westküste …«

Und Frobenius zieht den Leser noch weiter in seine eigene Bilderwelt, in sein Imaginarium hinein, indem er darlegt, wie ihm die aktuellen Erlebnisse an seine ferne Kindheit und Jugend erinnern. Er erzählt von »lieblichen Träumen meiner kindlichen Sehnsucht« – »Ich sah mich als kleines Kind einschlummern im Schoß einer alten Nubierin, eingelullt vom hämmernden und fauchenden Werke einer nubischen Silberschmiede« –, und läßt diesem »ersten, ein fernes Lebensziel befruchtenden Sonnenstrahl in der Kinderseele« die Erinnerung an die Jahre der leidenschaftlichen Lektüre von Reisebeschreibungen folgen, ehe die »zwölf Jahre Arbeit« folgten, »nur mit dem Ziel: Selbstsehen, selbsterleben!«

Auf allen Ebenen hat sich spätestens hier der Leser mit dem Autor identifiziert: als eines Naturliebhabers und Verächters der Ausbeuter – »… erlebte wieder meinen Zorn über die rauhe Not und Zerstörung unter den Tritten der Konquistadoren« –, als eines von kindlicher Sehnsucht und jugendlicher Wißbegierde getriebenen Reisenden, Abenteurers und Forschers. Ja, beide werden zu Komplizen, zu Verbündeten im Kampf gegen Feindlichkeit und Unterdrückung, auf der Suche nach dem Glück. Die

Begegnung mit den kongolesischen Völkern – die »kunstreichen Bakuba« und die »dichterisch hochveranlagten Bena Lulua« – evoziert die Verderbnis der europäischen Invasion: »Hier sangen sie vom goldenen Zeitalter des Einst und der Zuchtrute der Gegenwart. Wo war das Glück? Mußte denn dieses furchtbare Europa überallhin seine Unrast, seinen Unfrieden, seine Not, sein Elend tragen?«

Bevor Frobenius mit seinem eigentlichen Vorhaben beginnt – einer (seelen-)physiognomischen Betrachtung von Afrikanern verschiedenster Kulturen in ausgewählten Beispielen –, hat er bereits ein derart verdichtetes und von seinem eigenen Erleben her zugespitztes Bild dieses anderen Kontinents vermittelt, hat sich in seiner Leidenschaft und tiefen Bewegtheit offenbart – »Schwer lastete das Herz auf meiner Seele. Dumpf hämmerte das Blut gegen die Schläfen« –, daß der Leser einem Theaterbesucher gleicht, der vor Beginn des Stücks, bei hochgezogenem Vorhang, eine gut ausgeleuchtete Bühne wahrnimmt und sich in das Bühnenbild vertiefen kann.[4]

Dann erst kommen sie auf die Bühne: die Hauptdarsteller dieses Stücks: »Hadj, die Jungfrau«, »Der Gast Gottes«, »Die Räuber«, »Der Skalde«, »Der Heide«, »Die Adlige«, »Hetären«, »Die Matrone«, »Der Herr des Stuhls«, »Ein König«, »Prinzen der Flucht« ... Noch einmal tritt der Autor nach vorne, sagt, daß er es sei, der diese Menschen hier vorführe, begleitet von seiner Frau und seinem Bruder, Hermann Frobenius, dem Kunstmaler, der oft die größten Schwierigkeiten hatte, die Menschen zu porträtieren. Der Autor selbst zeigt nun noch eine andere Seite von sich: seine enorme Verwandlungsfähigkeit und seine Verkleidungskünste: »Anscheinend gewinne ich über mich immer die besten Aufschlüsse, wenn mein inkognito gewahrt ist.« Also legt er zum Beispiel während seines Aufenthalts 1915 in Damaskus die Uniform eines türkischen Generals an – und hört am Ende sogar die Leute über sich reden! Und dann beginnt das »Stück«. Die erste Hauptdarstellerin, Hadj, ein fünfzehnjähriges Nomadenmädchen, ist aufgetreten, hat sich wunderbar durch ihre Stärke und ihre stolze Haltung eingeführt – und erweist sich doch »als ein ungewöhnlich geduldiges und stets williges Modell.«[5]

Von Anfang an ist die Lektüre dieser Porträts ambivalent: So fühlt sich der Leser angezogen von dem Versprechen, in der Beschreibung der Afrikaner den »Kopf als Schicksal« genauer kennenzulernen, und ihn irritiert diese Art des Vorführens vor allem der Frauen, die dem prüfenden, dem wohlwollenden oder kritischen Blick des Europäers und Forschers ausgesetzt sind. In Frobenius selbst sind diese Spannung und dieser Zwiespalt vorgeprägt: Er ist angezogen von der exotischen Schönheit und glaubt doch auch dem westlichen Leser eine distanzierte Haltung gegenüber der freien Sexualität schuldig zu sein. So nimmt eine Adlige einen zentralen Platz in seiner Galerie afrikanischer Frauen ein. Sie verkörpert diese Spannung – und bringt sie somit von Seiten der Afrikanerinnen selbst zum Ausdruck. Indem Frobenius seinen eigenen Konflikt nach außen, in die Menschen, die er beschreibt, verlagert, ihn in einer verführerischen Schönheit wiederfindet, entledigt er sich der »Pflicht«, sich moralisierend gegen die Zügellosigkeit auszusprechen.

Frobenius' Buch *Der Kopf als Schicksal* reiht sich ein in die zu jener Zeit zahlreichen physiognomischen Versuche – ob bei der Analyse der eigenen Kultur (angefangen bei Ludwig Klages, Keyserling und Georg Simmel bis zu Rudolf Kassner) oder der fremden Kultur (besonders markant bei Hugo A. Bernatzik). Seit 1925 gab es mit der *Zeitschrift für Menschenkunde* ein »geistiges Forum dieser Bestrebungen«.[6]

Zwar ist auch dieser Band von dem Wunsch getragen, der paideumatischen Lehre zur Durchsetzung zu verhelfen und ihr vielfältiges Anschauungsmaterial zu liefern; dominierend aber in Stil und Duktus sind Geschichten und Schicksale, exemplarische »Seelen«-Porträts. Frobenius – vorwiegend der Erzähler, in dem sich nur dann und wann erläuternd der Ethnologe zu Wort meldet – entwirft ein Panorama der im Kopf und in der Haltung, im Habitus sich zeigenden Ausdrucksformen, Bewegungen eines (wie es einmal bei Simmel heißt) »vorüberfliegenden Moments«, »aber dieses Moment ist das Ganze – das ganze Schicksal«.[7]

In dem Sinne, in dem die Mitglieder des »Collège de Sociologie« (1937ff.) die traditionelle Soziologie zu erweitern versuchten und die emotionale Resonanzbeziehung zwischen den Erscheinungen, den Situationen und dem Erlebenden betonten, läßt sich auch hier bei Frobenius von »Berührungsmomenten« sprechen, denen er folgt, denen er sich hingibt. Er schwingt sich in das Geschehen und das Kräftespiel ein, projiziert sein Gefühlsleben in die äußeren Situationen, und er läßt sich von der situativen Dynamik in seiner eigenen Emotionalität bestimmen. Für dieses Wechselspiel findet er immer wieder neue Varianten eines pathetischen, von Werden und Vergehen dominierten Tons: »Das Dasein wallt … sich steigernd bis zur höchsten Blüte … dann sich in das Ersterben senkend dahin … Die Baluba schwellen von Osten heran …«[8]

Der dieses Buch prägende Grundton aber, der die Haltung des Autors unmißverständlich zum Ausdruck bringt, wird von seiner Abneigung gegen die europäische Engstirnigkeit gebildet:

»Ach, wenn Europas Sendlinge immer nur durch natürliche Augen gesehen hätten! Ach, wie viel anders stände es um manches Urteil, manche Überzeugung, manche Tat und Untat! Aber das ist das Schlimme: wenn die Europaforscher nach Afrika oder nach irgend einem andern schönen Erdteil hinauszogen, dann waren sie von vorne herein ausgerüstet mit Gläsern, mit festaufgeschnallten Brillen, durch die wir alles betrachteten, wie kleine Kinder im Spiele, etwa mit Hilfe von roten, blauen oder braunen Glasscherben sich die Welt wechselnd verzaubernd. Dem Europäer war das aber kein Spiel, die Schau durch das farbige Glas nicht wechselbar. Festaufgeschnallt war die Blickverzerrung; unerschütterlich ernst und überzeugt von der Unmöglichkeit, die Dinge anders als durch solche verbildenden Scherben zu sehen, starrte der Geist Europas in die Außenwelt. Indianer wurden zu Helden (Cooper), Südseeinsulaner zu Kindern der Inseln der Seligen (Forster usw.), Neger zu Fetischanbetern und Halbmenschen.

Wie sollte Europa nun bei so festem Willen zur Starre durch Blickverzerrung wahrnehmen, was sein natürliches, sein naturgeborenes, sein naturklares Auge sonst sofort hätte wahrnehmen müssen! – O, du armes und dummes Europa, das sich in seiner unendlichen Verblendung stets für allein urteilsfähig, für stets am weisesten, für das Wissens- und Beobachtungsfähigste gehalten hat! Und ihr armen andern, die ihr unter die Armseligkeit dieses schrecklichsten aller Aberglauben, der furchtbarsten aller Irrlehren, der schauerlichen Selbstüberhebung und Selbstvergötterung die Schönheit und Freiheit des Stiles eures Selbstseins zerfließen fühlt! Ihr armen andern!

Und dieses Augenglas Europas ward vielfach zur Verbrecherbrille!«[9]

Auch wenn man immer wieder betonen muß, daß Frobenius' Afrika-Bild sich gerade gegen den Eurozentrismus zu behaupten versucht und daß sein Paideuma-Begriff konträr zur Rassenkunde steht und nur gegen die ihm eigene Intention ideologisch vereinnahmt werden konnte, so kann man doch nicht umhin, die Berührungspunkte zwischen beiden Ideen zu benennen: »... wenn Frobenius mit seiner kulturmorphologisch begründeten Ablehnung des Rassismus dem ›Geist der Zeit‹ widersprach, so kam er ihm mit der Beschwörung von ›eherner Zucht‹ und ›Selbstopferbereitschaft‹ entgegen.«[10]

Frobenius' Porträts stehen in ihrer Zeit nicht isoliert für sich, sondern sind Teil der Versuche, Anthropologie, Geschichtswissenschaft, Kunstgeschichte und Physiognomik miteinander zu kombinieren. Wenn man festgestellt hat, daß um 1930 der »Kreuzungspunkt bildsuchender Ideologiebildung« der Kopf und das Antlitz wurden, dann muß man in dieser Zeitströmung auch Frobenius' Studien sehen und darf nicht davor zurückschrecken, Ähnlichkeiten in den Formulierungen von Rassenideologien und einem *anti*rassenideologischen Autor wie Frobenius wahrzunehmen, bis hin zu derart verhängnisvollen »Werken« wie Alfred Rosenbergs *Mythos des 20. Jahrhunderts*, wo es etwa heißt: »Jede Rasse hat ihre eigene Seele, jede Seele hat ihre Rasse, ihre eigene innere und äußere Architektonik, ihre charakteristische Erscheinungsform und Gebärde des Lebensstils.«[11]

3. Erlebte Erdteile/Paideuma

Wenn ein Mensch weint, schreit, tobt und er nicht sagen kann, was ihn peinigt, nennt man ihn einen Hysteriker. Geht es bei Sigmund Freuds Hysterie-Forschung, die mit einer so einfachen Überlegung um 1893/95 ihren Ausgang nimmt, um den einzelnen Menschen, werden in zwei Büchern, die wenige Jahre später erscheinen, ganze Planeten und Zivilisationen in Aufruhr vorgeführt: Sie weinen, schreien, toben. Und auch sie sind zu sehr mit sich identifiziert, um die Ursache erkennen zu können; oder, um es in Freuds Terminologie zu sagen, sie befinden sich in einem Seelenzustande, »in dem das Band des Zusammenhanges nicht mehr alle Eindrücke oder Erinnerungen an solche umschlinge«, in dem also bestimmte Vorgänge von der »bewußten Verarbeitung abgedrängt und somit auf eine falsche Bahn gewiesen« werden. Ist es in H.G. Wells' *Krieg der Welten* der Mars, der sich im Stadium fortgeschrittener Degeneration befindet und sich dessen Bewohner gezwungen sehen, neue Techniken zu entwickeln, um sich zu retten, erscheint in Frobenius' *Ursprung der afrikanischen Kulturen* die westliche Zivilisation in einem derartigen Zustand der Verdrängung ihres Fortschrittswahns und des Niedergangs, daß sie dringend der Selbsterneuerung (der »Katharsis«, in Freuds Worten) am Leitfaden anderer, noch vitalerer Kulturen bedarf. Gleich dem Hysteriker aber kann der Europäer nicht erkennen, woran er leidet: zu nah ist er seinem eigenen »Ich« und dessen Leistungen, um sich selbst von außen anschauen zu können.«[1]

Frobenius' 1925 begonnenes Projekt *Erlebte Erdteile* ist ein großangelegter Versuch, ganz nah bei der eigenen Erfahrungs- und Erlebniswelt, bei den eigenen Berührungsmomenten zu beginnen und sich am Ende doch an die Peripherie des Vertrauten zu begeben, um dieses mit dem »fremden Blick« zu betrachten. Es sind Volten und Sprünge in einem »deutschen Forscherleben« (wie es im Untertitel der siebenbändigen Folge heißt), die ein hochgestecktes Ziel anstreben: einen »metaphysischen Rundblick« *Von den Formen zu den letzten Dingen* (so der ursprüngliche Titel von

Bd. VII) in einer Größenordnung und von Ausmaßen, die sich heute ernsthaft wohl niemand mehr zutrauen kann. Band I, der sich poetisch »Ausfahrt« nennt und außer dem autobiographischen Kapitel die eher trockenen, frühen ethnographischen Monographien enthält, eröffnet (mit Elan und voller Überzeugungskraft von der Tragfähigkeit der bis dahin entwickelten Kulturanalysen und -theorien) den Reigen einer Abfolge von Bänden, die sich irgendwo einschwingen zwischen Bekenntnisliteratur, Forschungsbericht, Reiseliteratur und kühnen Entwürfen, in denen außer Afrika nur noch Ozeanien eine entscheidende kulturelle Größe darstellt.

Mit jedem Band umreißt Frobenius neu sein Programm einer in sich verschränkten Betrachtung eigener und fremder Kulturen und deren Seelenlage. »Umrisse einer Kultur- und Seelenlehre«, »Die Seele eines Erdteils«, »Der Geist eines Erdteils« und »Der Geist über den Erdteilen« – wie einige Untertitel lauten – benennen immer wieder das zentrale Anliegen, die Paideumalehre ethnographisch und kulturtheoretisch zu fundieren und auszubauen. Während der ursprüngliche Plan der *Erlebten Erdteile* als Band IV noch »Vom Völkerstudium zur Philosophie« ankündigt und insgesamt mehr von »Erkenntnis«, »Metaphysik« und einem »neuen Blick« die Rede ist, heißt in der letztendlichen Aufstellung das Kernstück programmatisch: *Paideuma. Umrisse einer Kultur- und Seelenlehre*.

Wilhelm Mühlmann hat in seinem Nachruf auf Frobenius dessen »ungeheure Kapazität und Intensität des Erlebens« gewürdigt. Er zitiert in diesem Zusammenhang auch eine Aussage aus Band IV der *Erlebten Erdteile*:

»Jeder wirklich schöpferische Mensch, schöpferisch in Wissenschaft und Kunst (die nur in ihren Äußerungen auseinandergehen, dem paideumatischen Innensinn zufolge aber eine Einheit darstellen), weiß, daß jede Neuschöpfung ursprünglich jenseits der Grenze des Sprechens entsteht. Er weiß, wie schwer es oft hält [fällt], die Schöpfung in die Form der Sprache zu bringen, das, was ihm innerlich klar und gewiß ist, für andere mitteilbar zu machen, ebenso wie es ja dem Musiker ergeht, der es in seinem Innern gären, drängen und stürmen fühlt, ohne daß er gleichzeitig schon die Möglichkeit gewinnt, das alles in objektive Formen zu fassen.«[2]

Seine Stärke der »Eindrucksfähigkeit« habe ihn, so Mühlmann, zwar oft dazu verlockt, »Gehörtes und Gesehenes als *Miterlebender* auch mit zu *formen*«, aber man müsse beide Seiten als Einheit sehen. Auf dem Hintergrund der neueren Entwicklungen in der Ethnologie muß man auch in dieser Hinsicht sagen, daß die vermeintliche Schwäche doch eher das Potential einer selbstreflexiven und poetischen Anthropologie in sich birgt: Der Ethnologe *erfindet* den Fremden; sein Text ist eine Konstruktion und eine Lesart der anderen Gesellschaft, nicht die Gesellschaft selbst.[3] So gesehen relativiert sich auch der immer wieder vorgebrachte Einwand, Frobenius' Mythen-, Märchen- und Legendensammlungen (bei deren Aufzeichnungen er weitgehend blind auf Informanten vertrauen mußte) seien immer auch Eigendichtungen. Sie tragen doch stets den Stempel dessen, der sie *erzählt*, gleichgültig, ob dieser der anderen Sprache kundig ist oder nicht. Besonders charakteristisch für Frobenius: die Märchen so zu erzählen, daß sie auch Belege für seine Theorie sind, exemplarisch für seine (fixe) Idee von der Aufteilung in »äthiopisch« (»romantisch-realistisch«) und »hamitisch« (»rationalistisch-realistisch«). Die *Mystik* und das Transzendente gehören dem Äthiopischen, der *Schamanismus* und die Magie dem Hamitischen zu.

Die hamitische Kultur schaffe »Charakter«, die äthiopische dagegen »Gemütstiefe«; während die hamitische im Grunde irreligiös sei, alles Körperliche bejahe und auf dieser Ebene Magie betreibe (zum Beispiel Maßnahmen gegen den »bösen Blick« treffe), dränge in der äthiopischen Kultur das Gemüt zur Symbolik und Gestaltwerdung des Seelischen, des mit Selbstverständlichkeit gesetzten Irrationalen, vor; diese Kultur beziehe sich stets auf das »Du«, gründe in der Fähigkeit zur Aufnahme und zur Ergriffenheit.

4. Die Kulturgeschichte Afrikas

»... ein kühner Wurf oder ein Wagnis«
Schebesta (1934: 298)

In Frobenius' Verständnis gleicht die Kulturform einem organischen Wesen: sie wird geboren, geht unter – und sie kann sich fortpflanzen. Gleich einer Pflanze schlage sie im Boden Wurzeln und aus ihren Samenkörnern entstünden neue Spielarten. Trotz aller Übergänge, Mischungen und Unregelmäßigkeiten der Elemente einer Kultur, sei doch eine gewisse Einheitlichkeit in der Verbreitung zu erkennen und man könne, wenn auch nur in großen Zügen, die Lage und Ausdehnung geographisch festlegen.[1]

Die Kulturgeschichte Afrikas beginnt zwar in scheinbarer theoretischer und sinnenbezogener Selbstsicherheit – das »Erste Stück« ist überschrieben mit »Von uns aus gesehen« (oder, wie es noch programmatischer in der französischen Übersetzung heißt, »Notre plan de vision« –, und doch stellt schon der erste Untertitel »Was sehen wir? Wie sehen wir?« die eigene Vision und Sehweise zur Disposition, unterläuft die Selbstverständlichkeit dessen, *was* man *mit eigenen Augen* sieht, um dem »Wie« nachzuforschen. In unmittelbarer Bedrängnis durch den Tatsachenglauben und die Hybris der Naturwissenschaften, des Rationalismus, Realismus und Materialismus möchte Frobenius diese Haltungen und Einstellungen (die ein existentielles Lebensgefühl, eine elementare Daseins- und Welterfahrung und eine andere methodische Vorgehensweise, die Tiefenschau, überlagern) in ihrem Schein entlarven, um den Verlust einer Ganzheitswahrnehmung wieder rückgängig zu machen. Die Wahrnehmung selbst wird thematisiert. Und dies in einem Ton, der zwischen Pamphlet, Manifest, poetischer und metaphorischer Verdichtung und dem Anspruch einer neuen Kulturtheorie changiert. Dominierend ist zuerst einmal das Pathos im Kampf gegen den Matter-of-fact-Glauben.

»Unbeirrte Sicherheit und Selbstzufriedenheit beherrschten die Sehweise der Menschen. Tatsachenkenntnis und deren Mehrung galt in steigendem Maße als wissenschaftlich erschöpfend. Wahrlich, niemals vordem war die minutiöse Genauigkeit (Akribie) in der Betrachtungsweise derart ›virtuos‹ gewesen! Nicht nur in der Betrachtung der Natur; auch in philosophischer und historischer Arbeit.« Aber, und das ist Frobenius' große Sorge, die *Ganzheit der Erscheinungen* und das *Innere der Wirklichkeit* seien der Menschheit mehr und mehr verloren gegangen. An die Stelle von *Einsicht* sei die *Übersicht* getreten: »eine filigranartig überfeinerte Miniaturmalerei der Oberflächenwelt.«

»Oberfläche! Das große Feld menschlicher Tätigkeit, Emsigkeit, Sammelfreude, Speicherungssucht! Zumal die Erdoberfläche ein großes Feld! Kenntnis aller Erdteile und Inseln, Gebirge und Flußsysteme, aller geologischen Bauweisen, aller Pflanzen, Tiere, Rassen. Nur keine Lücken mehr. ›Vollständigkeit‹: ein anderes großes Stichwort, mit dessen Hilfe Museumsschränke überfüllt, Paläste vollgestopft wurden.

Das Schicksal der Oberflächenforschung war unerbittlich. Die Riesenhaftigkeit der aufgespeicherten Mengen und ihrer fortschreitenden Ordnung wurde überwältigend im Eindruck und entscheidend für das Urteil. Die Darbietung geordneter Mengen errang Achtung.«[2]

Frobenius, obwohl selbst aktiver Teil dieser Geschichte der Ausbeutung und »Speichersucht«, sieht seinen eigenen *Zugriff* auf das Fremde (die Menschen und die Objekte) doch ganz anders begründet: nicht im eurozentristischen Klassifizierungswahn, sondern in der Faszination für Afrika, dessen hohe kulturelle Entwicklungsstufe und Geistigkeit.

In einem eindrucksvollen Wechsel eines pathetischen und anklagenden Tons, kultur- und entdeckungsgeschichtlicher Aufrisse und sinnlicher Landschaftsbeschreibungen vermag er den Leser für seine entscheidende Botschaft zu gewinnen: die »Seele Europas« muß sich noch weiter öffnen, um das Wesen des Afrikanischen und die gleichberechtigte Stellung afrikanischer Kunst im Vergleich zur europäischen zu erkennen; er selbst kenne »kein Volk des Nordens, das diesen Primitiven in solcher Ebenmäßigkeit der Bildung vergleichbar wäre«.

Der Übersetzer der französischen Ausgabe, der von »l'unité de civilisation« spricht – was Janheinz Jahn als folgenschwere Fehlinterpretation gedeutet hat –, folgt dem Kontext, in dem diese Formulierung steht – Frobenius spricht vom Charakter des afrikanischen Stiles, der »als Ausdruck des Wesens *ganz Afrika* beherrsche, und er betont *die* »Geistigkeit« Afrikas.[3]

Die »ständig schwellende Vermehrung unseres Wissens von der Vergangenheit« versucht Frobenius aus der Klammer der bloß zweckorientierten Akkumulation zu befreien und für eine »Tiefenschau« nutzbar zu machen; der »schlimmsten Kausalitätstyrannei« und dem »starren Ich« setzt er das »Verstehen«, die »Hingabe« und »Ergriffenheit« entgegen. Und nachdem er auf die für eine solche Einstellung notwendige Einbeziehung des Spiels und des Spielerischen verwiesen hat, geht er auf die gleiche Weise beispielhaft vor, in der er auch in seiner *Schicksalskunde* den Begriff des Schicksals einführen wird. In der *Kulturgeschichte* ist es der Rekurs auf ein Spiel, das er im IV. Band der *Erlebten Erdteile* bereits behandelt hatte, um die »dämonische Schöpferkraft im Spiel des Kindes« zu belegen, und es ist ein neues Beispiel, das er gibt, um im intensiven Spiel des Kindes den »Urquell aus heiligsten Grundwässern aller Kultur und aller großen Schöpfungskraft« auszumachen. Das Spiel der Jungen, das solange in schöner Selbstbezogenheit und Selbstvergessenheit abläuft, bis es von den hinzukommenden Mädchen aufgebrochen und auf äußerliche Verhaltensformen umgelenkt wird, offenbart für Frobenius die Fähigkeit, »sich seelisch und in voller ›Wirklichkeit‹ einer zweiten Erscheinungswelt hinzugeben …«; das Kind lasse sich so weitgehend *ergreifen*, daß ein *Wechsel seiner Einstellung* eintrete und damit neben dem *Sein* eine zweite »Lebensform« etabliere. In ihr und in der ihr eigenen Ergriffenheit gründe die Kultur.[4]

Ob in der *Kulturgeschichte* oder der *Schicksalskunde* – es ist Frobenius als Geschichtenerzähler, als *griot* und »Preissänger Afrikas«, der dem Leser den Raum für das Verständnis der Kulturentwicklung öffnet.

Der Ethnologe René Daumal sieht in Frobenius' *Kulturgeschichte* das zeitgenössische deutsche Denken in seinen beiden Extremen beispielhaft verwirklicht: einerseits sich mit Leidenschaft dem Gegenstand zu widmen, sich von ihm besiegen zu lassen, um am Ende noch großartiger zu triumphieren; andererseits der Illusion zu folgen, als könne ein *Gefühl* jemals *Idee* werden und die daraus resultierende Vagheit, die Unordnung und das Pathos eines Denkers und Verkünders des von Deutschland angeführten »Dritten Reiches«. Wenn Daumal ausruft, »Ich ersticke in diesem Buch, ich fordere Ordnung, Luft, einen Plan, weniger an Empfindungen gebundene Prinzipien«, und das Werk als »ästhetisches«, »lyrisches« und »prophetisches« dem »historischen Geist« entgegenstellt, dann verbleibt er in den für die Rezeption des Werkes von Frobenius so typischen Dichotomien von Wissenschaft und Ästhetik, von Ordnung (beziehungsweise Idee) und Vagheit (beziehungsweise Emotion).

Und dies, obwohl er sich ganz unverkennbar angezogen fühlt von Frobenius' ganzheitlichem Blick, von seinem Ansatz einer neuen, umfassenderen Wissenschaft der Zivilisation. Auch wenn er offensichtlich die *visionäre* Dimension in Frobenius' Denken als gefühlsmäßige Einstellung mißversteht und keinen rechten Zugang zum Paideuma-Begriff findet, spricht er doch am Ende Frobenius das Verdienst zu, die Priorität des Schaffens, der Kreativität und des Ausdrucks für die Menschheit als Prinzip formuliert zu haben. Schließlich verliere er sich nicht vollständig im Gefühl und habe den Faden zum »rechten historischen Sinn« wieder aufgegriffen. Nicht nur, daß Daumal auf diese Weise seine eigene Kritik einschränkt, er öffnet sich auch mehr und mehr der visionären Dimension, der Tiefenschau und Einbeziehung Afrikas in die Geschichte der Zivilisation. Am Ende ist er geradezu begeistert vom »Reichtum« dieses Buches – der Präsentation des komplexen menschlichen Denkens – und spricht davon, daß er einen »Dschungel lebhafter Symbole« durchlaufen habe; geblieben sei »das Gefühl, daß es eine afrikanische Zivilisation gibt, die man erahnt, berührt, geschmeckt hat und, daß man es gerade noch geschafft hat, sie zu verstehen.«

Während sich Daumal zuerst von Frobenius' emotionaler Bindung an einen Gegenstand distanziert, um sich sodann dessen neuem, ganzheitlichem und visionärem Blick öffnen zu können, wird Emma Cabire in ihrer zwei Jahre später erscheinenden Rezension auf diesen »Umweg« verzichten und sich direkt der Rekonstruktion von Frobenius' Idee einer (einheitlichen) afrikanischen Kultur zuwenden. Sie nennt die *Kulturgeschichte Afrikas* »eine Synthese, einen Versuch, um die Lebensformen über Jahrtausende hinweg zu umgreifen, Lebensformen, die uns heute in ihrer ›Primitivität‹ als festgefahren erscheinen, ohne daß wir zwischen der tatsächlichen Komplexität und der wesentlichen Differenz zu unterscheiden« wüßten. Ihre vorbehaltlose Nähe zu Frobenius' Konzeption ermöglicht es ihr, einen Punkt zu präzisieren, der oft mißverstanden wurde: Frobenius' Paideuma-Begriff unterminiert grundlegend die Orientierung am Rassenbegriff, und bewahrt Frobenius – mehr als so manchen Ethnologen seiner Zeit – vor den Verlockungen der nationalsozialistischen Ideologie.

»… vor allen anderen Organismen ist der Mensch befähigt zur ›*Wirklichkeitsempfängnis*‹. Es ist anzunehmen, daß auch andere Wesen diese Gabe in Ansätzen besitzen. Zur Vollendung gelangt ist sie aber nur im Menschen, in bestimmten Stadien des Menschentumes. Wirklichkeits-empfängnis bedeutet die Fähigkeit, *ergriffen zu werden* vom Wesen der Erscheinungen – aber nicht von den Tatsachen, sondern von der sie bedingenden Wirklichkeit – oder anders gesagt: nicht von den Tatsachen selbst, sondern vom Wesen der Tatsachen.

Oder noch anders ausgedrückt:

Alles andere Leben ist Wirklichkeit und wirklichkeitsbedingt, aber nur der Mensch ist befähigt, vom Wesen der Dinge derart ergriffen zu werden, daß sie in sein paideumatisches Bewußtsein eintreten und – neue Gestalt gewinnen.

Der homo europaeus, zumal der deutsche Mensch, mußte die Periode der ›Aufklärung‹ und die Entsagung sowie den Opfergang des letzten Jahrhunderts durchleben, um zu einer Virtuosität des Begreifens der Tatsachen zu gelangen – bis dieses zuletzt zu einer Befreiung von der Last der Erkenntnisse führte …

Diese letzte Einstellung, die den Höhepunkt des Dünkels, der Selbstherrlichkeit und der Vereinsamung zeigte, hat den Menschen so weit von der paideumatischen Fähigkeit entblößt, wie dies niemals uranfänglich … stattgehabt haben kann … Vordem aber gab es eine Zeit, in der Ergriffenheit alles beherrschte: Würde des Spieles und der Ergriffenheit!

Würde des Spieles! – Stunden der Gnade sind es, wenn der Mensch ergriffen wird vom Wesen der Dinge, – höchste Gnade ist diese Fähigkeit zur Hingabe.

(...)

Welche ungeheuren Schätze hat der Eifer im Sammeln und Graben nunmehr aufgetürmt. Keine größere Völkerschaft der Erde, deren Mythen und Volkserzählungen wir nicht wenigstens im Umriß kennen. Mit vulkanischer Kraft haben Amerika, Asien, Afrika, Ozeanien, Europa ihre Märchenwelten ausgespieen. Aus immer größerer Tiefe steigen die Bilder der Geistigkeit vergangener Zeiten empor. In unseren Büchereien bewegen wir uns wie in einem Garten, in dem von allen Seiten her unbeschreibliche Herrlichkeiten von Formen, Farben und Düften mit der Kraft des Berauschens auf uns eindringen. Wir aber wollen nicht einer Verzauberung verfallen. Wir Kinder des zwanzigsten Jahrhunderts leben nur dann gebührend in der Fülle des Geistes, wenn sie uns als geordnet erscheint. Die Sinnverwirrung wollen, *müssen* wir lösen. Forderung muß es sein, mit klarem Blick und hellem Bewußtsein die Welt zu durchschauen. *Sinn* muß auch im Buntesten und Meistgestalteten liegen und gefunden werden. Das Gestaltete verdankt sein Wesen dem Leben; Sinn des Lebens muß aus alledem sprechen. Seine Offenbarung ist es, die wir unserem Bewußtsein zu gewinnen suchen.

... Ich stellte als Formel für das Lebensgefühl der hamitischen Kultur die Formel ›*ich bin – die Welt sei*‹ auf. Kurz gefaßt bedeutet dies ›*Machtwille*‹ als treibende Kraft. Das Wesen der äthiopischen Kultur läßt sich als ›*natürliche Todlebengemeinschaft*‹ fassen und ihre Gestalt als im ›*Sinnwillen*‹ begründet. In der ersteren herrscht eine Ablehnung gegenüber allem Metaphysischen, wie sie bei einer sich auf die Entfaltung der physischen Kräfte beschränkenden Einstellung nicht schroffer gedacht werden kann. Die zweite jedoch weist die Hingabe an die Wirklichkeit in so starkem Maße auf, daß aus ihr heraus ohne weiteres Höhepunkte der Entfaltung, die bis zur Selbstaufgabe führen, verständlich werden. In letzter Linie stellen diese beiden Kulturformen also paideumatische Kristallbildungen, die eine der *Tatsachen*welt, die andere der *Wirklichkeits*welt, dar, und hiermit rückt die Erwägung aus der

Region des Besonderen in die des Allgemeingültigen, das in diesem Fall gleichbedeutend ist mit dem *Wesentlichen*.

Die beiden Kulturen wurden soeben als letztsinnige Kristallisationen bezeichnet. Es sind gewissermaßen Erstarrungen, festgehaltene Punkte des Werdens, oder auch: Form gewordene Ausscheidungen der gestaltenden Polarität. Damit aber typische Erscheinungen des Kulturseins. Denn im einzelnen wie im ganzen spielt sich das Kulturwesen gleich ab. Stets steht im Anfange die Ergriffenheit durch die Wirklichkeit und am Ende das Begreifen der Tatsachen. *Das* Paideuma ist es, das seine Gestaltung in Kulturerscheinungen eben durch die Menschen hindurch, durch das Leben der Einzelnen wie das der Gesamtheiten, gewinnt, so daß ein Recht besteht, Kultur (und natürlich auch Kunst) als gestaltetes Leben zu bezeichnen.

Der Wandel von der Ergriffenheit zum Begreifen ist und bleibt (wenigstens uns) das A und O jeder Kulturbildung. Er zieht sich als Allbestimmendes durch die Geschichte der einzelnen Menschen und Völker wie durch die Kultur- und Kunstgeschichte ...

Solcher Betrachtungsweise bedeutet der Garten der Kultur- und Kunstwelt wohl noch eine Fülle von *Wundern*, nicht mehr aber eine solche magische *Zauberei*. Diese nämlich entspräche der Annahme von Möglichkeiten, den Naturverlauf durch Fähigkeit zur Naturwidrigkeit zu unterbrechen oder umzubiegen; im Wunder dagegen darf die höhere Potenz der Naturgegebenheiten erblickt werden. Daher ist es selbstverständlich, daß in den geistigen Schöpfungen der Menschheit und ihren Dichtungen das Wunderbare auftritt als Phänomen der aus Hingabe erwachsenen Mystik, das Zauberische aber aus dem primitiven Bedürfnis des ›Ich‹, sich von der unfaßbaren Wirklichkeit freizumachen und so *Machtmittel* aus der Magie zu gewinnen. Somit ist es ganz selbstverständlich, daß die Erzählungen von zauberischen Dingen, Kräften, Ereignissen in die Literatur der Hamiten leicht Eingang fanden, in die der Äthiopen aber kaum.

(...)

Wer alles ins Auge faßt, was an künstlerischen Gestalten aus afrikanischem Boden aufgestiegen ist, – wer den Blick über die bunte Menge weltanschaulicher Einstellungen streifen läßt mit der

Absicht, den das paideumatische Wesen dieses Erdteils am meisten charakterisierenden Zug herauszufinden, muß zu dem Schluß kommen: nichts ist so bezeichnend wie die Neigung und Fähigkeit, in stilklarer Gegensätzlichkeit zu gestalten. Alle verschiedenen Erscheinungen scheinen um jenen Kontrast zu kreisen, wie er in Äthiopik und Hamitik am schärfsten ausgeprägt ist. In vielen Regionen und auf vielen Gebieten sind diese Gegensätze so scharf aufeinandergeplatzt, daß das Schicksal dieses Erdteils von jeher herb und ernst war. Herb und ernst sind die Stile des Lebens und die Formen der Geschicke.

Aber auch hier das Widerspiel.

Diesem schwerfälligen Ernst gegenüber bildet ein tief aus dem Innersten emporquellender Humor einen Grundbestandteil der afrikanischen Geistigkeit. Sicherlich wird man ihn im Bereich der zum Scharfsinn neigenden Hamitik seltener, bei den Vertretern der Äthiopik häufiger, bei ersteren mit einer Neigung zur Verdürrung in Witz, bei letzteren mit der entgegengesetzten zur Verwässerung in Scherz antreffen. Wenigstens wird die seelische Einstellung auf Humor nach diesen beiden Richtungen am häufigsten sichtbar. Wichtiger ist freilich, daß diese höchste Fähigkeit des Menschen, in der Kunst sich mit dem Leben auseinanderzusetzen, diesem selbst zuteil wird ...«

Leo Frobenius: *Kulturgeschichte Afrikas.*
Neuauflage Hammer Verlag, Wuppertal
1998: 25, 26, 240, 241, 242, 419, 420, 421.

LEONEM FRATREM
FROBENIUS PNXT
1924

5. Schicksalskunde

»Mit niemandem habe ich je ein fruchtbareres
Zwiegespräch über Kulturwerden und Kultur-
schicksal gepflogen als mit Leo Frobenius«
Keyserling (1932)

Frobenius' Einstieg in die *Kulturgeschichte Afrikas* war von einem
gewaltigen theoretischen Anspruch und dem Wunsch nach Offen-
legung des methodischen Vorgehens geprägt:
»*Was sehen wir? Wie sehen wir?*
Das sind die großen Fragen, die uns, die Kinder einer Kultur-
und Jahrhundertwende, immer wieder bedrängen. Uns, die wir
geboren wurden aus dem Lebensgefühl festgefügter ›Ordnungen‹,
›Tatsachen‹, ›Wahrheiten‹. Uns, denen eine Weltanschauung Weh-
mutter war, deren Charakter dem eines Eisenbahnfahrplanes und
eines Reichskursbuches außerordentlich ähnlich sah. Der Matter-
of-fact-Glaube war Bekenntnis. In großem Stil hatten kürzlich die
Naturwissenschaften neue Erkenntnisse fast eruptiv hinausge-
schleudert; nunmehr führte die Feinarbeit zu der Sicherheit des
Rechnens mit ehernen Wahrheiten, die in unzähligen Experimen-
ten erprobt waren. Der neu gewonnene Stoff war ›anwendbar‹. In
noch niemals vordem von der Menschheit gewonnener Spannung
wölbte sich ein allen führenden Völkern Gemeinsames über allem
Denken, Urteilen, Handeln: das Bewußtsein, mit der Tatsachen-
erkenntnis den Gipfel menschlicher Kultur erreicht zu haben,
gepaart mit dem Glauben an die Gottähnlichkeit des Zweckes.
Aus solcher Bewußtseinsstellung (oder -höhe, wie man mein-
te,) hatte die Menschheit noch nie die Welt betrachtet.
Solche Einstellung aber wurde erreicht hundert Jahre nach dem
Abschluß des ›Jahrhunderts der Metaphysik‹.«[1]
Gegenüber diesen gewaltigen Worten ist der Einstieg in der
Schicksalskunde nur von einer anspruchsvollen Geste geprägt:
»Offenbarung der Kultur« verheißt das erste Kapitel. Am Anfang
steht ein Beispiel, spannend erzählt, so daß der Leser sich von der
berichteten, konkreten Gegebenheit faszinieren läßt und sich doch

auch in jedem Augenblick der weitreichenden Symbolik bewußt ist, die auf die Weise vermittelt werden soll. Frobenius setzt Metaphern, Symbole und Bilder sehr gezielt ein, um vorab das Umfeld und die Konturen seiner im weiteren Verlauf explizierten Theorie zu zeichnen und den Kern bereits verdichtet ins Blickfeld zu rücken. So hat das Bild der im Wechsel von Konstruktion und Destruktion lebenden Termiten die Funktion, den Begriff des Schicksals einzuführen.

Man kann zwar auch in der einen oder anderen Wendung und in manchen Konstruktionen eine gewisse Poesie entdecken – die sich allerdings zuweilen auch als pathetische Überzeichnung oder nur als zeitgenössischer Stil[2] erweist – entscheidender aber ist die *Rolle*, die ein Bild im Kontext zugewiesen bekommt. Und hier zeigt sich Frobenius' (schriftstellerische) Fähigkeit, die Bild- und Aussagekraft einer Metaphorik zu erkennen und sie gekonnt auszuspielen.

Der Leser wird nicht auf abstrakte Art und Weise mit dem Begriff des Schicksals konfrontiert, sondern in die Lage versetzt, sich das, was Schicksal meint, zu verlebendigen, es vor seinem inneren Auge entstehen zu lassen – angesichts der äußersten Dynamik zwischen Aufbauen und Zerstören, wie sie der Autor zu Anfang dieses Jahrhunderts auf seiner Kongoreise erfahren hat. An den Ufern des Kiulu konnte er einem dramatischen Schauspiel beiwohnen: Etwa alle vier Wochen griff eine neue Generation von Termiten mörderisch in das bis dahin friedliche Leben ein, rottete die gesamte alte Population aus, warf die Kadaver aus der Wohnstätte, baute etwas höher ein neues System von Gängen und Röhren und installierte sich nicht weniger selbstsicher – um am Ende dem selben Schicksal wie die von ihr beseitigte Generation ausgeliefert zu werden.

Nachdem diese Metapher im Text erst einmal eingeführt ist, wird sie von Frobenius dramaturgisch weiter in Szene gesetzt, ausgedeutet und auf die gesamte Kulturentwicklung übertragen; verbunden mit der Warnung an den Leser, er solle dieses Bild nicht als Gleichnis der *Menschheits*entwicklung mißverstehen, sondern es auf den *Kultur*wandel beziehen. Der Mensch ist nicht Herr, sondern nur Ausführender, nur Teil des Wandels, der Metamorphosen.

Das, was man als »Poesie« in Frobenius' Text lesen mag, entsteht dadurch, daß sich der Autor von der Kraft eines Gleichnisses, von der Dynamik einer Symbolik, von der Vitalität einer Metapher, von der Dichte eines Bildes mitreißen läßt und daraus gleichsam Feuer schlägt: seine Gedanken »anfeuert«, sein Denken belebt. »Schicksal« erscheint als Geschichte und als Drama; der Leser ist mehr Zuschauer einer Inszenierung als Entzifferer gesetzter Wörter. Die Art, in der sich der Autor als Zuschauer sowohl eines gleichnishaften Schauspiels in der Natur als auch eines (strukturgleichen) Schauspiels in der Kultur – das man aus entsprechender Entfernung erkennen könne – darstellt und mit ins Spiel einbringt, überträgt sich auf den Leser, der, mittels der dramaturgisch geschickt inszenierten Erzählung, auch zu einem Zuschauer wird.

Angesichts der »poetischen« Aussagekraft der von Frobenius gewählten Metaphorik erscheint also die »Poesie« seines Stils als zweitrangig und oft als eine bloß pathetische Zuspitzung: »... die ganze Oberfläche [des Termitenhaufens] war vollkommener Zerstörung anheimgefallen«[3], »... die Wiedererbauer ..., die aus dem Inneren des Kegels zur Kappe aufgestiegen und vom inneren Wurzelbau her über die Bewohner der Oberflächenschicht hergefallen waren«[4], »Ich bemühte mich zu verstehen, welche ungeheuren Schrecken und Erschütterungen die unter der Kappe doch zu einer vollkommenen Abgeschlossenheit und Einheit abgerundete Welt des Lebens erfüllen müssen, wenn aus dem engen Wurzelstock plötzlich die eigene Natur emporsteigt und die ganze Daseinswelt von Grund auf und ›bis zum letzten‹ vernichtet. Man bedenke: Alles Lebende und die Umwelt vollkommen durch von innen her aufsteigendes eigenes Blut vernichtet! – Nur wer erst wochenlang das still rhythmisch in Unsichtbarkeit und desto größerer Friedlichkeit sich abspielende Leben beobachtet und dann mit einem Vergrößerungsglas über das Scherbenfeld der Kunst, des Lebens und Glückes und der Tausend weißlich-gräulichen Leichen gesehen hat – nur der kann sich die Wirkung der gewaltigen Gegensätzlichkeit in diesen Lebensbildern eines bloßen Ameisenhaufens vergegenwärtigen.«[5]

In den entsprechenden französischen Passagen wird das Bemühen des Übersetzers N. Guterman (Paris 1940) deutlich, Frobenius' Übersteigerungen rückgängig zu machen. Abgesehen davon, daß manche Wendungen im Französischen nicht adäquat wiederzugeben sind, sieht sich der Übersetzer ständig mit dem Problem konfrontiert, entweder die von Frobenius beabsichtigte Dynamik, die dramatische Aufladung des Geschehens und die hochbesetzte Begrifflichkeit (»Dahinträumen«, »Sehnsucht zur Teilhaberschaft am schließlich eingerenkten Daseinsablauf«, »Perioden traumhaft wohligen Sichergehens«, »Ebenmäßigkeit« etc.) zu unterlaufen oder aber, sie überzubewerten und überzuinterpretieren.

Während Guterman in *Le Destin des Civilisations* etwa »Ebenmäßigkeit« nur mit »regulière« und »regularité« wiedergibt, hatten H. Back und D. Ermont – dies war ja Janheinz Jahns exponierte Kritik – in ihrer Übersetzung der *Kulturgeschichte Afrikas* »Ebenmäßigkeit der Bildung« im Sinne von »Einheit der afrikanischen Kultur« eher überbewertet.

Zwar hat Guterman in manchen Fällen das Pathos und die Dynamik des Originals ganz weggenommen und auch versucht, sich der ideologischen Tendenzen zu entziehen (indem er etwa »von innen her aufsteigendes eigenes Blut« nur mit »propre substance …« übersetzt)[6], insgesamt aber hat er doch das Entscheidende erkannt: die »Poesie« dieses Stils verdankt sich in erster Linie nicht den (scheinbar) poetischen Wendungen, sondern den Analogien, Gleichnissen und Metaphern, die Frobenius in Szene setzt. Und hier folgt die Übersetzung ganz dem Original: »… wer aus entsprechender Entfernung herabblickt auf deren [der Kultur] Werden, der kann ebenfalls Perioden traumhaft wohligen Sichergehens durchbrochen sehen durch gewaltsame, aus dem Innersten emporsteigende Erneuerungen, Zerschellen des Alten, Aufbau des Jungen und dann wieder – Weiterträumen bis zum nächsten Ausbruch …

… in dem wir vom eigenen nur Einzelvorgänge und Phasen erkennen können, verlieren wir den Sinn des Daseins gar leicht aus dem Auge. In solchem Falle klingen mir die letzten Worte der Mahnung im Ohre nach, die aus unserem beispielhaften Ameisenhaufen aufstieg: ›*Sinn ist in allem, und du bist ein Narr, wenn du hieran zweifelst aus keinem triftigeren Grunde, als daß du nicht von vornherein den Sinn des Geschehens wahrnimmst. Also laß es dich nicht verdrießen. Sei Mensch; schreite weiter! Mein Schicksal ist auch dein, euer Schicksal!*‹

Unser Schicksal!«[7]

Bemerkenswert in diesen sich dramatisch zuspitzenden Passagen ist vor allem der unverkennbare Wunsch, der Untergangsvision Spenglers eine komplexe Sicht des Kultur*wandels* entgegenzuhalten und Schicksal als *Entwurf*, als *Aufgabe* und als *Zukunftsgestaltung* zu deuten. Unlösbar verknüpft ist dieser Gedanke bei Frobenius mit der Entscheidung, das Studium der Schriften und der in den Museen vorhandenen Dokumente durch die eigene Erforschung »ethnographischer Kulturen« (wie er sagt) zu ergänzen und auf ein breiteres Fundament, das eines *lebendigen Wissens*, zu stellen.

Frobenius präsentiert sich nun – in Gegensetzung zu den Angepaßten und Etablierten – als jemand, der immer zum Aufbruch, zu neuen Ufern bereit ist und, *in diesem Fall*, sich sogar als Freund des »Jungen« und »Neuen« erweist: »... im begeisterten Anschluß an die in sieghaftem Jubel zur Eroberung der ›neuen und äußersten Welt‹ aufsteigende Jugend«. Zwar kenne er auch das Miterleben des Jammers und des Todeselends beim Sterben alter Kulturen und sogar seltene Augenblicke der »Sehnsucht zur Teilhaberschaft am schließlich eingerenkten Daseinsablauf«, aber beherrschend sei doch der Wunsch, in der Fremderfahrung das kulturelle Selbstverständnis neu zu fundieren: die Zivilisation im analogischen Verstehen von Natur und Kultur historisch zu deuten und von daher ihre Zukunft zu mutmaßen.[8]

Die Natur – beispielhaft im Modell des sich unablässig erneuernden Termitenhaufens – liefert uns den maßgeblichen Anschauungsunterricht für die Abläufe in der Kultur, und zwar auf sich entsprechende Art und Weise: sowohl in der allgemeinen als auch in der individuellen Entwicklung. Bevor Frobenius diese Idee weiter entfalten und in großen Zügen zu systematisieren vermag, muß er eine entscheidende Korrektur vornehmen: der einer Kultur innewohnende Sinn sprengt die Grenzen ihrer Naturgegebenheit

– das Organische und Autonome. Der Mensch ist nicht nur Ausführender der Kultur (»Maschine der Kultur«), sondern auch ihr
»geistiger Träger«.

Der »Wesensausdruck einer lebendigen Ganzheit und Sinnein-
heit«, »des Lebens Einheit«, worauf Frobenius' vordringliches
Augenmerk gerichtet ist, bedarf des *aktiven* Subjekts, des *Gestal-
ters* von Schicksal und Geschichte. Und dies nicht zuletzt, um »das
deutsche Volk« (das »einen besonders feinen Sinn für die Problematik des Lebens« habe) als »eigentlichen Vater« der *Schicksalskunde* anführen zu können.[9]

Frobenius betont, wie wichtig es für ihn gewesen sei, zuerst
einen radikalen Bruch mit der egozentristischen, subjektzentrier-
ten Einstellung in der westlichen Kultur zu vollziehen: »Nur
eine rücksichtslose Operation konnte die Kulturkunde von solcher Belastung (einer einseitigen Überschätzung der menschlichen Intelligenz als der allein maßgeblichen Schöpferkraft)
befreien und ihrer Entfaltung freie Bahn schaffen. Sie erfolgte
1898 mit der Aufstellung der naturwissenschaftlichen Kulturlehre ... Zwischen Mensch und Kultur wurde ein radikaler Schnitt
vollzogen und zunächst für den ethnographischen Stoff eine
Betrachtung im Sinne der räumlichen Verteilung aller Kultur-
phänomene gefordert. Der Kultur wurde das Wesen des Organischen in der Natur zugeschrieben, das sich durch die Menschen
hindurch auswirkt. Als Ergebnis solcher Auswirkung wurde das
Zutagetreten der ›Natur‹ in verschiedenen Kulturformen und
deren Bindung an geographisch nachweisbare Kulturkreise hin-
gestellt.«[10]

Nachdem die geographische Verbreitung und der Formen-
wechsel in den Kulturerscheinungen erkundet, beschrieben und
im *Atlas Africanus* dokumentiert war, die Beziehung zwischen den
»geographischen« und den »historischen« Kulturen festgestellt
und die »ethnographischen« Kulturen aus dem »Ghetto der
europäischen Kuriositätenansicht« befreit waren, konnte die
Interpretation von der »egozentrischen Eigen- und Zeitbetrach-
tung« abgelöst werden und so den Blick für die außereuropäischen
Kulturen als *Lehrmeister* der westlichen Zivilisationen öffnen.
Dies war die Voraussetzung, um *methodisch* die »Tiefenschau«

und *konzeptionell* eine universelle Sicht der Kultur weiterentwickeln und zur Entfaltung bringen zu können.[11]

Frobenius' *Schicksalskunde* ist sowohl inhaltlich als auch stilistisch ein beispielhaftes Zeugnis für den Kampf um eine neue Einstellung, die sich von der Klammer des ursprünglich auch bei ihm naturwissenschaftlich gebundenen Denkens zu befreien sucht und dem Materialismus und Rationalismus seiner Zeit eine *ethnologisch* begründete andere Sicht entgegenhalten will. Verstrickt bleibt er selbst noch in die Faszination am Fremdartigen in den »exotischen« Kulturen – dem Wunsch, dieses gemäß den eigenen Kriterien und Kategorien zu klassifizieren – und der Idee, die anderen Kulturen aus sich heraus zu begreifen, den »subjektivistischen und egozentrischen Konquistadorencharakter der Anschauung« ad acta zu legen.[12]

Die Stärke dieser Idee und die Schwierigkeiten ihrer Durchsetzung zeigt besonders deutlich der Schluß des »Ersten Buches. Grundlagen und Gestalten« (»Was die Ethnologie lehrt« und »Was die Kulturmorphologie lehrt«), in dem sich das Neue Bahn bricht und das Alte mit Pathos verabschiedet wird. Die Theorien von Schurtz, Bastian und Ratzel werden mit einem letzten kritischen Blick bedacht; Graebner, Schmidt und anderen wird für ihre Erweiterungen der Kulturkreislehre gedankt; der Grundgedanke der Kulturmorphologie wird noch einmal expliziert, die im siebten Band von *Erlebte Erdteile* dargelegte Gegensätzlichkeit der hamitischen und altäthiopischen Kultur aufgegriffen und vertieft, um mehr und mehr die Paideuma-Konzeption (Kultur als Seele und Gesamterscheinung, als »letzte Steigerung der polar geordneten Totalität ›Leben‹«) mit der Schicksalskunde zu vereinigen.[13]

»Hier gilt es, einmal klar und deutlich bis zur Härte auszusprechen: *das Schicksal eines Volkes erstreckt sich nicht vom Einzelnen auf das Ganze, sondern vom Ganzen auf das Einzelne.* Das Schicksalsdrama des einzelnen Volkes wie des Zeitabschnittes *wird* gespielt, und die Frage ist nur, welche Rolle der Mensch darin spielt. (...)

Die Titelrolle wird in der kommenden Zeit nur einem Kulturstile zufallen können, in dem höchste Befähigung zur Ergriffenheit mit Gestaltungsgabe verbunden ist; deshalb setzt sie wohl östliche Einstellung voraus. Östliche Einstellung bedeutet hier Fähigkeit zur Hingabe, Fähigkeit zur Ergriffenheit. Denn das Kommende wird ja nicht mehr vom Wesen äußerer Macht, sondern von innerem Gestaltungsbedürfnis ausgehen. Die Formen des ›Heute noch‹ werden anscheinend bald verbraucht sein, und der Gestaltsinn selbst liegt im Innern. Denn das, was heute noch als ›Vertrauen der Völker untereinander‹ gefordert wird, kann nichts anderes heißen als eine ›Ergriffenheit von morgen‹.«

Frobenius glaubt, seinen ethnographischen Blick durch die Einbeziehung der aktuellen politischen Verhältnisse vertiefen zu können. Eine wichtige Eigenart der deutschen Natur sieht er in ihrem »Bedürfnis, sich in das Wesen der ihr zunächst fremden Erscheinungen zu vertiefen und sich mit ihm endlich zu identifizieren. (…) Es ist die Befähigung zur Ergriffenheit durch das ›Du‹; es ist die *Befähigung zum Katalysator‹ und zwar kat'exochen.* (Als katalytisches Verfahren bezeichnet man die Zufügung eines entsprechend eigenartigen Elements, das zwei der Verbindung abgeneigte Elemente doch zur Körperbildung veranlaßt.) Nun war diese Eigenart ein entscheidender Charakterzug der deutschen Kultur, die ausgesprochen zentrifugal ist und demnach eine oft unheimliche und erschreckende Tendenz ins Wolkenkuckucksheimische hatte. Die deutsche Geschichte legt hierfür Zeugnis ab. Die Intensität, mit der das Deutschtum nun aber außerdem begabt ist, ermöglichte es ihm, sich die Lehren der Träger der Westkultur (Realismus und Rationalismus) zu eigen zu machen. Diese wurden seine Erzieher und damit zu festen Ufern seines Strombettes.« Frobenius spricht von einer »harten Schule, die die deutsche Kultur« (ein »gestaltschwangeres Deutschland«) durchmachte, was nicht ohne »Stilfehler« abgegangen sei.

»Wenn die Menschheit in der Tat auf dem Zuge vom Mythos zum Materialismus eine höhere Form des Bewußtseins und der Erkenntnis gewonnen hat, dann wird die aus aufdämmernder Ergriffenheit emporsteigende Zukunft sie zum ersten Male in der Weltgeschichte nicht unvorbereitet finden. Und jedes Volk wird demnach wenigstens erahnen können, welche Rolle es in dem kommenden Drama einer neuen Verwirklichung zu spielen hat.«[14]

Liest man Frobenius' *Schicksalskunde* nur im geschichtlichen Kontext des aufkommenden Nationalsozialismus, verkennt man die Verankerung dieser Theorie in seiner Paideumalehre und in seinen (gegen Rationalismus und Ethnozentrismus gerichteten) Vorstellungen von »Ergriffenheit« und »Seele«. Man kann, wie dies der spätere Direktor des Frobenius-Instituts Eike Haberland getan hat, bedauern, daß Frobenius niemals grundsätzlich gegen den Kolonialismus Stellung bezogen hat; man kann aber auch Frobenius' vieldeutige Haltung aus seinen Texten herauslesen.

Wenn Frobenius darüber klagt, daß die afrikanische Kultur von der »europäischen Schundware« verdorben worden sei, so hält ihn dies jedoch nicht davon ab, sich zu wünschen, daß die »Eingeborenen« zu »Bürgern und Arbeitern unserer Staatsform zu erziehen seien«. Solcher Erziehung könne die Kolonialpolitik dienen. Auch spricht er in diesem Zusammenhang von der »billigen Negerarbeitskraft«. Angesichts solcher Äußerungen erscheint seine Liebe zur afrikanischen Kultur als sehr abstrakt und idealisierend und in manchen Äußerungen (wenn er etwa von blutigen Ritualen und Kriegen schwärmt und »herrliches Mannestum aus seeliger Trunkenheit« erwachsen sieht) fühlt man sich an den plattesten Exotismus, vermengt mit nationalistischem und kolonialistischem Gehabe, erinnert. Fern die Vorstellung vom »Humanisten« Frobenius! Und liest man unter diesem Gesichtspunkt seine *Schicksalskunde*, erscheint sie nur als ein anti-demokratisches Pamphlet, das sich durch den Rückgriff auf Afrika Anregungen für die Erneuerung Deutschlands erhofft. Sie kommt dabei den latenten und manifesten Allmachts- und Herrschaftsbedürfnissen der gedemütigten Deutschen (nach einem verlorenen Krieg) entgegen. Frobenius wird als »geistiger Führer im deutschen Durchbruch« gefeiert, seine »Remetaphysierung« des Lebens begeistert aufgegriffen. Er wird (etwa bei der Vierzigjahrfeier des Instituts) von »höchsten Vertretern von Staat und Partei« geehrt und spricht selbst von der »Weitsicht des Führers und Reichskanzlers«, der er Förderungen zu verdanken habe.

Abstrahiert man Frobenius' äußerst problematische Äußerungen und deren nationalistische Zuspitzung und Verwertung im Deutschland der 33er Jahre vom Gesamtzusammenhang seiner

Kulturtheorie und seiner Paideuma-Lehre (die gerade nicht auf den Rasse-Begriff rekurriert) und nimmt seine über die Jahrzehnte hinweg in immer neuen Ausdrucksformen bewiesene, tief empfundene Liebe zu Afrika und den Afrikanern, sein Ergriffensein von der afrikanischen Seele und seinen Wunsch, die eurozentrische Ichfixierung aufzulösen und eine Gleichwertigkeit der Kulturen zu postulieren (was ihn zum geistigen Vater der Négritude machte), nur als Selbst-Inszenierung wahr, dann bekommt man ein ganz anderes Bild, als ich es zu zeichnen versucht habe. Es gibt diese Tendenzen zu Exotismus, Nationalismus und Kolonialismus in seinem Werk. Wie könnte es auch anders sein, im geschichtlichen Kontext jener Zeit! Aber hat er nicht auch mit aller ihm zur Verfügung stehenden Kraft dagegen aufbegehrt, hat er nicht gerade ein Werk geschaffen, das sich immer noch lesen läßt als ein bei aller Mangelhaftigkeit doch eindrückliches Manifest für eine neue Geistigkeit gegen die Reduktionen eines bloß analytischen Denkens, gegen die Einseitigkeiten eines scheinvernunftorientierten und technikgläubigen Verhaltens, gegen die Ichborniertheit, für eine Erneuerung des Lebens, der Kunst und Wissenschaften?[15]

Leo Frobenius
Das sterbende Afrika

MORITURI TE SALUTANT

Groß ist der Glaube an die goldene Vergangenheit, heilig aber das Wissen von der Herrlichkeit der Zukunft. Denn der Sinn alles Lebens ist Aufstieg, der des Todes Wiederkehr, der des Seins überhaupt Wille zur Ewigkeit.

Unser heiliges Wissen von der Herrlichkeit der Zukunft ist erschüttert. Sturm fegt über die Erde. Die Wogen branden an den Deichen und Felswänden. Krachend prasseln die Trümmer in untergrabene Schluchten. Lawinen der Zerstörung wälzen sich über die Fluren des Lebens.

Es ist nicht die erste Sturmflut.

Große Teile der Erde wurden schon so über Nacht zur Wüste.

Nie aber war die Gewalt der Elemente so gesteigert wie heute, wo sie alle vom Menschen bewohnten Länder bedrohen, wo der Schall der donnernden Fluten bald bis zu den einfachsten Jägern fernster Urwaldwinkel wie zu den schlichten Nomaden der einsamsten Wüsten dringen wird. Denn diese Sturmflut wird die ganze Erde, soweit sie Menschen und irgend eine Spur von Kultur trägt, erschüttern.

Das Wetter stieg auf in Europa.

In Asien grollt es schon bis Indien und Japan.

Afrika bebt!

Gerade dieses Afrika, das drei Jahrtausende lang in ungestörtem Schlafe träumte.

Der dunkle Erdteil, der schwarze Erdteil, der Erdteil der schlafenden Rasse!

Afrika ist erwacht. Wir haben es geweckt.

Nicht zum Tageswerk der Arbeit, des Friedens -

Zum Zweikampf, zum Entscheidungskampf.

Auch Afrika wird zur Arena.

*

Wehe euch Blinden, die ihr das Schauspiel vor euern Augen nicht seht!

Die Kultur Westeuropas hat ihr Schicksal vollbracht.

Für sie, die auf der Höhe ihrer Macht angelangt ist, gibt es, wie stets in solchem Zustand, nur noch das Ich und das Du, das Wir und das Ihr, Römer und Barbaren.

Die Träger der Kultur Westeuropas sind die einen.

Alle anderen Völker sind diesen nur Umwelt.

Der Gegensatz ist gesteigert bis zum Beginn des Entscheidungskampfes.

»Ich oder Umwelt« lautet einmal wieder die Losung.

Nie vordem wurde solches Unternehmen mit so starkem Rüstzeug begonnen. Tausende großer Geister dienten den Institutionen des Geschehens. Millionen von Gelehrten schleppten in ameisenartiger Geschäftigkeit alles ihnen Tragbare zusammen. Unzählbar nach Köpfen ist der Heerwurm der Speicherknechte des materiellen Lebens. Religion gebar Wissenschaft, Wissenschaft zeugte Praxis. Materie mal Praxis heißt die Formel, die bedingungslos zu der Forderung führte:

»Meine Umwelt, diene oder stirb!«

Damit brandete die Weltflut auf.

Schwarze Wolken sind aufgestiegen auch über dem Erdteil der schwarzen Rasse.

Die schwarze Rasse ist aufgeweckt.

Mein Ohr hört aus der Ferne schon die ersten Rufe der in die Arena Einziehenden.

*

Der schwere Schritt der schwarzen Gladiatoren dröhnt aus der Ferne hervor.

Wißt ihr, was das heißt?

Ich, der ich mehr und verschiedenere dieser Völker und diese oft näher als wohl irgend ein anderer unter den Brüdern meiner Rasse kennen und schätzen lernte, – der ich an Hunderten von Lagerfeuern, an Hunderten von Orten mit ihnen Leid und Freude teilte, – ich glaube, daß die Träger der Kultur Westeuropas von meinen Afrikanern nicht sehr viel wissen.

Es gab eine Brille des griechischen Zeitalters; durch sie betrachtet waren es »die unsträflichen Äthiopen«.

Es gab eine Brille der römischen Kaiserzeit; durch sie betrachtet waren es »die guten Sklaven«.

Es gab eine Brille gelehrter und hochstehender Islamiten; durch sie betrachtet waren es »die treuen Neger«.

Dann aber kam Westeuropa.

Erst das brutale; das erschaute die Neger als dem Teufelsdienst verfallene Heiden, die mit Gewalt bekehrt und fürsorglich getauft nach Amerika in christliche Sklaverei geführt werden mußten.

Danach das gemilderte und wirtschaftlich raffinierte; dieses erkannte sie als »nützliche Völker«, die man hütet, wie man sein Vieh versorgt, – die man eventuell auch als Soldaten auf europäischen Kriegsplätzen verwenden kann.

Gewiß haben Forscher und Denker der westeuropäischen Kultur vielerlei Gutes im einzelnen über die Völker und Kulturen Afrikas geschrieben. Den mitteleuropäischen Deutschen allein aber war es vorbehalten, in das tiefere Wesen dieser Menschheit einzudringen, ihr Schicksal zu erforschen und zu erahnen, ihre kulturelle Wesenheit zu erleben.

Das Bild, das sich da entrollt hat, ist ein gewaltiges. Es zeigt uns den schwarzen Riesen in seiner Größe vor 3000 Jahren, in der Herrlichkeit seines Schlummers, zeigt den muskelstarken Körper, den er, jetzt, nachdem er geweckt wurde, gähnend reckt.

Dies Bild will ich hier skizzieren – in wenigen starken Linien mit festen Konturen und in kräftiger Farbe. Und so wie ich dies Buch schreibe, ist es ganz bewußt, eine Werbeschrift. –

*

Dieses Buch ist eine Werbeschrift!

Ich werbe im Dienst einer hohen Pietät, die ich mit tief innerlichem Schauer vor der Herrlichkeit der Kultur empfinde, – einer hohen Pietät, die das Zeitalter des Materialismus in Westeuropa schon ganz verdrängt hat, die aber in Deutschland trotz der üblen Einflüsse der Nachbarschaft zu voller Entfaltung strebt und die da spricht: Erlebe die andern und du wirst dich erkennen und dein Geschick meistern.

Dieses Buch ist ein Mahnruf!

Dem Zeitalter der technischen Eroberung der Welt folgt eine Episode oberflächlichen Getändels mit exotischen Produkten und exotisch primitiver Kunst. Führende Geister erkannten die tiefe Bedeutung älterer Schichtung der Kultur und Kunstgeschichte. Dem darf sich nun nicht wahlloses Zusammenwürfeln und Wiederbelebung der Raritätenkabinette anschließen. Vielmehr fordert die Bedeutung der Angelegenheit ernste Vertiefung und gründliche Auseinandersetzung mit dem Gesamtleben als dem stilbildenden.

Und zum dritten ist diese Arbeit eine Warnung.

Aus dem Mittelalter ist uns eine kunstvoll geschaffene Unterschätzung der schwarzen Rasse Afrikas überkommen, die heute noch weit im Volke verbreitet ist. Im vorigen Jahrhundert haben wir das Innere des Erdteils erreicht und die Kultur in Wenigem verändert gegenüber dem Zustand des Altertums vorgefunden. Das erweckte den Anschein der Rückständigkeit. Es genügt nicht, sich diese beiden Tatsachen immer wieder vor Augen zu führen. Die Zeit fordert mehr.

Das alte Afrika ist erwacht.

Es ist erwacht, um in seiner altertümlichen Herrlichkeit zu sterben.

Aber ein Neues wird erstehen.

Unsere Aufgabe wird es sein, dem jüngsten der Erdteile und der jugendstark heranwachsenden Kultur der schwarzen Völker Achtung zu gewähren.

Das alte Afrika kann uns verkünden, was wir von dem jungen zu erwarten haben.

Nachbemerkung

Der Versuch, Leben und Werk von Leo Frobenius darzustellen, war aufs engste mit den elementaren Fragen nach dem Status der modernen Wissenschaft, nach dem Verhältnis von Kunst, Literatur und Wissenschaft, von Fremd- und Selbsterfahrung verbunden. Neue Möglichkeiten, Welt zu beschreiben, zu erzählen und zu deuten, die Rolle des Autors und des Subjekts noch einmal zu durchdenken, boten sich an. Läßt sich mit Hilfe seines Werkes das Zeitgenössische da unterlaufen, wo es zur Fassade zu verkommen droht?

Frobenius' Vorstellung eines ganzheitlichen Denkens – so eng es auch an einige überholte Ideologien gebunden sein mag – birgt in sich mehr Kraft und ein größeres Potential als das atomistische Denken: dies war schon sehr bald eine der Prämissen der nun vorliegenden Arbeit. Ein Denken ohne eine holistische und visionäre Dimension (die über das Nächstliegende hinausweist) läuft leer, erlahmt, ist nicht viel mehr als nur ein kraftloser Teil gesamtgesellschaftlicher Prozesse. Müssen aber Denken und Denker, von ihrem Selbstverständnis her, nicht immer Widerpart des Geläufigen sein?

Und noch ein anderer Aspekt spielte eine entscheidende Rolle: die Frage nach der heutigen Relevanz der Négritude, als deren geistiger Vater Frobenius mit Recht anzusehen ist. All das Für und Wider, die Kontroversen um das Revolutionäre und die der Négritude eigenen Tendenzen zur Anpassung und Unterwerfung noch einmal durchdenkend, fand ich doch wieder zurück zu der Zeit, da diese Bewegung mit so viel Begeisterung und Elan begann, versetzte mich in die Jahre um 1935/36 – und welch eine Überraschung: es schien möglich, den Beginn noch weiter zurückzudatieren und bereits in den beginnenden dreißiger Jahren eine sich entwickelnde Wahlverwandtschaft, eine Koinzidenz zwischen dem Denken von Frobenius, Aimé Césaire, Suzanne Césaire und Léopold Sédar Senghor wahrzunehmen.

Der Mut und die Leidenschaft des Neubeginnens, der jeder »ersten Stunde« innewohnende große Glaube, das Ergriffensein von der Emotion, von neuen Werten und einer Vision – das war der dominierende Eindruck, den mir diejenigen vermittelten, die diese Bewegung noch aus zeitlicher und räumlicher Nähe beglei-teten.[1] Sie beschrieben aber auf solche Weise nicht nur die Hal-tung der Begründer der Négritude, sondern auch die Art und Weise, in der die Négritude in ihrem eigenen Denken überlebt hat: als eine vitale intellektuelle und emotionale Bewegung. Plötzlich erschienen die Väter und ihre geistigen Söhne vereint in einem Gefühl der Brüderlichkeit, auch im Gefühl des Glücks, der Geburt einer ungewöhnlichen Vision – der »civilisation de l'universel« – beigewohnt, sich an einem entscheidenden Punkt der Geschichte aufgehalten zu haben. Hatte man nicht die Geschichte in einem maßgeblichen Augenblick mitentschieden – und dies zugunsten von Selbstbestimmung und einer in der Emotionalität begründe-ten Vernunft, einer gefühlten und vom Leben bestimmten Intel-lektualität; zugunsten einer Idee von Zivilisation, die nicht im Bestehenden und Trennenden verharrt, sondern sich auf das viel-leicht Unmögliche, das Verbindende, das Universelle hin entwirft? Und war nicht genau dies auch der Punkt, von dem aus sich die Wiederentdeckung des Leo Frobenius anbot – und eine Perspek-tive versprach, die sich in die Zukunft verlängern ließ? Diesem Glauben bin ich gefolgt, und ich wünschte mir, daß er tragfähig genug ist, um den hier eingeschlagenen Weg weiterzugehen.

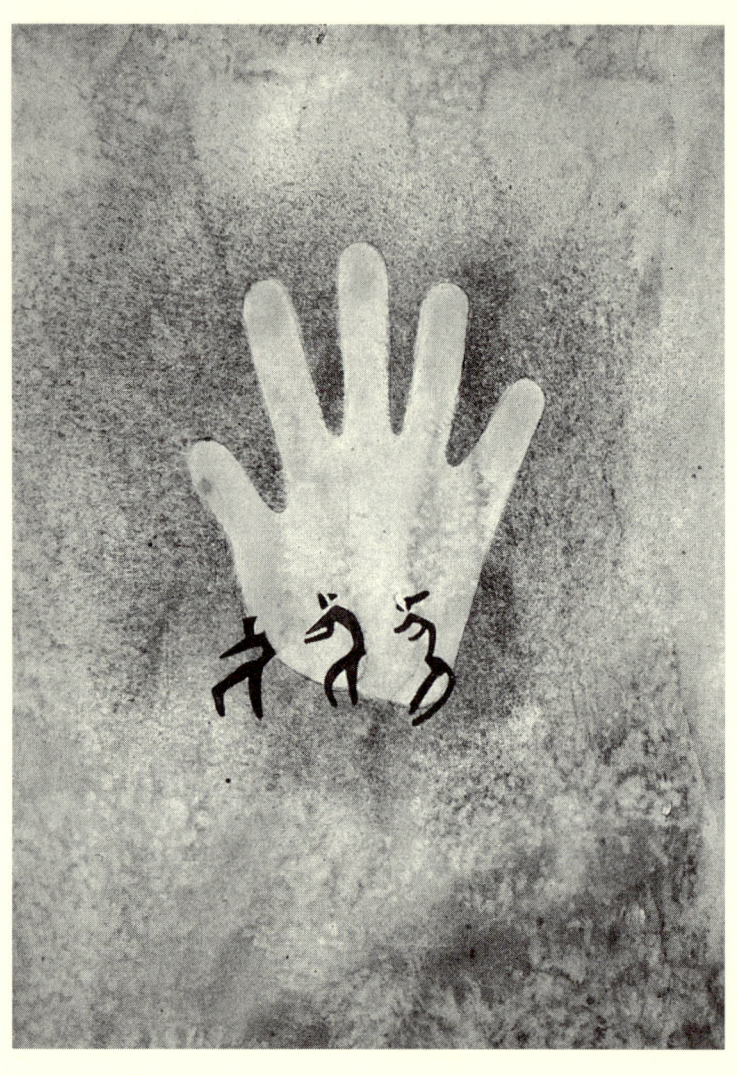

ANHANG

»Wir benötigen einen Wandel im Lebensgefühl. Auf dem durch die
urgeschichtliche Forschung erschlossenen, riesenhaft ausgedehnten Erkenntnis-
felde werden wir über ein menschliches Werden in ungeheuren und großartigen
Dimensionen unterrichtet, und es möchte mir erscheinen, als wenn von einer
solchen Unternehmung wie unserer vorgeschichtlichen Felsbildergalerie und
einem unwillkürlich dadurch erweckten Zwang, geistig folgen zu müssen,
ein bedeutender Einfluß ausgehen könnte.«
Frobenius, in: *Das Urbild,* S. 22

Anmerkungen

Vorbemerkung

1 Leiris (1985), Münzel (mündl. Mitteilung*)*, Barthes (1997:155), *Neue Rundschau*, Themenheft »›Dialektik der Aufklärung‹. Glanz und Elend eines Buches«, Heft 1 (1997).
2 Vgl. Frobenius, *Schicksalskunde* (1938:69-90), *Paideuma* (1921:8-18). Zur Unterscheidung von Morphologie und Hermeneutik vgl. Ninck (1996:63ff.).

Einleitung

1 Da sich Frobenius ohnehin nicht auf eine Disziplin festlegen läßt, wähle ich zu seiner Charakterisierung wechselnd Begriffe wie »Kulturanthropologe«, »Kulturhistoriker« und »Ethnologe«.
Von Georg Simmel (1990: 344) ist die Formulierung überliefert: »Jeder Augenblick des Lebens ist das ganze Leben.« Gide (1951: 1234) über das Glück; Frobenius' Bemerkung über das Glück findet sich in *Indische Reise* (1931: 5) und lautet vollständig: »Mir selbst wurde ein unermeßliches Bedürfnis und eine große Fähigkeit, glücklich zu sein, in die Wiege und außerdem der Wunsch in die Seele gelegt, möglichst viele Menschen am Genuß der Fülle des Daseins teilnehmen zu lassen.« Zum Begriff des »anthropo-archaeologist« vgl. Fox (1935: 37); Jahn (1974: 2); Senghor (1980a), Dagher (Hg.) (1993); gegen Frobenius und das universelle Konzept: u.a. Diallo (1989: 74ff.).
Ich möchte an dieser Stelle betonen, daß ich im Rahmen einer biographischen Studie leider nur ungenügend Frobenius' Beiträge zur Felsbilderforschung darstellen und würdigen konnte. Außer auf die bekannten und zum Teil in der Bibliographie aufgeführten Standardwerke und neueren Forschungen möchte ich noch auf die während der Drucklegung dieses Bandes erschienene Studie von Andreas Lommel *The Unambal* (Australien) hinweisen. Seine Frau hat Frobenius 1934 in Nordafrika begleitet; er selbst hat Frobenius in den Jahren vor dessen Tod kennengelernt. Hertha von Dechend schrieb mir zu dieser Thematik: »Die Überbetonung der Kulturphilosophie (zu Ungunsten, z.B., der so zentralen Felsbilderforschung) hat dazu geführt, daß die historische Problematik gar nicht angeschnitten worden ist, vor allem die Frage, wie es möglich war, daß ein so blitzgescheiter Mann mit seiner

Spürnase und seinen immensen Kenntnissen es nicht vermocht hat, sich ganz und gar von evolutionistischen Prinzipien zu befreien. Ein veritables Unglück ist, daß er James Perry nicht kennengelernt und anscheinend auch nicht gelesen hat – dabei hat Perry, glaube ich, bis in die dreißiger Jahre gelebt, wenngleich von den lieben Kollegen schon lange totgeschwiegen. So blieb es Pia Laviosa Zambotti – die hatte Perry gelesen – und, unabhängig von ihr, Hermann Baumann – der hatte Perry nicht gelesen – vorbehalten, eine brauchbare *consecutio* auszuarbeiten und die ach! so unsträflichen und urigen Hackbauern allenthalben als Erben der vorderasiatischen Hochkulturen zu enttarnen.«

2 Frobenius, zitiert nach: Niggemeyer (1939: 269). Reinhardt (1973/74: 4); zum Projekt einer »Geschichte des menschlichen Geistes« vgl. Niggemeyer (1939: 271).

3 Kramer (1986: 260); vgl. auch Kap. III.1 der vorliegenden Studie; Frobenius (1921, 1932); Freud (1994: 62); Beck (1938: 120); Lévi-Strauss (1971-75).

4 Der Begriff »mythopoetisch« entstand in der Debatte um Bachofen, vgl. Heinrichs (Hg.) (1987); vgl. auch Ita (1973: 314), der von »mythopoetic« spricht; zur Einschätzung des Frobeniusschen Werkes als Kulturphilosophie vgl. Münzel (1989: 48ff.); zu Frobenius als Sherlock Holmes vgl. Gautier (1921: 5).

5 Wenn man von Frobenius' Institut als der ethnologischen Frankfurter Schule spricht, hätten wir insgesamt vier »Frankfurter Schulen«: den Mythologenkreis um Walter F. Otto (und Frobenius), Frobenius' eigenes Institut, die philosophische Schule (Institut für Sozialforschung) und die psychoanalytische Schule um Mitscherlich, Argelander, Lorenzer u.a.; vgl. auch Cancik (1986), Streck (1995).
Die Durchdringung von Selbst- und Fremdwahrnehmung haben beispielhaft einzelne Ethnologen wie Michel Leiris und Hubert Fichte und auf systematische Weise die Ethnopsychoanalyse demonstriert beziehungsweise erforscht.

6 Zu den ideologiekritischen Einwänden gegen Frobenius vgl. Spöttel (1995), Schare (1990: 26ff.). Zur Thematisierung des eigenen Schattens in der Wissenschaft vgl. unter anderem Bowie (1995).

7 Raulff (1997: 33).

I. Der Zugang zum Fremden
1. Von den Anfängen an

1 Ethnologie sei für Frobenius, so Spöttel (1995: 85), schon in der Frühphase seines Schaffens ein Mittel gewesen, »Probleme des Wilhelmini-

schen Deutschlands zu verarbeiten. Die Warnungen, die Frobenius dezidiert aussprach, waren aus genau dem konservativen Geist geboren, mit dem in Deutschland die Forderung des emanzipatorischen Lagers nach einer Verbesserung ihrer sozialen und politischen Lage zurückgewiesen wurde. Geordnete Verhältnisse und eine rigide, patriarchalisch ausgerichtete Sexualmoral wurden von Frobenius als einander bedingende Komponenten eingeschätzt.« Im Frobenius-Institut befindet sich ein Ordner mit Korrespondenzen, die die Aktivitäten in Doorn betreffen. Sie vermitteln einen guten Eindruck von dem kritischen und geistig regen Austausch; sie könnten eine zu eingeengt ideologiekritische Betrachtung korrigieren. Vgl. auch etwa Wohlenberg (1938). Thomas Mann (1997:287).

2 Zu Frobenius' Kindheitserinnerungen vgl. auch Kap. III.2 dieser Studie. Vgl. Frobenius (1901), Jahn (1974), Hays (1979). Frobenius' Angabe, daß er eine Anstellung am Bremer Museum innehatte, kann nicht aufrechterhalten werden. Ich verdanke Bettina von Briskorn die folgende Präzisierung:

»Der Name des Museums lautete 1893 ›Städtisches Museum für Natur-, Völker- und Handelskunde‹. Seit Ende 1891 war der Plan einer Museumsneugründung festgeschrieben, der vorsah die ›Städtischen Sammlungen für Naturgeschichte und Ethnographie‹ mit den Beständen der ›Handelsausstellung‹ – Teil der Nordwestdeutschen Gewerbe- und Industrieausstellung des Jahres 1890 – zu einem ›Städtischen Museum für Natur-, Völker- und Handelskunde‹ in einem für diesen Zweck errichteten Gebäude zu vereinigen. Im Januar 1896 wurde dieses Verbundmuseum, das heutige ›Übersee-Museum‹, der Öffentlichkeit zugänglich gemacht. In der Ausstellung beschränkte man sich nicht auf die Präsentation sogenannter primitiver Völker, sondern stellte z.B auch China, Japan und Altägypten aus.

Daß Frobenius am Bremer Museum als ›wissenschaftlicher Assistent‹ angestellt war, d.h. eine Position innehatte, die der von Heinrich Schurtz entsprach, ist auszuschließen. Eine solche Tätigkeit hätte sich in den Quellen zur Geschichte des Museums niedergeschlagen. Bezüglich der Honorarforderung von Frobenius habe ich inzwischen das entsprechende Rechnungsbuch des Museums, das im Bremer Staatsarchiv aufbewahrt wird, eingesehen.

Das Rechnungsbuch Nr.1, welches die Ausgaben des Museums und seiner Vorläufereinrichtungen in den Jahren von 1877 bis 1901 erfaßt, verzeichnet auch eine Überweisung an Frobenius. In der Aufstellung zum Etat des Jahres 1894/95 ist unter den ›Sachlichen Ausgaben‹ und hier wiederum unter den ›Außerordentlichen Ausgaben‹ Frobenius' Honorar gebucht. Der Eintrag lautet: ›An Leo V. Frobenius, Honorar für

Arbeiten in der Abtheilung für Handels,– und Völkerkunde‹. Man wies
Frobenius für die genannte Tätigkeit am 13. August 1894 90.- M. an.
Zum Vergleich: Die Assistenten Dr. Schurtz und Dr. Wackwitz erhiel-
ten zum damaligen Zeitpunkt ein Jahresgehalt von 2000.-M., der Präpa-
rator verdiente 1500.- M. im Jahr. Dr. Wackwitz zahlte man ›für außer-
gewöhnliche Arbeiten in der mineral. Abtheilung pro November u.
Dezember 94‹ – d.h. für Überstunden – 125.- M. (Quelle: StAB 2-ad
T 5pI).«

In Briefen (vom 8.4. und 28.4. 1894, die sich im handschriftlichen Original im Bremer Überseemuseum, Akte »Frobenius«, Ordner: »F-G«,
befinden) wird die enge Freundschaft und Fragilität der Beziehung
zwischen Frobenius und Schurtz deutlich. Frobenius spricht von
Schurtz' »nervösem Zustand«, und er führt seine eigenen »beunruhi-
gend kranken Nerven« zur Begründung eines übereilten grußlosen
Abschieds an: »Ich muß mich in meinem gegenwärtigen Zustande
davor hüten, mit Leuten, denen ich vollen Respekt schulde, zusam-
menzukommen.«

3 Vgl. vor allem Frobenius, in: *Ausfahrt* (1925: 49ff.). Selbstkritisch
notiert er dort: »So ist es zu verstehen, daß seine Auffassung und Darstellung von einer erstaunlichen Naivität und Kurzsichtigkeit ist. Dem
zu jener Zeit herrschenden Geist entsprechend sind die Arbeiten rein
monographisch und analytisch, engherzig und begrenzt. Die rührende
Simplizität des Verfassers wird augenscheinlich, wenn man den letzten
Teil, die letzten sechs Absätze der Arbeit ›Staatenbildung und Gattenstellung‹ liest. Ohne Wissen, daß es einen Bachofen, Morgan und andere gegeben hat, ohne zu ahnen, daß hier ein unendlich tiefes Problem
vorliegt, plappert der Knabe Weisheiten heraus, die in der Kinderstun-
de vergangener Jahrhunderte schon belächelt worden wären.« (50f.) Zu
Schliemann vgl. jetzt Cobet (1997).

4 Auch zu diesen Arbeiten äußert sich Frobenius (ebd.: 52f.) selbstkritisch: »Die Enge der ersten Zeit ist so ziemlich verschwunden, die Auffassung aus dem Banne der erlebenden um ethnographische Grundbe-
griffe ringenden Forschungsreisenden gelöst, die Diktion schon
annähernd zunftmäßig geworden. Den gleichen Typus tragen andere
Arbeiten wie ›Der Kameruner Schiffsschnabel‹ und ›Die Masken und
Geheimbünde Afrikas‹, welche beiden von der Leopoldinisch-Karoli-
nischen Akademie der Naturforscher zum Abdruck gebracht wurden,
die aber im Grunde genommen nur Materialsammlungen ... darbieten.«
Sie waren zuvor in Basel und Freiburg als Dissertationen abgelehnt
worden (vgl. Rhotert in: *Ein Lebenswerk ...* 1933: 14).

5 Bastian (1860, 1881), Ratzel (1882/1891, 1904), Andree (1878),
Frobenius, *Der westafrikanische Kulturkreis* (1897), *Der Ursprung der*

afrikanischen Kulturen (1898), *Die naturwissenschaftliche Kulturlehre* (1899); Petri (1953).

Frobenius, *Erlebte Erdteile*, Bd. I (1925): zu Bastian (S. 35ff.), zu Ratzel (S. 39ff.).

In *Erythräa* (1931: 348) notiert Frobenius: »Als die Kulturkunde noch in den Windeln anfänglichen Theoretisierens und in den Banden des buchwissenschaftlichen Darwinismus lag, entstand eine Lehre, die in Deutschland hauptsächlich von Adolph Bastian vertreten wurde. Sie ging von der Annahme aus, die Kultur – um es schematisch kurz zu formulieren – sei an das einzelne Volk gebunden, und muß den gleichen Ablauf nehmen, auch wenn ihre Träger (Völker) ohne Berührung mit anderen lebten. Das heißt also, dieser Theorie zufolge muß jedes Volk für sich den damals noch dogmatisch anerkannten Ablauf von Jägerei, Nomadentum und Ackerbau durchmachen und auf jeder Stufe denjenigen Schatz von Empfindungen aufhäufen, der dem entsprechenden Wachstumsstadium zukommt.

Das heißt, auf dieser Stufe muß von jedem Volke für sich der Bogen, auf jener der Speer, auf dieser die Idee des ›Fetischismus‹, auf jener die des ›Pantheismus‹, auf dieser die Familie, auf jener der Staat ›entdeckt‹ worden sein, just wie eine Pflanze erst Keimblätter, dann den verzweigten Aufbau und endlich Blüten und Frucht hervorbringt.

Diese durchaus ethnographische Lehre ging aus von der Annahme der ›Kulturentwicklung‹ in der Vereinzelung. Sie wurde von Friedrich Ratzel bestritten, ohne daß es ihm gelang, eine zum Beweis des Gegenteils führende Methode zu finden. Eine solche wurde in der ›Kulturkreislehre‹ am Ende der Neunziger Jahre vorgelegt und seitdem von allen entscheidenden Schulen ethnographischer Wissenschaft in Deutschland (Berlin, Wien, Köln) übernommen. Die Arbeiten dieser Lehre haben erwiesen, daß der Reichtum an vielseitigen Kulturbeziehungen, den wir für historische Kulturen zur Genüge kennen, auch außerhalb unseres westasiatisch-europäischen Kulturkreises, in der ethnographischen Welt anzunehmen ist. Es gibt keine Kultur, die in völliger Abgeschlossenheit ihren Aufstieg zurückgelegt hat. Im Gegenteil: keine Kultur wird ohne Annahme von Beziehungen zu anderen verständlich.«

6 Ebd.: 53-68. Frobenius' frühe Arbeiten sind zu einem Großteil wieder im ersten Band von *Erlebte Erdteile* (»Ausfahrt. Von der Völkerkunde zum Kulturproblem«) abgedruckt. Im Anschluß an die in der dritten Person Singular verfaßte autobiographische Skizze »Die Arbeiten des jungen Leo Frobenius in dieser Zeit« finden sich: »Staatenentwicklung und Gattenstellung im südlichen Kongobecken« (1892), »Stilgerechte Phantasie« (1894), »Der Seelenwurm« (1895), »Die Religion vom Standpunkte der Ethnologie« (1897), »Die Kulturkreislehre« (1897), »Die

naturwissenschaftliche Kulturlehre« (1899), »Das Erfinden« (1900), »Geographische Kulturkunde« (1903). Sein Hinweis auf seine Auseinandersetzung mit O. Baumann findet sich in: *Paideuma*, 1921: 1ff.

7 *Ausfahrt*, 1925: 48, 69f.; *Paideuma*, 1921: 1-3. Vgl. Freud (1962, 1996), Muensterberger (1995). Sommer (1997) versucht eine Wiederaufwertung der Sammeltätigkeit vor allem gegen die These von Jean Baudrillard (»le système des objets«) und anderen Autoren, wonach das Sammeln im Verhältnis zur Sexualität eine »Regression auf eine anale Stufe« darstelle. Sommer dagegen: »Die Dinge werden durch den Sammler vom Joch der Zweckrationalität befreit und erhalten dank dem ein Dasein unabhängig von ihrem Gebrauchswert.«

8 Zur Periodisierung von Frobenius' Werk vgl. u.a. Hambruch (1924), Niggemeyer (1950), Zwernemann (1969).

2. Das Heilige und das Dämonische

1 Das Zitat entstammt der Schrift *Paideuma* (1921: 9). Die Angaben über die Kongoreise macht Frobenius selbst; sie werden in der Auseinandersetzung in den Jahren 1934-37, auf die ich noch eingehe, bestritten. Intern sprach man im Bremer Museum davon (Dr. Abel soll dies berichtet haben), daß es im Zusammenhang mit Frobenius »dubiose Vorgänge« gegeben habe. Auch wenn dies nicht belegt werden kann, ist doch Frobenius' kaufmännisches Interesse und sein Wunsch, eine eigene Sammlung anzulegen, von Anfang an unverkennbar. Als Beleg hierfür seien zwei bisher unbekannte handschriftliche Briefe Frobenius' von 1893/94 an den »Sehr geehrten Herr Director« [gemeint ist: Hugo Schauinsland]
sowie ein Brief aus der Dresdner Zeit (1900), Ordner: »1900«, angeführt:
»Charlottenburg 30. Dez. 1893
Sehr geehrter Herr Director!
Ich sage Ihnen zunächst meine herzlichsten Glückwünsche zum Jahreswechsel. Möge auch über der Arbeit, an der ich ja im nächsten Jahre theil nehmen werde ein Glücksengel schweben!
Ich habe mich natürlich hier sofort umgesehen, auf welche Weise ich Ihnen und dem Museum nützlich werden kann und da ist mir eine mir sehr selten und schön erscheinende Gelegenheit geboten worden, Originalphotographien von Central- und Ost Afrika zu erlangen. Dieselben haben die Größe der Platten:
21½ X 16½
oder 22½ 17½ cm. Ich kann sie auswählen. Der Herstellungspreis

einer jeden Copie beträgt 75 Pf. Ich würde natürlich nur sehr gute aus-
wählen. Daich [!] mir persönlich auch einige anfertigen lassen will und
ich den mir persönlich sehr gut bekannten nicht doppelt stören will,
bitte ich um eine freundl[iche] Mittheilung, wie viel und ob überhaupt
Sie von diesen Sachen wünschen würden. Es handelt sich um Typen,
Landschaften, Bauten etc. (Victoria […], Konde, etc.)
Ich werde Ch. ca [?] am 20. I. 94 verlassen.
Indem ich nochmals meinen herzlichsten Glückwünschen lebhaften
Ausdruck gebe, bitte ich um freundliche baldige Nachricht wegen der
Photos.
Ich zeichne ergebenst und Hochachtungsvoll
L.V. Frobenius
Charlottenburg I
Berlinerstr. 56.«

»Charlottenburg I 17.I.94
Berlinerstr. 56.

*[Nachtrag, auf dem Kopf stehend]
Hochgeehrter Herr Director!
Ich kam gestern von einer kleinen Reise zurück und fand die mir durch
Schurtz zugesandte Notiz bezüglich kleinasiatischer Potographien [!]
vor. Da ich nicht genau wußte, ob ich das nöthige 1.) bei dem Auf-
traggeber der Reisenden 2.) bei dem Reisenden durchsetzen konnte,
setzte ich alles in Bewegung und so kam ich dann gestern Abend späth
noch dazu eine Anzahl auszusuchen. Es wird mir nur nicht möglich,
mich gerade auf 50 zu reduziren, sondern ich suchte eine charakteristische Zusammenstellung heraus und erhielt 74 Stück. Ich bitte Sie, mir
nur mitzutheilen, ob die Zahl zu groß ist und werde ich dann einige
noch eventl. [?] heraussuchen, obgleich ich keine missen möchte. Vor
Ihrer Nachricht wird mit dem Abzug nicht begonnen.
Was die Afrikanischen Photogr. anbelangt, so traf Ihre Antwort nicht
ganz schnell genug ein und die Platten waren gerade an demselben Morgen in den Besitz der Kolonialgesellschaft übergegangen. Ich setzte
mich nunmehr mit dieser in Verbindung. Zunächst beanspruchte sie
1. Mk., was ich abschlug und einigte mich mit Herrn Dr. Bogelmeyer
[…] auf 85 Pf. Ich suchte aus und bestellte 54 Bilder aus Ostafrika
16 » aus Kamerun
70 Landschaften, zoologische, botanische Objekte, Typen, Hütten etc.
Weiterhin suchte ich aus den südwestafrikanischen Alben der Herren
Gu[…], Üchtritz, Döring [?] 27. Bilder aus, die sich zu demselben Preise
stellen.
Aber [?] über diese 27 gab ich keine bestimmte Ordre und sehe auch
hier Ihrer umgehen [!] Antwort entgegen. Mit den Urhebern der Kame-

run- und Ostafrikasammlungen den Herren Ramsay, Stuhlmann, v. Götzen, Kerensky [?], Schweinitz, Zintgraff, Werther, Tschukmann bin ich auch im Reinen.

Durch die Herren der Anthropologischen Gesellschaft (Virchow) werde ich darauf aufmerksam gemacht, daß sich momentan die seltene Gelegenheit bietet Peru-Photographien zu erhalten. Virchow hat 60 Stück für seine Gesellschaft arqirirt [!]. Ich sah sie, sie sind famos. Sie kosten 1. Mk. (Landschaften, Gruppen, Typen, Hütten etc.) Kann ich eventl. [?] für Sie den Versuch einer Arquisition [!] einer etwa solchen Serie machen?

Weiterhin liegt auch und dies ist die günstigste aller Aussichten die Möglichkeit (?) einer Arquisition [!] von Photographien des vierten [?] Erdtheiles vor. Dr. Neuhaus, der bekanntlich der bedeutendste Privat-photograph ist, hat eine Reise nach Australien und Polynesien gemacht. Er hat reizende Photgr. mit gebracht. Da ich ihn persönlich recht gut kenne und er sich mir gegenüber recht liebenswürdig immer gezeigt hat, da er ferner eine Collektion von ca. 500 Stück der Anthropologi-schen Gesellschaft geschenkt hat, gebe ich mich der Hoffnung hin, daß er mir für das Museum eine Collektion von ca 50 Stück überläßt. Das heißt natürlich nur die Platten. Ich nahm heute mit einem Photogra-phen Rücksprache. Derselbe nimmt für den Abzug pro Platte 50 Pf. Soll ich den Versuch einer so billigen Anschaffung machen?

Da ich am Sonnabend nach Halle (Blumenthalstr. 2) auf eine Woche reise, bitte ich mir sogleich zu antworten, in welchem Falle mich noch ein Brief hi[er; Lochung] erreicht.

Soll ich vielleicht den nächsten Geographentag (3. Febr.) noch mitma-chen, wobei manch günstige Anknüpfung für das Museum noch zu machen sein würde? Ich würde mich natlich [!] als vom 1. in Ihrem Dienste thätig fühlen und meinen dortigen am 4 od 5 antreten.

Hochachtungsvoll + ergebenst

Leo V. Frobenius

* Die Abmachung betreffs der Ausgleichung ist in Ihrem Sinne gesche-hen und dürfte die Rechnung von der e. Ges. nicht vor dem ult. Febr. od. Anf. März eintreffen D.U. [?]«

[Adresse?]   23.VII 1900

Dresden – Altstadt

Ostra Allee 28

Adr. Frau Amtmann Brandt.

Hochgeehrter Herr Professor!

Beifolgend geht an das Museum eine kleine »Geldsammlung«, die ich zur Ausstellung in Ihrer Vergleichenden Geldsammlung Ihnen zur Verfügung stelle, wie ich auch ausdrücklich das Veröffentlichungsrecht Ihrem Ethnologen, Dr. Schurtz zuerkenne.

Ich habe die Sachen gelegentlich meiner Sammelgründungen in Frankreich und Belgien aufgekauft von <u>Sammlern selbst</u>. Die Provenienzangaben sind auf alle Fälle richtig.

Für den Fall Sie die kleine Collektion dem Museum zu Eigen gewinnen wollen, theile ich Ihnen mit dass ich dafür

Ankauf 63.^{50} frs. und Zoll etwa 60 Pf. bezahlt habe.

Mit frdlichem, ergebenem Grusse verbleibe ich in alter Anhänglichkeit Hochachtungsvoll

Leo Frobenius«

Aus Unterlagen des »Politischen Archivs des Auswärtigen Amtes in Bonn« geht hervor, daß sich Frobenius, angeklagt von den Häuptlingen der nigerianischen Ife-Gesellschaft, vor Gericht »wegen rabiater Methoden beim Sammeln religiöser Kultgegenstände zu verantworten« hatte (Ehl 1995: 130). Vgl. ebenda Angaben zur Finanzierung der Expeditionen durch Industriemagnaten (Vogler, Flick, Springbrunn, Thyssen, Mitgliedern des Keppler-Kreises, der die NSDAP finanziell unterstützte).

2 Vgl. etwa die Schrift von Lange et al. (Hg.), *Neo-Frobenius* (1973), in der besonders betont wird, daß sich Frobenius niemals deutlich vom Kolonialismus distanziert hat und daß seine Liebe zu Afrika da unglaubwürdig wird, wo er die Afrikaner eine »billige Negerarbeitskraft« nennt und Kolonialpolitik als Erziehung der »Eingeborenen« gutheißt. Seine Schrift *Schicksalskunde im Sinne des Kulturwerdens* erscheint in dieser Lesart nur als anti-demokratisches und deutsches Selbsterneuerungsmanifest. Vgl. hierzu meine späteren Ausführungen zu Ende von Kap. III,2 und III,5.

3 Vgl. zur grundlegenden Kritik an der Sammeltätigkeit der Ethnologen: Leiris (1984).

4 Frobenius (1908). Frobenius' Formulierung »Verbrecherbrille« findet sich in *Der Kopf als Schicksal* (1924: 144).

5 Brief in der »Akte Frobenius« in Bremen. Dem vorausgegangen waren (seit 1934) mehrere gegen Frobenius gerichtete Rundschreiben vor allem von Prof. Dr. Fritz Krause:

»...Meine Umfrage betraf jedoch die von Herrn Frobenius beliebte Art, das bisher vor oder neben ihm von anderen Museen Geleistete bei dieser Gelegenheit herabzusetzen, ohne auch nur mit einem Wort darauf hinzuweisen, daß auch den schöpferischsten Ideen und den wertvollsten Absichten eines Museumsdirektors durch örtliche wie zeitliche Verhältnisse häufig unüberwindbare Schranken gezogen werden ... notwendigen sachlichen Vorbedingungen, die man für einen solchen

Leiter voraussetzen muß. Ich verstehe nicht, warum für die deutschen Völkermuseen nicht die gleichen Bedingungen gelten sollen, die sonst im deutschen Museumswesen anerkannt sind und beachtet werden, daß nämlich für leitende Posten an Fachmuseen nur solche Persönlichkeiten in Betracht kommen können, die neben ihren persönlichen Eigenschaften und neben ausreichender wissenschaftlicher Befähigung auch langjährige Erfahrung in praktischer Museumsarbeit besitzen. (...) Im übrigen handelt es sich bei der Ernennung des Herrn Frobenius nicht um die Berufung eines zum Museumsnachwuchs gehörigen Herrn – wir werden uns immer freuen, wenn im Museumsnachwuchs ›schöpferische Persönlichkeiten‹ auftauchen –, sondern um einen dem Museumswesen fernstehenden Herrn in sehr fortgeschrittenem Lebensalter, der in wenigen Jahren die Altersgrenze erreicht. Diesem Herrn mußte der seit über einem Jahrzehnt mit der <u>dauernden</u> Leitung des Frankfurter Museums beauftragte Wissenschaftler weichen. (...) Herr Frobenius stand völlig außerhalb jeder Beziehung zum Museumswesen.«

[Leipzig, 18.2.1937, Akte »Frobenius«, Ordner: »F-G«]

Diese Linie der Ablehnung von Frobenius läßt sich bis in die allerersten Anfänge zurückverfolgen. So schreibt etwa der Ethnologe Max Buchner (in einem Brief vom 24.12.1897 an seinen Kollegen Friedrich Ratzel), Frobenius sei für ihn »der dunkelste Punkt am Himmel der Völkerkunde. Wenn er behauptet, dass er bei mir ›gearbeitet‹ oder gar ›geordnet‹ habe, so lügt er, & wenn er wieder zu mir kommen sollte, so werde ich ihn sehr rasch hinauskomplimentiert haben. Sein ›Arbeiten‹ hier kann höchstens so verstanden werden, dass er Notizen machte & mir einiges abfrug. Ich lernte ihn kennen, als ich im Mai 1884 aus Mexiko zurückkam, glaube aber nicht, dass ich ihn damals öfter als 3 oder 4 mal gesehen habe. Er mag sich ja mittlerweile einige ›Kenntnisse‹ erworben haben. Damals hatte er keine.« Er sei außerdem unbescheiden gewesen, habe geschenkte Photographien für sich benutzt; außer in Leipzig habe man ihn überall hinausgeworfen, seine »Frechheit« streife das »Pathologische«. In Zürich sei man über ihn empört gewesen. »Ich kann nur dringend warnen vor diesem Menschen. Anfragen in Berlin würden wahrscheinlich ähnlich beantwortet werden & auch sonst überall, wo er gewesen ist. Er hatte einmal Empfehlungen von Bastian, ausserdem protegirte [sic] ihn auch Graf Pfeil. Aber der Kerl ist nicht wert, dass man so viel über ihn urteilt. Schütteln Sie ihn ab.« (Nachlaß Friedrich Ratzel, Nr. 15, Institut für Länderkunde, Leipzig).

6   Vor allem der Leipziger Ethnologe Prof. Dr. Fritz Krause versucht in einer Fülle von Schreiben nachzuweisen, daß sich »sowohl in den Akten unseres Museums als auch in denen der zuständigen bremischen Behör-

den – Senatsregister und Staatsarchiv – keine amtlichen Unterlagen über eine frühere Tätigkeit des Herrn Leo Frobenius an unserem Museum vorhanden sind.« (Gemäß eines Schreibens des Übersee-Museums an Krause vom 3.6.1937), nach vorangegangenem Schreiben an den Direktor des Deutschen Kolonial- und Übersee-Museums, Bremen, Prof. Dr. Roewer). In weiteren Schreiben führt Krause diesen Kampf fort. Bereits zuvor hatte Krause geschrieben: »… Daß Herr Frobenius behauptet, in den Museen von Bremen, Basel und Leipzig tätig gewesen zu sein, war mir und anderen bereits bekannt. Für das Leipziger Museum behauptet er sogar, Beamter gewesen zu sein; vergl. Frobenius, Erlebte Erdteile. Bd. I, S. 55. Daß er diese Tätigkeit so aufgefaßt wissen will, als ob er sich damals berufsmäßig mit der Verwaltung ethnographischer Sammlungen beschäftigt hätte, geht nicht nur aus dieser von ihm selbst veröffentlichten Behauptung hervor, sondern auch aus der aus seinem Institut stammenden Vorbemerkung zu seinem Aufsatz in der DAZ vom 6. November 1934 und läßt sich wenn man will, auch aus Seite 1 seines Rundschreibens vom 29. Januar 1937 entnehmen. Infolge meiner Anfrage wird es jetzt erstmalig seinen Kollegen gegenüber seitens seiner Mitarbeiter Rhotert und Jensen behauptet, wie man annehmen muß, auf seine Veranlassung, mit seiner Kenntnis und mit seiner Zustimmung. Zugleich wird die Zeit dieser ›Beschäftigung‹ an den drei genannten Museen mitgeteilt, sowie die Tatsache, daß darüber Zeugnisse existieren. Zeugnisse werden doch wohl nur für berufsmäßige Mitarbeit ausgestellt? Der Umstand, daß Herr Frobenius an den angeführten Stellen auf diese seine frühere Museumstätigkeit ausdrücklich hinweist oder hinweisen läßt, läßt vermuten, daß er doch großen Wert darauf gelegt hat und noch legt, als früherer Museumswissenschaftler angesehen zu werden, der nach fast 40jähriger anderweitiger wissenschaftlicher Tätigkeit nun auf sein früheres Arbeitsgebiet, und zwar als ›einer der Senioren der heutigen Völkerkunde‹ wieder zurückgekehrt ist. Schon heute läßt sich feststellen, was übrigens den Eingeweihten längst bekannt war, daß von einer ›musealen‹ Tätigkeit des Herrn Frobenius, die ihn berechtigen könnte von einem früheren Museumsberuf zu sprechen, mindestens in den Museen von Bremen und Leipzig keine Rede sein kann. Es muß den beteiligten Museen überlassen bleiben, sich zu diesen Behauptungen über die frühere Museumstätigkeit des Herrn Frobenius zu äußern. Warum läßt übrigens Herr Frobenius diese Mitteilung von seinen Gefolgsleuten unterzeichnen und deckt sie nicht mit seinem eigenen Namen? …« [Rundschreiben Krause, 23.2.1937, S. 3f.; Akte »Frobenius«, Ordner: »F-G«]
Diese Erklärung hatte den folgenden Wortlaut:
»Um Herrn Professor Krause bei den Forschungen, zu denen er die

Mitglieder des Museumsbundes auffordert (S. 11), zu unterstützen, teilen wir mit, dass Geheimrat Frobenius laut Zeugnissen z.B. in den Museen von Bremen von Januar bis September 1894, Basel von Oktober 1896 bis Juli 1897 und Leipzig von August 1897 bis September 1898 tätig war. Geheimrat Frobenius wünscht jedoch keineswegs auf Grund dieser Tatsache als idealer Museumsbeamtentypus im Sinne der Krauseschen Richtlinien angesehen zu werden, zumal sein Name anders als durch Verwaltungstätigkeit und Überwachung lebensfremder Richtlinien in die Geschichte der völkerkundlichen Disziplin eingetragen ist.« [Anlage zum Rundschreiben Frobenius vom 17.2.1937; Akte »Frobenius«, Ordner: »F-G«]

7 »… weil er sich als Entdecker von Felszeichnungen aus der Libyschen Wüste aufgespielt hätte, die in Wahrheit schon bekannt waren …; Eigenschaft des Herrn Geheimrat Frobenius …, die die öffentliche Presse benutzt, um Reklame für seine Person zu machen und Zeitungsnotizen duldet, die geeignet sind, in dem großen Leserkreis eine [!] falsches Bild seiner Bedeutung entstehen zu lassen.
Punkt 2: Ich weiß bis heute noch nicht, daß Herr Geheimrat Frobenius von seiner Kongo-Expedition 6000 Nummern nach Hamburg abgesandt hat, da sie in keiner wissenschaftlichen Publikation veröffentlicht sind. Mir ist lediglich eine Bemerkung meines Kollegen Hambruch in Erinnerung, daß die Frobenius'sche Kongosammlung nicht bedeutend sei. (…)
Ich habe ferner geschrieben: ›Was wir im Museum von Kongosachen von Leo haben, ist ja fast alles von einem gewissen Mallot, einem belgischen Beamten gesammelt und diesem von Leo abgekauft. Ich habe es auch unter dem Namen Mallot inventarisiert‹. Damit habe ich nichts weiter gesagt, als daß Herr Geheimrat Frobenius nicht der Sammler, sondern nur der Verkäufer rsp. Vermittler dieses Erwerbes sei, wie es sich in der Tat verhält. Was hier der Ausdruck ›bezichtigen‹ heissen soll, ist mir nicht ganz verständlich.
Die Gegenstände sind erst im Jahre 1911 in Kisten, gez. Frobenius 15, 16, Kiste DIAFE 102, Kiste V.T 7165 Charlottenburg und in einem Postpaket in unser Museum gekommen und haben das Aktenstück 1912/7 erhalten. Die Zahlungen dafür sind auch an Herrn Frobenius geleistet und zwar 2000 M am 15. Januar 1912, 4000 M am 2. Januar 1913 und 4000 M am 20. Januar 1914. Danach muß ich annehmen, daß der Vorgang in Wirklichkeit der war, daß Herr Frobenius die Sammlung von Herrn Mallot erworben und freundlicherweise an uns weitergegeben hat.«

8 »Sehr geehrter Herr Direktor!
Mein rückständiges Honorar bitte ich bei der Generalkasse anzuweisen. Über Empfang habe ich mich mit dieser geeinigt.
Hochachtungsvoll
Leo V. Frobenius«
[Postkarte vom 4.8.1894 aus Halle, abgelegt: Akte »Frobenius«, Ordner: »F-G«]

9 In dem Brief heißt es weiter: »Was die museale Tätigkeit von F. betrifft, von der in der redaktionellen Ueberschrift jener Zeitungsartikel die Rede ist, das sagt mir Kollege Weissenborn, dass davon gar keine Rede sein kann, soweit es sich etwa um F.'s Aufenthalt im Bremer Museum handeln sollte. Hier hat mein Vorgänger, Prof. Schauinsland, es stets von sich gewiesen, einem F. museale Arbeiten anzuvertrauen, geschweige denn in den Arbeitsbetrieb Einsicht nehmen zu lassen. Die museale Tätigkeit von F. in Bremen beschränkte sich auf ein gelegentliches Hineinsehen in die Geschäftsräume des Museums vor vielen Jahren, als er noch Kaufmannslehrling war.« Diesem Brief ging ein Schreiben von Krause vom 9.11.1934 voraus, in dem er um eine Stellungnahme von Seiten des Bremer Museums bittet.
[Beide Briefe sind im Ordner »Bund der deutschen Museen f. Völkerkunde« abgelegt.]
(Für die Mitarbeit bei den Recherchen hierzu und der Transkription der Briefe bin ich Bettina von Briskorn, die über die Geschichte des Bremer Museums forscht, sehr zu Dank verpflichtet.) Von Frobenius' Mitarbeit am Basler Museum ist bekannt, daß sie nur sehr kurz währte, da er ohne Absprache einen ägyptischen Sarkophag verkaufen wollte, um afrikanische Masken ankaufen zu können; vgl. u.a. Ninck (1996: 8).

10 Zum »Widersinn der Reinheit der Rasse« vgl. Lehmann (1996: 243:ff.) Das Zitat von Mühlmann findet sich in: Mühlmann (1939: 50). Vgl. später Mühlmann in seiner Rezension von Jensens *Das religiöse Weltbild* ... und in dem Kapitel »Erkenntnis des Mythos ...« in seinem Buch *Homo Creator* (1962: 162ff.). Er spricht hier unter anderem von der »dogmengeschichtlichen Herkunft« der Kulturmorphologie (176) und von »charismatisch-inspirierten Zirkeln mit esoterisch-elitärer Note« (180); vgl. hierzu Kohl (1992: 107ff.). Vgl. auch *Der Kopf als Schicksal* (1924): »... wie gefährlich es ist, Rassen- und Kulturprobleme durcheinander zu bringen.«

3. Die Europäer und die fremden Kulturen

1 Vgl. Malinowski (1979), Kohl (1987), Heinrichs (1994), Woolf (1985), Bowen (1984), Lawrence (1926), Duerden und Pieterse (1972).
2 Senghor (1961: 12).
3 Frobenius, *Schicksalskunde* (1938: 19f.); vgl. Raabe (1962).
4 Frobenius (1938: 19), (1908: 123). Vgl. Clifford (1996).
5 Freye (1935).
6 *Erythräa* (1931: 36f.). Zu Frobenius' Rede vom »ununterbrochenen Rausche« vgl. auch seine Schrift *Das sterbende Afrika*.
7 Beck (1938: 119). Frobenius, *Erythräa* (1931: 12).
8 Vgl. Bitterli (1976), Salentiny (1974).
9 Torday hat 1913 ein zu jener Zeit sehr populäres Buch *Camp and Tramp in African Wilds*, London, veröffentlicht. Dem waren mehrere Aufsätze vorausgegangen; später folgten weitergehende Studien, zum Teil in Zusammenarbeit mit T.A. Joyce. 1911 veröffentlichte H.W. Hilton-Simpson: *Land and Peoples of the Kasai*, London. Vgl. hierzu vor allem Ita (1972) und Smith (1987). Hier finden sich auch weitere Hinweise, z.B. auf die Studien von H. Nicolai und G. van Bulck.
10 Vgl. Frobenius (1905a, b, c, d; 1906a, b, c, d; 1907 a, b).
11 Leiris (1985 [¹1934]), Griaule (1975 [¹1948]), Balandier (1957: 382).
12 Balandier (1957: 383), vgl. auch Haberland (1974), Smith (1987: 80). Geertz (1990).

4. Autodidakt und Forschungsreisender

1 Zitiert nach Straube, in: Marschall (1996: 170).
2 Vgl. Bücheler (private Aufzeichnungen), Ilse Wohlenberg (private Aufzeichnungen »Chronik 1919 – 1939«) und Reinhardt (1973/74: 4). Zu Frobenius als politischem Agenten vgl. Heine (1980): »So legte Frobenius z.B. großen Wert auf die Zuerkennung hoher Titel, um seinen Status bei dieser Expedition zu klären und bei den entsprechenden Gelegenheiten auch mit offizieller Autorität auftreten zu können. Logischerweise nahm er an, daß ein türkischer Titel bei Muslimen einiges Gewicht haben würde. Die Verleihung eines solchen Titels war aber nur bei formeller Zuteilung zur deutschen Militärmission in der Türkei möglich, was nicht den Intentionen von Frobenius entsprach. Der deutsche Botschafter in der Türkei, von Wangenheim, schlug statt dessen vor, ihn zum Ministerresidenten für Darfur und zum Geheimrat für die Zeit seiner Unternehmung zu ernennen. Mit Erlaß vom 3. 12. 1914 wurde Frobenius dann zum kaiserlichen

geheimen Regierungsrat ernannt (Wk 11 g secr. I 62, 76, 83, 91).
(...)
Als er sich dann noch bemühte, für seine Mission einen italienischen
Orden zu erhalten und, wie von Bülow maliziös bemerkte, als ›Frobenius Pascha Exellenz‹ auftrat, fand man es an der Zeit, ihn nach Berlin
zurückzubeordern (Wk 11 g secr. III 62 ff, 68,70).
Nach seiner Rückkehr nach Berlin wurde Frobenius für seine Mission
mit dem EK II ausgezeichnet (Wk 11 g secr. III 135). Wenn man allerdings in der ›Nachrichtenstelle für den Orient‹ gehofft hatte, Frobenius würde das als Hinweis verstehen, daß man auf seine weitere Mitarbeit verzichten wolle, sah man sich getäuscht. Bald schon kamen neue
Vorschläge und zwar mit dem Hinweis, daß man sich im Falle einer
Ablehnung direkt an den Kaiser wenden würde (Wk 11 g secr. IV 1-4,
14 f). (...)
Die umständehalber veränderte Aufgabe der Mission führte zu Spannungen mit der türkischen Regierung; ganz abgesehen davon, daß sich
Frobenius hier Titel und Funktionen zugelegt hatte, die ihm von keiner deutschen Stelle übertragen worden waren. Die Publizität, die die
Mission auch durch das Zutun von Frobenius erhielt, entsprach ganz
und gar nicht ihrem geheimen Charakter.
Insgesamt sind die Ereignisse um diese Frobenius-Expedition vergleichbar mit denen anderer Missionen, z.B. nach Afghanistan oder
Marokko. Sie vermitteln den Eindruck einer gewissen Realitätsferne,
hervorgerufen durch ein erhebliches Informationsdefizit bei den politischen und militärischen Entscheidungsträgern des deutschen Kaiserreiches auf allen Ebenen.« (Heine 1980: 2-4)

3 *Frankfurter Illustrierte*, Nr. 10, 1934: 218.

4 Haberland (1983: 4).

5 Nach Auskunft von Walter Bücheler (gemäß einer Tonbandaufzeichnung von 1986) arbeitete und schlief er in dem einen, in einem anderen
traf er sich mit Freunden und ein drittes war eine Art Gästehaus.

6 Nach Auskunft von Walter Bücheler.

7 Vgl. Ehl (1995), Tall (1995), Zerries (1950), Schuster (1993), Oevermann
(1993), Frobenius-Gesellschaft (Hg.) (1983), Frobenius-Institut (Hg.)
(1987), Schivelbusch (1985), Cancik (Hg.) (1982), Kramer (1986),
Haberland (1983). (Der Preis für den Ankauf des Archivs lag eventuell
am Ende doch niedriger, da es Hinweise darauf gibt, daß die Stadt die
Summe »gedrückt« habe.) Reinhardt (1973/74: 4) schreibt sogar: »Frobenius, erst unter erheblichen Versprechungen nach Frankfurt geholt,
um nicht zu sagen gelockt, durch den Erwerb seines privaten Forschungs-Instituts, von dem er in der Folgezeit doch keinen Pfennig
selbst erhalten sollte, von der Stadt [d.h. dem Magistrat von Frankfurt

am Main] betrogen, von der Philosophischen Fakultät [der Frankfurter Universität] verachtet, im Vorlesungsverzeichnis in der letzten Kategorie unter den Hilfskräften geführt ...« (Der offizielle Vertrag vom 16. Mai 1925 nennt die Summe von 260.000 RM.) Frobenius' Expeditionen wurden von Museen, von Industriemagnaten, vom deutschen Kolonialdienst, der Rudolph-Virchow-Stiftung und von Wilhelm II. finanziert.

Die Äußerungen von und gegen Frobenius im Streit um seine Stelle als Honorarprofessor und Museumsdirektor entnehme ich Schare (1990: 25-37). Schare, die sich letztlich auf die Seite von Frobenius' Kontrahenten schlägt – da die »Stabilisierung des irrationalistisch-nationalistischen Elements im Denken der Deutschen den akademisch-professoralen Auf- bzw. Einstieg von Leo Frobenius und damit den Ausstieg von Ernst Vatter entscheidend mitbestimmt« habe –, führt für Frobenius' damalige Popularität unter anderem an, daß in *dem* Frankfurter Feinkostgeschäft Schepeler »Frobenius-Zigarren« angeboten worden seien. Die »zeitgeistgerechte Vermarktung« von Frobenius ist der Autorin suspekt.

Notker Hammerstein bleibt in seiner Geschichte der Goethe-Universität neutraler und rekonstruiert den Streit um Frobenius' Berufung aus der höchst ambivalenten Wahrnehmung dieses »begnadeten Gelehrten« einerseits und einer »unseriösen«, »dubiosen«, »sich selbst vergötternden Spielernatur« andererseits. Die in München von Oswald Spengler, einem Förderverein und den Verlegern Oscar Beck und Eugen Diederichs unterstützte Sammlung, die 1924 mit Unterstützung des Frankfurter Oberbürgermeisters Landmann nach Frankfurt kam, erschien den Befürwortern als »verlockende Ergänzung der städtischen Sammlungen«, verbunden mit der Hoffnung, daß Frobenius' Anwesenheit die Frankfurter Diskutierlust zusätzlich beleben werde«. Frobenius – der »exzentrischste« im »Kreis gelehrt-genialischer Männer« – erhielt schließlich gegen den heftigen Widerstand der naturwissenschaftlichen Fakultät, von der Philosophischen Fakultät einen Lehrauftrag für Völkerkunde zum Wintersemester 1924/25. Der damalige Dekan Franz Schultz sowie der Herausgeber der *Frankfurter Zeitung*, Heinrich Simon, zählten zu den populären Beführwortern. Am 22.3.1932 wird Frobenius zum Honorarprofessor ernannt; im Oktober 1934 beruft ihn der (nationalsozialistische, sich aber dem Institut gegenüber zustimmend verhaltende) Oberbürgermeister Krebs zum Direktor des Städtischen Afrika-Archivs und Völkerkundemuseums. »Obwohl er hauptsächlich Kulturen erforschte, deren Angehörige den Nazis als ›Untermenschen‹ galten, schätzte das Regime Frobenius' Kenntnisse der kolonialen Welt als nützlich und ggf. hochwichtig. So fand er auch bei den neuen Machthabern, obwohl er ja von einer Gleichwertigkeit der Kulturen ausging, Resonanz und Anerkennung. Aber eigentliche Konzessionen, über gewisse verbale Verbeugungen hinaus, hat Frobenius den neuen Herren nicht gemacht.« (Hammerstein 1989: 71-78) Andererseits ist zu bedenken, daß sich Frobenius – wie immer man das bewerten mag – *ohne politische Bedenken* um finanzielle Unterstützung in der Industrie und bei Institutionen bemühte. Auf seine Initiative hin sollte zum Beispiel die Zeitschrift »Paideuma« (die 1938 zum ersten Mal erschien) ideell und materiell vom Propagandaministerium unterstützt werden. (Vgl. Ehl 1995: 133)

8 Zwernemann (1969: 36) schreibt allerdings, daß Frobenius im Kongo Bayaka gesprochen habe. Walter Bücheler berichtete ebenfalls, daß Frobenius »einige afrikanische Sprachen« gesprochen habe. Rottland (1996: 56ff.). Vgl. auch das vorige Kapitel dieser Studie.

9 Vgl. Mauss (1968: XLIIf.), wo die kalte Atmosphäre in der gegenseitigen Rezeption angedeutet wird; (1974: 467ff.), wo Frobenius zu Beginn im Kontext mit Spenglers Theorie diskutiert wird (S. 467), und die erwähnten Schriften von Frobenius behandelt werden (S. 488f., 499-502, 502-506), mit einem Hinweis auf *Der Kopf als Schicksal*; (1969: 413), wo Frobenius' Afrika-Sammlungen erwähnt werden. Im Grunde findet Frobenius' Theorie nur Eingang in Mauss' Text »Les civilisations. Éléments et formes« von 1929 (in: 1974: 456ff.; vgl. auch »La notion de civilisation«, in Bd. III von *L'Année sociologique*. Um so erstaunlicher, daß Frobenius' zentrales Werk *Paideuma* (1921) nicht beachtet wird. Die folgenden Arbeiten von Frobenius, die auch auf französisch erscheinen (vor allem *Histoire de la Civilisation Africaine* (1936) und *Le Destin des Civilisations* (1940) bleiben ohne Resonanz. Die Formulierungen »undeutliche« und »zumindest außerwissenschaftliche« Betrachtungen, »zu rasch ausgeführte, anmaßende und ungewisse Arbeiten« finden sich in 1968: XLII und 1974: 488; die (positiven) Bemerkungen von Mauss zu Frobenius' *Zeitalter des Sonnengottes* und *Atlas Africanus* stehen in 1974: 467, 488f., 502. Zu Mauss vgl. u.a. Marschall (Hg.) (1996:171ff.) Horkheimer erwähnt einen »glanzvollen Besuch des alten Lévy-Bruhl« im Institut (gemäß der Broschüre *Das Frobenius-Institut ...*, o.J.: 11) Das Zitat zu Frobenius' Schicksalsbegriff stammt von Kramer (1986: 263).

10 Zur archäologischen Rezeption vgl. Gautier (1921); Kramer nennt Frobenius' Grabungen resümierend »verantwortungslos« (1986: 260). Dagegen Friederichsen (1913: 402), der von »großartigen *archäologischen* Funden« spricht. Hambruch (1924: 7ff.).

11 Die Zuschreibung des Dämonischen scheint zu jener Zeit eher geläufig gewesen zu sein; so spricht Richard Wilhelm davon, Keyserling sei selbst nicht »dämonischer Natur«, aber »eine Natur, die für die Einflüsse des Dämonischen empfänglich« sei.

12 Cabire (1935: 732). Das Zitat der Parteistellen entnehme ich Hammerstein (1989: 526).

5. Aufstiegs- und Untergangsvisionen

1 Vgl. u.a. Kerényi (1945, 1955, 1963, 1985, 1988). Akademisch war Kerényi in der Schweiz, wohin er 1943 von Budapest exiliert war, niemals integriert. Die Tatsache, daß man ihm lediglich ein Lektorat für ungarische Sprache anbot, war für ihn ein weiterer Beleg für ein Schicksal, das demjenigen von Bachofen und Nietzsche glich. Die Funktion eines »Forschungsleiters« am C.G. Jung-Institut sicherte ihm den Lebensunterhalt.

2 Kerényi (1995: 8). Kerényis Interesse an Frobenius' Werk hat nicht in allen seinen Arbeiten direkte Spuren hinterlassen. Trotz der »engsten Berührung« mit Frobenius seit 1934 (als er den Festvortrag an Walter F. Ottos 60. Geburtstag in Frankfurt hielt) kommt Kerényi etwa in *Antike Religion* ohne weitere Bezugnahme auf das von ihm hoch geschätzte Werk aus.

Keyserling (1932a: 358ff., 1932b), der auch von seinem »genialen Freund« spricht, bezieht sich auf einen Vortrag, den Frobenius 1930 in der »Schule der Weisheit« gehalten hatte. Es handelt sich hierbei um »Erdenschicksal und Kulturwerden«.

Die konventionelle Sicht im Verhältnis von Frobenius und Kerényi vertritt etwa Magris (1975); dagegen neigt Stauro in seiner im Entstehen begriffenen Arbeit über Otto zu der gegenteiligen Auffassung, daß Frobenius von Otto beeinflußt wurde. Ihm wie auch dem ehemals in Frankfurt lebenden Altphilologen Prof. Patzer (der Reinhardt als einen Mann voller Selbstzweifel schildert und beide, Otto und Reinhardt, als exzentrische Personen beschreibt) verdanke ich wichtige Hinweise. Reinhardts Buch *Vermächtnis der Antike* geht auch – und dies verbindet ihn stark mit Frobenius – über den Stil der Wissenschaft hinaus.

Ich danke Barbara von Reibnitz für wertvolle Hinweise. Vgl. auch die Arbeit über Keyserlings Leben und Werk von Gahlings (1995: 202).

3 In diesem Sinne einer Gegenüberstellung von Keyserling und Spengler hatte auch Max Rychner in der »Kölnischen Zeitung« *Das Spektrum Europas* besprochen.

Seine 1931 publizierte *Indische Reise* nennt Frobenius allerdings im Untertitel, in Frontstellung zu Keyserling, »Ein unphilosophisches Reisetagebuch ...«

4 Der erste Band von Spenglers Werk erschien 1918 und erregte großes Aufsehen, während der zweite, 1922 erschienene Band kaum noch Aufmerksamkeit auf sich zog. Gemäß Spenglers Bemerkung, daß der bereits seit 1912 feststehende Titel »in strengster Wortbedeutung und im Hinblick auf den Untergang der Antike eine welthistorische Phase vom Umfang mehrerer Jahrhunderte« (1981: X) bezeichnete, kann der außerordentliche Eindruck, den dieses Werk auf die Deutschen machte, nur als Mißverständnis gedeutet werden. Vgl. auch Frobenius, *Monumenta Terrarum* (1929: 189): »Gar manche aber unter den Verehrern dieses gigantischen Werkes und außerdem die unausgesprochene Volksstimmung jammern um eine Beantwortung der Fragen: Was bedeutet dieser Weltkrieg? Was heißt überhaupt noch Kultur?« Jacques Bouveresse hat in einer interessanten Analyse dargelegt, auf welche (verdrängte) Weise, Spenglers Untergangsvision in den gegenwärtigen Zivilisationstheorien weiterlebt, und er hat Adornos Spengler-Interpretation weitergeführt. Zu Frobenius als dem Künder einer »erdumspannenden Vision« vgl. Blankenburg (1934: 740ff.).

5 Vgl. Bouveresse (1996: 77); Frobenius, *Paideuma* (1921: 11, 107f.): »Auch er [Spengler] sagt: ›Kulturen sind Organismen‹ (S. 150). Unwillkürlich ist er zu den Bezeichnungen der Lehre von 1895 gekommen. Der große Unterschied gegen damals beruht aber darin, daß Spengler die Materie intuitiv behandelt und somit auf dem Wege weitergegangen ist, den ich 1916 in dem Vortrage ›Orient und Okzident‹ in der Asiatischen Gesellschaft in Berlin eingeschlagen hatte. Persönlich bin ich ihm zu warmem Danke verpflichtet, da er manchen Ratschlag gab, der der Terminologie dieser Schrift zugute gekommen ist. (...) Spengler hat in seiner Morphologie der Weltgeschichte mit einem ungewöhnlich starken Lebensvermögen ein ungemeines Wissen zu einer organischen Physiognomik der Kulturgeschichte ausgestaltet. Sein Feld ist die übersichtliche ›Kulturgeschichte‹, beginnend mit dem alten Ägypten und endigend mit uns Okzidentalen von heute und mit der uns nahen Zukunft, also die Summe von Kulturepisoden, die ich nachstehend als die der Gestaltungsperiode zusammenfasse. Spengler hat diesen Zeitraum paideumatischer Entwicklung wirklich durchdrungen und die Entdeckungstat, die durch meine und wohl auch andere Arbeiten vorbereitet war und in der im Laufe der letzten Jahrzehnte gar mancher Gelehrte sich versucht hat, diese Entdeckungstat hat er für diesen Zeitraum und in diesem geographischen Rahmen tatsächlich vollzogen. Aber Spengler arbeitet nur auf diesem Boden, ist nur daheim in den

Formen und Zeiten der monumentalen, juvenilen Kulturei; und deshalb ist er an der ganzen Welt der primitiven Erscheinungen ohne Achtsamkeit vorübergegangen. Das Paideuma des Urmenschen ist für ihn nur ein Chaos (S. 410), die Steinzeit ohne Stil (S. 275), die Umwelt des primitiven Menschen ohne Physiognomie (S. 243) und ohne kausale Ordnung (S. 171), es fehlt den Urvölkern noch ›der mythische Organismus‹ (S. 56). Vor allem begrenzt Spengler sich selbst, indem er die Gemälde der Steinzeitmenschen auf den Nachahmungstrieb zurückführt (S. 263), d.h.: das Phänomen der Geburt des Dämonischen bleibt ihm verschlossen.«

Eine geistige Nähe zwischen Spengler und Samuel P. Huntington (»Amerikas Spengler?«) hat Ritter (1997) festgestellt.

6 Vgl. etwa Rodi (1969: 38).

7 Frobenius, *Schicksalskunde* (1938: 193, 209-211); vgl. auch Kap. III.6 im vorliegenden Band; das letzte Zitat stammt von Blankenburg (1934: 742).

8 Die Aktennotiz des Kaisers wird angeführt von Dyserink (1980) und Rottland (1996: 57); zu Frobenius' Auffassung des Äthiopischen vgl. vor allem seine *Kulturgeschichte Afrikas* (1933). Der Begriff der »Aufbruchsideologie« wird von Streck, in: Lange (1975) ausgeführt.

9 Die auf Spengler bezugnehmenden Zitate stammen von Bouveresse (1996: 77); Keyserlings Urteil (in einer Rezension, in *D.U.Z.*, 05.06.1932) bezieht sich im weiteren auf Frobenius' Schrift *Schicksalskunde im Sinne des Kulturwerdens*, in der er Intuition und Begriffsfassung in höchster Kongruenz miteinander verbunden sieht.

10 Freud (1927: 295), (1994: 62, 135ff.).

11 Sofsky (1996: 224), Sloterdijk (1996: 18).

12 Vgl. Erdheim (1982: 132ff.). In seinen Würdigungen (»Walter F. Otto zum 75. Geburtstag«, 1949, und »Erinnerung an Walter F. Otto«, 1958/59) hat Kerényi das Moment der Ergriffenheit als »Schau«, »Schöpfertum« und »unmittelbare Erfahrung« besonders exponiert und in diesem Zusammenhang auch deutlich gemacht, daß Gestalt in dieser Weite gesehen werden müsse und nicht auf den Begriff in der Gestaltpsychologie verengt werden dürfe. (Vgl. Kerényi 1985, 1988).

13 Frobenius, *Kulturgeschichte Afrikas* (1933: 296). Zu Frobenius' Vorstellung von der Ergriffenheit im Gegensatz zum Schamanismus vgl. Kramer (1987: 93ff., 255). Kramer vergleicht Eliades Lob des Schamanismus mit dem der afrikanischen Besessenheit bei Frobenius, und er konfrontiert Frobenius' »monarchistischen« Ideen mit den »demokratischen« von Erica Bourguignon. Er verweist auch auf die Studie von Friedrich (1939), in der Folge von Frobenius. Vgl. auch Streck (1989: 102).

14 Vgl. Bataille (1981), Nietzsche (1994), Otto (1933), Kerényi (1976, Neu-auflage: 1994), Bachofen (1975).

15 Kerényi (1994: 8, 96, 209). Kerényi spricht über grenzerweiternde Drogen nicht anders als über Götter und heilige Orte. Dabei stellt er klar, daß Drogen (wie etwa das Opium oder Meskalin) in vielen Kulturen erst dann zur Anwendung kamen, wenn die Kultur bereits im Untergang begriffen war. Das »starke Mittel« verlängerte ihr geistiges und rituelles Leben, ihren »Stil«, ohne jedoch ihr Sterben aufhalten zu können. In diesem Zusammenhang distanziert sich Kerényi auch von Nietzsches Bekenntnis zum dionysischen »Orgiasmus«.

16 Frobenius (1933: 240ff.): »Irgendwelche Ergriffenheit in einem tieferen Sinne kennt die hamitische Kultur nicht ... Offiziell existiert ... lediglich ein ... Profanleben.« Ihr Motto lautet: »... ich bin – die Welt sei«; ihre treibende Kraft ist der »Machtwille«. Frobenius' Rede von der »Todlebensgemeinschaft« in der äthiopischen Kultur erinnert auch an die von Kerényi, Otto und anderen Forschern betonte ekstatische Vereinigung von Lebensfülle und Todesgewalt bei Dionysos. Bei dem Kongreß zu Kerényis hundertstem Geburtstag, 1997 in Ascona, hat Albert Henrichs diesen Aspekt in Kerényis Dionysos-Deutung stark gemacht: die Dialektik von »Leben aus dem Tod« und »Tod aus dem Leben« würde durch ein 1978 in Olbia gefundenes Tontäfelchen aus dem 5. Jahrhundert v.Chr. belegt; es trägt die Aufschrift: »Leben – Tod – Leben. Wahrheit. Dionysos, Orphiker«.

17 Wie auf dem Boden solcher Einsichten eine umfassende Menschlichkeit, etwas, das den Namen *Humanismus* zu Recht tragen kann, entsteht, haben auf exemplarische Weise Kerényi, Teilhard de Chardin und Senghor darzustellen versucht.

18 Erdheim (1982: 132ff.).

6. *Kulturkreislehre, Kulturmorphologie und Paideuma*

1 Vgl. Straube (1990), Haberland (1984a, 1984b).

2 Vgl. Kerényi (1997: 20, 1985, 1988, 1955).
Vgl. auch Kerényis Werk *Humanistische Seelenforschung*, wo er zuerst auf Frobenius' letzten Vortrag zu sprechen kommt (S. 42), dann beiläufig auf Frobenius Bezug nimmt (S. 51), schließlich auf die für seine eigenen Überlegungen zentrale Sonnenmythologie und die »zuunterst liegenden Kulturschichten« verweist (S. 64, 73), um dann die *Möglichkeit* des organischen Ursprungs der Mythologie« zur Diskussion zu stellen (S. 134), Jung und Frobenius ergänzend einander gegenüberzustellen (S. 135) und schließlich das Geistige im »menschlichen Plasma« als »pai-

deumatisch« und »ausgeliefert« zu benennen (S. 137): Ergriffenheit als »Nicht-anders-sehen-können« (S. 136). Magda Kerényi und János Szilagyi gaben mir die persönlichen Auskünfte freundlicherweise während eines Kongresses zu Kerényis 100. Geburtstag, 1997 in Ascona. Die Begegnung in Biganzola habe auf Einladung von Frobenius stattgefunden, sie möchten bei ihrer Hochzeitsreise nach Italien bei ihm Station machen. Magda Kerényi hat Editha Frobenius auch noch nach Leo Frobenius' Tod besucht. Besonders eindrücklich sei ihr in Erinnerung geblieben, wie sie zusammen 1936 den damals noch weitgehend unbekannten Felsbildort in Cimbergo/Norditalien besuchten und die Frauen die Puderdosen opferten, um die Felsbilder abzureiben ...
In der Frobenius-Korrespondenz (im Frankfurter Institut) findet sich aus dieser Zeit ein Brief von Kerényi, in dem er über seine Schwierigkeiten in Ungarn spricht, über seinen Wunsch, Frobenius zu Vorträgen einzuladen (»in der würdigsten Form«) und ihn bald wieder zu sehen. Er schickt ihm seinen Doorner Vortrag über »Korfu und die Odyssee«.

3 Vgl. *Paideuma* (1921:63). 1939a (»Was ist Mythologie?«) vermerkt Kerényi einmal, daß er mit seiner Formulierung »planetarische Verbreitung des Mythos« noch über Frobenius' Kulturkreislehre hinausgehe.

4 Frobenius, vgl. Kap. I.1,2 dieser Studie.

5 Jensen (1938), Gräbner (1905), Schmidt (1937). Horkheimer in der Broschüre *Das Frobenius-Institut* ... (o.J.: 11f.).

6 Sheldrake (1988).

7 Vgl. Streck (1989: 90).

8 Zur Formulierung »Irrewerden an der eigenen Kultur« vgl. Frobenius, *Paideuma* (1921) und *Monumenta Terrarum* (1929).

9 Zu Ottos und Kerényis Beiträgen zur Kulturtheorie (im Sinne von Frobenius) vgl. Otto (1959) und Kerényi (1939a, 1939b, 1941, 1945, 1951). Kerényi spricht davon, daß ein begriffliches Formulieren des Mythos der Wiedergabe der Musik in Worten entspreche. Vgl. auch Streck (1989). Kramer (1986: 262f.) bezeichnet Frobenius als »neoromantischen Kulturmorphologen« und »Erben Bachofens und Bastians«. Zu weiteren Hinweisen von Kerényi auf Frobenius vgl. unter anderem Kerényi-Jung (1941), mit einem langen Motto von Frobenius zu Beginn der Studie, und Kerényi-Jung (1940: 13), wo Kerényi davon spricht, daß Frobenius ihm »ständig gegenwärtig« gewesen sei. In einem Brief vom 18.2.1941 an Kerényi vermerkt Thomas Mann, daß durch die von Kerényi und Jung entwickelte Mythologieforschung, »den faschistischen Dunkelmännern« der Mythos aus den Händen gerissen werde und ins Humane überführt werden könne. Der archetypisch begründete Mythos konnte nicht rassenideologisch

verengt werden. Vgl. Kerényi (1939a, 1941, 1985, 1988) und Kerényi/Mann (1960).

10 Frobenius (1932: 151ff.). Vgl. ebenfalls: *Kulturgeschichte* (1933: 22ff.) und *Paideuma* (*Erlebte Erdteile* IV: 143ff.). »Wirklichkeitsempfängnis bedeutet die Fähigkeit, *ergriffen zu werden* vom Wesen der Erscheinungen – aber nicht von den Tatsachen, sondern von der sie bedingenden Wirklichkeit – oder anders gesagt: nicht von den Tatsachen selbst, sondern vom Wesen der Tatsachen.
Oder noch anders ausgedrückt:
Alles andere Leben ist Wirklichkeit und wirklichkeitsbedingt, aber nur der Mensch ist befähigt, vom Wesen der Dinge derart ergriffen zu werden, daß sie in sein paideumatisches Bewußtsein eintreten und – neue Gestalt gewinnen.« (1933: 25). Zur Theorie des Spiels vgl. auch Huizingas berühmte Studie von 1938 *Homo Ludens*. Zu dieser Thematik vgl. Streck (1989) und Norkaitis (1955: 154ff.).

11 Vgl. Streck (1989), Bachofen (1975), Spranger (*Lebenserfahrung* 1947:34); Norkaitis (1955:117) sieht Frobenius' Paideuma-Begriff in seinen drei Ausformungen in enger Beziehung zu Hegel: als »Personalgeist« (»subjektiver Geist«), als »Volkskulturgeist« (»Volksgeist«), als »Gesamtkulturgeist« (»Weltgeist«); in seiner Funktion könne Paideuma mit der Entelechie verglichen werden, die Goethe als »geprägte Form, die lebend sich entwickelt« umschreibt. Norkaitis (ebd.:118ff.) führt auch noch weitere geistesgeschichtliche Beziehungen an.

12 Graf (1997) hat darauf hingewiesen, daß Kerényis Mythos-Begriff allerdings nicht verstehbar machen kann, »wie aus statischen ›Gestalten‹ dynamische Erzählungen werden … Daß aber Mythen Erzählabläufe sind … hat die Erzählforschung gezeigt; die statischen Helden sind dabei fast austauschbare Nebensache. Die Archetypenlehre vermag im besten Fall zu erklären, weswegen in allen denkbaren Dramen dieselben Akteure auftreten, die Dramenhandlungen vermag sie nicht zu erklären. Traditionellere Ansätze wie die Herleitung des Mythos aus einem Ritualszenario konnten dies weit überzeugender leisten.«
Ob die Distanzierung von Ottos absolutem Mythosbegriff Kerényi den Weg zum Verständnis des Mythos als eines geschichtlichen Vorgangs frei gemacht hat, bleibt weiterhin offen. Genauso aber wie bei Frobenius besteht bei ihm ein unüberwindbarer Graben zum Mythosverständnis als »Sinn- und Metastruktur sozialer Kollektive«, wie es von der *social anthropology* und von der Durkheim-Schule entwickelt worden ist. Mythos und Religion als Bedürfnisbefriedigungen sind nur über viele Brücken mit dem »Anruf des Göttlichen« in Verbindung zu bringen.

13 Frobenius (»Das deutsche Kulturbewußtsein«, 1933) und Keyserling (1926: 175)

II. Paideuma und die Folgen

1. Momentaufnahme: Paris von 1930 an

1 Unter den Chiffrenummern 31.15.1-10 (»Archéologie Nigeria Sud«) sind zehn Abgüsse aufgeführt: Terre cuite; u.a.: Tête homme, tatouages; Serpent. Fragment vase; Fragment poterie, décor géométrique. Mit einem Hinweis auf *Cahiers d'Art*, 1930, Nr. 8-9, S. 432-443. Der Wert dieser Abgüsse, die im Musée de l'Homme lagern, ist ungleich geringer als der Wert der unter Anmerkung 4 aufgeführten Objekte. Zu dem Verhältnis zwischen Frobenius und der Mauss-Schule vgl. Kap. I.4 dieser Studie und die Anm. 9 von Kap. I.4.

2 Bataille (1970: 116f.). *Bulletin du Musée d'Ethnographie du Trocadéro*, Nr. 2, Juli, Paris 1931: 83-84 [im Reprint: 59-60], »Chronique du Musée«:

»EXPOSITIONS TEMPORAIRES. – 1. *Exposition Frobenius* (20 novembre – 20 décembre 1930). Pour des raisons diverses, l'exposition faite entièrerement aux frais de la Société des Amis du Musée d'ethnographie du Trocadéro (S.A.M.E.T.), a eu lieu à la galerie Pleyel. Les splendides relevés de peintures rupestres sud-africaines ont eu un très grand succès. L'entrée en était gratuite tous les jours.«

»CONFÉRENCES. – 1. Conférence du professeur Frobenius (30 novembre 1930), subventionnée par la S.A.M.E.T. Elle a eu lieu à la salle Chopin de l'immeuble Pleyel. L'orateur traita, avec projections, des peintures rupestres de l'Afrique du Sud.«

Weder von diesem Ereignis (wie es scheint, ganz außerhalb des Musée de l'Homme) noch von der Ausstellung prähistorischer Kunst Nordafrikas (1933 im Musée de l'Homme) finden sich weitergehende Spuren und Dokumente in den Archiven und in der Photothèque am Trocadéro.

3 *Journal de la Société des Africanistes*, Bd. III, Teil II, Paris 1933: 351, in der Rubrik »Les Expositions de collections africaines du Musée d'Ethnographie du Trocadéro«: »... enfin tout récemment (10 novembre 1933) une exposition de *l'Art préhistorique de l'Afrique du Nord* présentait les travaux de la Mission du Professeur Leo Frobenius.« Zu dieser Zeit war Rivet Direktor und Rivière stellvertretender Direktor des Museums.

4 Unter der Chiffrennummer 34.137. sind im Département d'Afrique fünf Objekte detailliert aufgeführt, beginnend mit 34.137.6. Die ersten fünf Objekte sind offenbar verlorengegangen. Manuel Valentin hat die Gegenstände im Oktober 1996, nachdem ich auf sie aufmerksam geworden war, neu erfaßt. Es handelt sich um:

eine Kopfstütze aus geschnitztem Holz, mit einer Patina überzogen

(19 cm hoch, 24,5 cm lang, 9 cm breit); in gutem Zustand; Ursprung: Zimbabwe (*Babudja* oder *Shona*);
eine doppelte Kopfstütze der gleichen Art und des gleichen Ursprunglandes, aber vom Volk der *Tonga*; etwa doppelt so lang;
ein geschnitztes Holz-Gefäß mit Deckel (27 cm hoch,21,5 cm Durchmesser); in gutem Zustand; Ursprung: der Südwesten Zambias (*Barotse* oder heute: *Lozi*);
ein fast gleich großes Gefäß der selben Art, aber breiter; des gleichen Ursprungs;
ein Ton-Gefäß, in der Form einer Flasche (36 cm hoch, 24 cm Durchmesser); in gutem Zustand; des gleichen Ursprungs.
Vgl. auch Leo Frobenius, »Dessins rupestres du Sud de la Rhodésie«, in: *Documents*, 2. Jg., Heft 4, 1930: 185-188.

5 Leo Frobenius, »Le vaillant Gossi« (aus: *Das schwarze Dekameron*), übersetzt von Emma Cabire, in: *Cahiers du Sud*, April 1936: 305-317; René Daumal, Rezension von Frobenius' *Histoire …*, in: *Nouvelle Revue Française*, Nr. 276, Sept. 1936: 553-555; Emma Cabire, »L'Afrique: Archives de la Civilisation« (Rez. der *Histoire …*), in: *Cahiers du Sud*, Nr. 208, August 1938: 577-587; Ewald Volhard, »A propos des recherches sur les Mythes et les Contes Africains« (von Emma Cabire übersetzter Text aus *Ein Lebenswerk aus der Zeit der Kulturwende*), ebd.: 588-600; Leo Frobenius, »Trois Femmes d'Afrique« (von Emma Cabire übersetzter Auszug aus *Der Kopf als Schicksal*), ebd.: 601-625. (o.J. und o.O.: »La signification et la tâche des musées ethnographiques«).

Angemerkt sei an dieser Stelle auch, daß es bereits 1905/06 eine erste Rezeption von Frobenius' Arbeiten in Frankreich gab: »L'explorateur Frobenius dans la Région du Kasai«, in: *Le Mouvement Géographique*, XXII, 30, 23. Juli 1905: 357-360; und »Dans la région du Kasai«, ebd.: 1906: 391-394. Zu den neueren Übersetzungen vgl.: L. Frobenius, »Les paysans Kabre du Nord-Togo«, in: Le Monde non-chrétien, Juli – Dez. 1961: 95 – 176.

2. *Frobenius: »Poet«?*

1 Leiris (1978: 36f.).
2 S. Césaire (1941: 27).
3 Senghor (»La Révolution de 1889 et Leo Frobenius«, Vortrag 24.3.1982a: 13f.). Senghor spricht immer statt von der »civilisation indo-européenne« von der »civilisation albo-européenne«. Die Passagen, in denen er Frobenius' Ethnologie-Verständnis für die Soziologie zu reklamieren versucht und Verbindungen zwischen ihm, Paul Rivet und Godelier herzustellen versucht, erscheinen arg konstruiert. Zur Rolle der Zeitschrift *L'Etudiant Noir* für die Négritude-Bewegung vgl. jetzt Müller (1996).
4 Char (1995).
5 Cendrars (1976: 81ff.).
6 Vgl. Senghor (1967, 1968a+b).
7 Senghor (*Liberté* III: 10ff.) unterscheidet mit Nachdruck die selbst-genügsame Form einer »civilisation universelle«, die sich als eigene Kultur manifestieren will und die die eigene Kultur überschreitende »civilisation de l'universel« oder »civilisation panhumaine«, ein humanistisch geprägter *Dialog* der Kulturen.
8 Senghor, vgl. Anm. 3 und *Liberté III*: 11f.
9 Ebd.
10 Ebd.
11 Vgl. Senghor (1982a) und Harding/Reinwald (Hg.) (1990).

3. *Frobenius und die Négritude – Wahlverwandtschaft oder Mißverständnis?*

1 Constantin Noica in: Eliade (1996: 17); S. Césaire (1941: 27,36); vgl. auch S. Césaires Hinweis auf Frobenius in einem weiteren Text in *Tropiques* (1942: 46); Ngal (1975); Steins (1984a, 1984b). Césaire hatte »Les Pur-sang« in der ersten Nummer der von ihm gegründeten Zeitschrift *Tropiques* (1941) publiziert. Steins (1984a) hat – auf Arbeiten von

Arnold und Ngal aufbauend – ausführlich die Geschichte dieses bedeutsamen Gedichts rekonstruiert und Frobenius' Einfluß bis in Formulierungen in »Les Pur-sang« (»Für *Les Pur-sang* liefert Frobenius also nicht nur den Ausgangspunkt, sondern auch das Ziel«) und in »Cahier d'un retour au pays natal« (1939) nachgewiesen. Er hat eine neue Datierung der Anfänge der Négritude vorgeschlagen und den Einfluß von Frobenius' *Schicksalskunde* betont, der von Arnold (1981) in seiner grundlegenden Arbeit zu »Les Pur-sang« nicht beachtet worden war. Damit ist Kesteloots These, wonach der Beginn der Négritude mit dem Erscheinen der Zeitschrift *Légitime Défense* anzusetzen sei, anhand einer Textanalyse, zumindest relativiert worden. Senghor hat sich wiederholte Male, in zum Teil gleichlautenden Formulierungen dazu geäußert, wie er durch Césaire mit Frobenius' *Histoire* vertraut gemacht wurde (Senghor 1961, 1980, 1982a). Césaire hat sein Exemplar Senghor gewidmet und es ihm, versehen mit euphorischen Äußerungen zu Frobenius, geschenkt. Beide kannten Teile des Werks auswendig. (Vgl. *Liberté* III:398f.).

In Paris fungierte in den dreißiger Jahren René Maran (aus Martinique) als eine entscheidende Integrationsfigur. Er habe, so Senghor, als »erster in der französischsprachigen Literatur dem Neger ein menschliches Antlitz verliehen«, er sei der »Erste« gewesen, »der dem Neger eine literarische Würde gab« (Césaire). Vgl. Senghor (*Liberté I*: 313f.), Gide (1966: 13ff.). Vgl. jetzt Müller (1996).

2 Sartre (1965: 191ff., 207ff., 221) hatte von der »Poesie der Schwarzen« als einem »Gesang für alle« und dem »Neger-Sein« als Stil gesprochen; Jahn sagt von der Négritude, sie sei »kein ›Stil‹, sondern ein [gegenüber den Traditionen offenes] Verhalten«. (In: Césaire 1967: 112); Leiris (1978: 87).

3 Zum Verhältnis von Négritude und Surrealismus vgl. Michel (1982), Leiner (1978), Steins (1984a, 1984b). Frobenius' grundlegende Schrift *Paideuma* war damals Aimé Césaire, Suzanne Césaire und Léopold Sédar Senghor nicht bekannt; ebensowenig wie die zwölfbändige Sammlung *Atlantis*, der *Atlas Africanus, Das sterbende Afrika* oder *Das unbekannte Afrika*, Schriften, die mit Sicherheit eine noch weitergehende Rezeption und Fundierung der eigenen Theorien bewirkt hätten. Allerdings finden sich die grundlegenden Gedanken der Paideuma-Lehre in der *Kulturgeschichte* und der *Schicksalskunde*. Das Mißverständnis, in Frobenius einen »Humanisten« sehen zu wollen, findet sich auch bei Haberland (1974: 30), der sich hier ganz offensichtlich auf Vajda (1973) bezieht. Vgl. auch Vansina (ca. 1974: 398).

4 Zur Begriffsgeschichte von Paideuma vgl. Kramer (1986), Streck (1989), Kerényi (1939). Senghor (1982a: 1f.).

5 In der Person und durch das Werk Cheikh Anta Diops wird Senghor den entschiedensten Widerpart und den Versuch einer wissenschaftlichen Widerlegung erfahren. Dieser bekämpfte die Haltung der Négritude, in der, seiner Meinung nach, der Gedanke der Einheitskultur nicht geschichtlich fundiert gewesen und nur als Glaubensbekenntnis für ihren Aktionismus und ihre Literatur benutzt worden sei. Dabei hätten die Vertreter der Négritude sogar den Grundpfeiler der historischen Größe Afrikas fallen gelassen, insofern sie die Vernunft der weißen Rasse zusprachen. Cheikh Anta Diop hingegen, dieser »Anti-Hegel«, wie man ihn genannt hat, weil er Griechenland als die Wiege Europas aufs heftigste bestritt, dieser bis zur Hybris selbstbewußte Afrikaner, hatte nur ein Ziel: zu beweisen, daß das Denken in Afrika entstanden ist. Sein Lebenswerk – vgl. auch Harding/Reinwald (Hg.) (1990) und Ela (1989) – war darauf gerichtet, Ägypten als den Ursprung der europäischen Kultur für immer festzumachen und der ägyptischen Hochkultur einen schwarzafrikanischen Charakter zuzusprechen. Er kämpfte zwar auch, wie Senghor, für ein neues panafrikanisches Selbstbewußtsein, lehnte aber jegliche Assimilation ab und bekämpfte die in der Négritude Senghors vollzogene Abspaltung der eigenen Kultur, der persönlichen und kollektiven Geschichte von Rationalismus und Vernunft sowie die Anbindung von Emotionalität und Religiosität an die schwarze Rasse. Dies war die theoretische Voraussetzung, die zu einer weitgehenden Isolierung der Négritude-Bewegung führte und die Senghor dadurch aufzufangen versuchte, daß er 1963 programmatisch äußerte, Négritude sei nicht Rassismus; sie sei der »Geist der negroafrikanischen Zivilisation«. Diese Aussage hatte selbst schon zu dieser Zeit den Charakter einer Rückschau und eines Korrektur-Versuchs, denn mit dem Erscheinen der *Anthologie de la nouvelle poésie nègre et malgache de langue française* (1948) hatte die Négritude ihren authentischen Ausdruck gefunden; selbst Sartre schrieb in seinem Vorwort »Orphée noir« diese Bewegung geradezu wider Willen historisch fest, indem er sie als die »einzige große revolutionäre Dichtung unserer Tage« bestimmte.

6 Senghor (1968: 5-11 und *Liberté* III: 11ff.); Césaire in: Leiner (1978: XVII). Es ist nicht zufällig, daß Césaire hier auf Michel Leiris zu sprechen kommt. Ita (1973: 334ff.) hat auf eine Diskrepanz in Césaires Werk hingewiesen: In *Cahier* wird das Äthiopische als (poetische) Metapher gebraucht; in seinem kulturpolitischen Werk und auch in seinem Drama »Une saison au Congo« geht es ihm weniger um das »Wesen« der afrikanischen Kultur, als vielmehr um Fragen des Neokolonialismus. Während Césaire noch bis 1956 Mitglied der Kommunistischen Partei bleibt – sein Schreiben an Maurice Thorez, in dem er seinen Austritt

begründete und den »Fraternalismus« der Sowjets ebenso wie den »Paternalismus« des Westens ablehnte, ist berühmt geworden –, distanzierte sich Senghor schon nach dem II. Weltkrieg vom Demokratischen Afrikanischen Block und damit von den französischen Kommunisten und wird 1946 Abgeordneter der französischen Nationalversammlung und 1948 Mitbegründer des »Bloc Démocratique Sénégalais« (BDS). Den Marxismus versuchte Senghor im »afrikanischen Sozialismus« und den Surrealismus in einem »Surnaturalismus« und »kosmologischen Naturalismus« zu retten. Später wird Jean-Paul Sartre vor allem in Césaires Dichtung den Surrealismus in seiner vollendeten Form entdecken: als »écriture automatique *engagée* et mme *dirigée* ..., parce que les mots et les images traduisent perpétuellement la mme obsession torride«. Vgl. Sartre (1948: XXIIIff.).

Auf die von Kramer vorgebrachte Unterscheidung von Ergriffenheit und Besessenheit bin ich bereits in Kap. I.5 eingegangen.

7 Senghor (1982a), Jahn (1974) Kramer (1986: 265f.). Vgl. auch Kap. III.4 und III.5.

8 «Neger« war 1927 in einem Artikel (»le mot nègre«) der Zeitung »La voix des nègres« als Symbol der aufbegehrenden Rasse von Afrikanern verwendet worden, in *Reaktion* auf den diskriminierenden Gebrauch durch Europäer. Wurden die angepaßten und gebildeten Afrikaner als »hommes de couleurs« und »noirs« (erste und zweite Kategorie) bezeichnet, waren die »nègres« nur »dritte Kategorie«. »Neger« und »Négritude« erfüllten damit, sobald die Verfemten selbst die Begriffe verwandten, die Funktion von »mots-images« zur Bewußtwerdung der eigenen Kultur, zur Stärkung der schöpferischen Kräfte, die durch den Kolonialismus zerstört worden war. Im Begriff des »Negers« schien die eigene Würde und das Recht auf die Zurückforderung alter, ureigener Werte am treffendsten ausgedrückt. »Neger« war auch für Senghor der ursprünglichere Ausdruck als »noir«, ein erst im 18. Jahrhundert entstandenes Substitut. Das Wort Négritude kommt bei ihm zum ersten Mal 1939 in seinem Gedicht »Que m' accompagnent Koras et Balafongs« vor. Vgl. Senghor (*Liberté III:* 466) und Moro (o.J.). Zur Kritik an Senghors Lyrik und Poetik (als nostalgisch, predigerhaft und mystizistisch) vgl. die Schriften von Towa, Adotevi, Midiohouan u.a.

9 Jahn (1966a: 13ff., 268; 1966b: 211-283; 1974; 1986). Vgl. auch Heinrichs (1992).

Noch 1976 bekannte sich Senghor in einem Gespräch mit Hubert Fichte (für den »Grazie«, »Manieriertheit« und »Solidarität« gleichwertige Eigenschaften waren, die er den »Primitiven« zusprach) zu einer Haltung radikaler Gesellschaftskritik: »Ich war immer Revolutionär.« 1980 zitiert dann Rolf Italiaander Senghor mit einem Bekenntnis zum Antikommunismus und zu den Rechten: »... Die Rechten sind die einzigen, die all jenen Kräften, welche die freiheitliche Ordnung vernichten wollen, die Stirn bieten können.« Fichte (1986: 260ff.), Italiaander (1980: 774). Den Höhepunkt in der Kritik an der Négritude bilden die Studien von Adotevi (1972) und Steins (1981). Lopes (1988: 129-131), Céa (1970). Thomas (1965). Mphahlele (1982: 23ff.). Daß Senghor sehr wohl die geschichtlich und poetologisch notwendig gewordene Erweiterung der Négritude erkannt hat, beweisen seine Äußerungen zu Tchicaya U Tam'si; vgl. hierzu und zu weiteren bibliographischen Nachweisen Heinrichs (1992) und Heinrichs (Hg.) (1992, 1993, 1997).

10 Ki-Zerbo (1981: 686).

11 Senghor (1967: 7ff.), *Liberté III*: 69,90, *Liberté I*: 24. Vgl. auch Césaire (1989: 84). Bei aller Kritik an Senghors späterem »französisch-afrikanischem Humanismus« als einer »Anpassungsideologie« wird den 1934/1936 von Senghor verfaßten Gedichten »A l'appel de la race de Saba« und »Perceur de tam-tam« (1934) eine Ausnahmestellung zugestanden. Ein aggressiver und revolutionärer Ton – der Ton der »Befreiungstrompete« – prägte diese Gedichte, wobei die »Waffen«, mit denen Senghor kämpfen wollte, auch hier unmißverständlich kulturelle und sprachbezogene waren.

Diese Kampfansage weicht in der Folge dem Wunsch zur Versöhnung, dem Gespräch, auch dem Gebet und dem moralistischen Appell – 1945 hält er ein »Friedensgebet«, in dem er Gott anruft und um Verzeihung für Frankreich bittet. Fortan fungiert er als Mittler und Botschafter christlicher Liebe. Beschwörung und Gesang – Form gewordener Rhythmus – bestimmen den Ton seiner Lyrik. Ezekiel Mphalele nennt Senghor kritisch-anerkennend (aus Anlaß zu dessen 65. Geburtstag) den »Meister der großen Geste/ der großen Resonanz/ der großen Idee«.

12 Senghors charismatische Haltung der Versöhnung, seine elementar christlichen Ideale der Liebe und des Friedens verschafften der Négritude deswegen den Anschein einer Unterwerfungsideologie, weil sie eine Allianz mit *der* Kultur eingegangen war, die das eigene Land einer erbarmungslosen Fremdherrschaft ausgesetzt hatte. Senghor hatte ja sogar (in einer 1951 gehaltenen Ansprache) die vom belgischen König Léopold gebilligten Greueltaten in Belgisch-Kongo toleriert und davon gesprochen, daß der König den Kongolesen »geistige Nahrung gegeben« und »die Gesundheit ihrer Seele bewahrt« habe; und er war (in einer 1961 an der Universität Oxford gehaltenen Rede) so weit gegangen, der französischen Kolonialpolitik eine »positive Bilanz« zuzugestehen, da dieser Druck von außen erst die Gegenbewegung der Befreiung, die revoltierende Auflehnung ermöglicht habe. Senghor glaubte, diese Umklammerung nach einem Akt der Auflehnung und Befreiung

als beendet ansehen und eine neue, kooperative Phase der Beziehung eröffnen zu können. Über den hymnischen Ton der Versöhnung in seiner Lyrik – *O schwarze Märtyrer, laßt mich die Worte der Verzeihung sagen*, in: »Opfer der Freibeuterei« und: *Laß mich Dir sagen, Herr, sein [Afrikas] Gebet um Vergebung und Frieden./ Herr, mein Gott, verzeih dem weißen Europa!*, in seinem an Georges Pompidou gerichteten »Friedensgebet« – sucht Senghor den Weg der politischen Zusammenarbeit. Ihm am nächsten standen Birago Diop, Paulin Joachim und Ousmane Socé. Zwar wurde auch David Diop von Senghor in die *Anthologie de la nouvelle poésie nègre et malgache* (1948) aufgenommen, aber der Ton seiner Lyrik war entschieden aggressiver und direkter, was er auch in seinen theoretischen Äußerungen und Bemerkungen zu den Werken anderer Dichter unterstrich. Dies gilt ebenso für Francesco N'Ditsouna und Martial Sinda, in dessen Gedicht »Tam-tam, tam-tam-toi« eine erste leise Kritik am hymnischen und unbefragten »tam-tam«, an Rhythmus, Gesang und Lachen anklingt.

13 Senghor (1980, 1982a, 1967), Chardin (1987).

4. Der »Afrika-Frobenius«

1 Groddeck, in: *Die Arche*, III, Nr. 3-4, 30.5.1927, Nachdruck in: *Ein Lebenswerk aus der Zeit der Kulturwende*, 1933: 158f. Vgl. auch Wohlenberg (1938).

2 Volhard (1938: 41), Wilhelm II., ebd.: 5; In einem Brief verordnet ihm Wilhelm II. einmal den »kaiserlichen Befehl«, endlich seine Arbeitsbesessenheit einzuschränken. Der umfangreiche Briefwechsel zwischen Wilhem II. und Frobenius von 1925 bis 1937 (der sich im Frobenius-Institut befindet) demonstriert die herzliche Freundschaft zwischen einem eher sympathischen, der Forschung aufgeschlossenen Mäzen und einem dankbaren Gelehrten. Das Private, die Institutsangelegenheiten und wissenschaftliche Interessen werden von den beiden Briefpartnern stets ineinander verwoben. Schurtz, in: Volhard (1938: 154). Hertha von Dechend bezeichnet in einem Brief an mich (25.01.98) die finanzielle Lage des Instituts als »meistens höchst fatal«: »... es gab keine regelmäßigen Einkünfte, mithin keinen geregelten Etat, und nur ganz wenige waren fest angestellt, die meisten liefen unter der Bezeichnung ›auf Widerruf‹. F., Jensen und Rhotert waren entweder zusammen oder einzeln mehrmals im Jahre auf Achse, um Geld aufzutreiben. F. hat lachend festgestellt: ›Für G e l d kann jeder gute Mitarbeiter bekommen, bei mir geht es auch ohne,‹ und das stimmte sogar.«

3 Rhotert (1933: 15); Hertha von Dechend teilte mir hierzu freundlicherweise mit: »Der ›anmaßende Ton‹ ging häufig wirklich zu weit, und

Krause & Co. dürfte es nicht entgangen sein, daß F. sie gerne als ›Korinthenkacker‹ bezeichnete. Das Schlimme war, daß man nie wußte, was für schreckliche Sachen er bei der nächsten unpassenden Gelegenheit äußern würde: oft waren seine lauten Auftritte in Restaurants etc. nur einfach peinlich, oft waren sie downright gefährlich, schließlich lebten wir im Dritten Reich; sich im Berliner Finanzministerium – wo er mal wieder betteln ging – einzuführen mit ›Grüß Gott und Heil Hitler für die Andersgläubigen!‹ hätte böse Folgen haben können, wir haben oft vor Angst gezittert.«

Koch-Grünberg, zitiert nach: Ninck (1996: 10). Auf den bislang unbekannten Briefwechsel zwischen Frobenius und Pettazzoni machten mich freundlicherweise Natale Spineto und Mario Gandini aufmerksam und stellten mir die in Bologna vorhandenen Briefe sowie eine ausführliche Rezension von Pettazzoni zu Frobenius' Schriften von 1925-1929 zur Verfügung. Aus der Korrespondenz (wesentlich im Namen von Kurt von Boeckmann geführt) geht hervor, daß sich beide Forscher einmal in Bologna (November 1923) getroffen, daß sie Bücher ausgetauscht und eine weitgehendere Zusammenarbeit geplant hatten. (Im November 1923 war Frobenius zu einer Vortragsreise nach Italien eingeladen worden.)

3a Zu diesem Passus notiert Hertha von Dechend kritisch: »... die verständigen Kulturhistoriker wußten durchaus, was sie an Frobenius hatten, z. B. die schwedische Schule von Uppsala (Lindblom, und vor allem Sture Lagercrantz), L.F. hat auch des öfteren, wenn er in Berlin war, Hermann Baumann im Museum besucht und ausgiebig gefachsimpelt, wie ich von Baumann weiß; die guten Beziehungen zu Robert von Heine-Geldern sind ohnedies bekannt. Die Genannten und andere ungenannte haben viel von dem kulturhistorischen Ethnologen gehalten und wenig von dem Kulturphilosophen. 1929, z.B., skizzierte F. einen Komplex, den er ›Die Mahalbi-Kultur‹ nannte (Erlebte Erdteile VII,31-59 + Kulturgeschichte Afrikas 70-79). Die wurde aufgenommen und weiter bearbeitet von den Schweden in Uppsala, fest etabliert von Hermann Baumenn als ›Eurafrikanische Steppenjägerkultur‹ (Afrikanische Wild- und Buschgeister, ZfE 1939,239; Völkerkunde von Afrika 1940,28-34) und acceptiert von den Praehistorikern [Oswald Menghin, in Oldenbourgs Abriß der Vorgeschichte 173; Handbuch der Urgeschichte, Hrsg. Karl J. Narr (Bern: Francke 1966) I 190 (Schott), 378-81 (Hirschberg), 418 (Haekel)]. Diese eurafrikanische Steppenjägerkultur zeichnet dem Anschein nach verantwortlich für die meisten Felsbilder incl. der spanischen u. südfranzösischen, und die S. 92 angeführte Meinung von ›Zu Unrecht bushman-paintings‹ ist keineswegs unangefochten, Gott sei Dank. Der klitzekleine Artikel ›Denkformen vergangener Menschheit‹ [Scientia n.s.III,64 (Mailand 1938)] 135-44 ist das Herzstück des ganzen späteren Hainuwele-Syndroms.«

4 Abgesehen von Frobenius' großer Gastfreundschaft gegenüber den ständig eintreffenden Institutsmitgliedern, hatte er einen unaufwendigen Lebensstil, Wein schien der einzige »Luxus« zu sein. (Seine Frau hat teilweise sehr unter dem »teuren Trubel« gelitten, wie mir Hertha von Dechend mitteilte.) Er war sehr fleißig, arbeitete vor allem am späten Nachmittag oder nachts bis gegen zwei Uhr. Er kam mit fünf Stunden Schlaf aus. Seine Beziehung zu den Menschen seiner Umgebung in Biganzolo war von tiefem Respekt geprägt, und er bat seine Besucher stets, sich rücksichtsvoll und einfühlsam zu verhalten. Anders als heute breitete sich zu Frobenius' Zeit vom See bis nach Biganzolo hinauf eine prachtvolle Parklandschaft aus. Walter von Ruckteschell hat die beiden Bilder in die Hauswand eingezeichnet. Die Vorlagen (gezeichnet von Joachim Lutz) befinden sich im Frobenius-Institut.

5 Frobenius' Witwe Editha Frobenius, bot 1942 dem Frankfurter Internisten Dr. Hanf-Dressler das Anwesen (das zum größeren Teil eine Schenkung des Kaisers war) zum Kauf an, das dieser, begeistert von der Landschaft, 1943 kaufte. Schon kurz darauf überschrieb er es dem amerikanischen, jüdischen, kulturhistorisch arbeitenden Ethnologen Paul Leser (auf diese Weise wurde das Haus nicht enteignet), der es später (etwa 1952) – nachdem er eine Professur in Hartford bekommen hatte – wieder Hanf-Dressler übergab. Die Erben von Frobenius und Hanf-Dressler, Lauter und Lausterbach haben einen Teil der noch erhaltenen Einrichtung, der Bibliothek und der persönlichen Dinge aufbewahrt beziehungsweise dem Frobenius-Institut übergeben.

6 Hertha von Dechend hat mir in einem Brief vom 25.01.1998 besonders deutlich gemacht, daß Frobenius' »Freunde« seine Mitarbeiter waren, daß er »mit Familien nichts im Sinn« hatte und verlangte, daß die Institutsmitglieder (einschließlich Jensen, Rhotert, Volhard!) jederzeit auf Abruf bereit sein mußten. »Er wollte seine ›Rasselbande‹, d.h. alle Institutsmitarbeiter, jederzeit verfügbar und ausschließlich am Institut interessiert haben, weshalb wir uns alle auch am Wochenende im Institut einfanden; sicherheitshalber: er rief öfter an und erteilte kleine Aufträge, und wer nicht da war, der riskierte, in ›Ungnade‹ zu fallen, und das war ein ungemütlicher Zustand, der viele Monate anhalten konnte, oder er kam selbst, und anschließend ging der ganze Haufe zum Frühschoppen in eine der Kneipen in Institutsnähe. Natürlich war es für die drei Oberen – Jensen, Rhotert, Volhard – besonders lästig, alle Nas lang auf Abruf sofort zum Mittagessen, Abendessen, Frühschoppen erscheinen zu müssen. Jensen und Rhotert nahmen das eher gelassen, nicht aber Volhard, der ein intensives

Familienleben führte und sich daher hartnäckig mit seiner Frau ein-
fand, auch in Biganzolo. (Um Mißverständnissen vorzubeugen: er war
kein Macho und kein Frauenfeind, er hatte nur was gegen jeden, der
vom Institut ablenkte).

1997 konnte ich noch mit den folgenden Vertrauten und Mitarbeitern
von Frobenius Kontakt aufnehmen: Margarete (Litschan) Volhard, die
Witwe von Ewald Volhard; Ilse Wohlenberg, die Tochter des Ethnologen Wohlenberg; Prof. Dr. Otto Zerries; Prof. Dr. Hermann Niggemeyer; Dr. Andreas und Katharina Lommel; Prof. Dr. Hertha von
Dechend.

In Gesprächen kamen auch die Familienverhältnisse zur Sprache, die
nicht alle eindeutig zu bestimmen sind: 1910 Heirat von Leo Frobenius mit Editha; das Datum der Geburt von Tochter Ruth (Rutli) war
nicht exakt zu ermitteln; sie verheiratet sich 1934 mit Hellberger und
hat zwei Kinder: Sebastian, der lange Zeit in Japan lebte, und Angeli-
ka, Pilotin in Brasilien; ihr zweiter Ehemann hieß Dreander. Frobenius' Bruder, Hermann Frobenius, heiratete 1922 Leonore Kühn. Von H.
Frobenius liegt vor: »Erinnerungen an Leo Frobenius«, in: *Zeitwende*,
Heft 8, 1946/47; von Walther Frobenius: »Ahnentafel des Afrikaforschers Professor Leo Frobenius, des Kunstmalers Hermann Frobenius
und Korv.-Kpt. a.D. Walther Frobenius«, in: *Thüringer Heimatspiegel*,
Heft 7, 1933 und »Beiträge zur Geschichte der thüringischen
Geschlechter Frohwein und Frobenius in Buttstädt und Erfurt«, in:
Thüringer Bauernspiegel, 1933. Vgl. auch K. Reinhardt, *Erinnerungen*,
Göttingen 1967.

7 Vgl. auch Frobenius, *Der Kopf als Schicksal* (1925: 6). Nach Auskunft
von Walter Bücheler (gemäß einer Tonbandaufzeichnung von 1986)
hatte Frobenius vor allem in den letzten Lebensjahren große Schmerzen; die zum Teil offenen Wunden am Schienbein eiterten immer wieder. Die Feier zu seinem 65. Geburtstag war bereits eine große Strapa-
ze für ihn. Er soll in einem Liegestuhl, den er wegen seiner Schmerzen
bevorzugte, gestorben sein, während ihm seine Frau vorlas. (Er schätzte vor allem die Prosa C.F. Meyers und Raabes.) Zu seinem Begräbnis
kam Walter F. Otto eigens aus Königsberg angereist. Zum Krankheits-
bild von Frobenius ergänzt Hertha von Dechend, daß Frobenius unter
Angina pectoris litt und keine Lust und Zeit für Behandlungen. »...F.
unterließ alles, was er sollte, und tat alles, was er nicht sollte, riß aus
der Klinik aus und fuhr zum Restaurant Groß-Frankfurt und lud das
ganze Institut zum Mittagessen ein, und dgl. Der vergiftete Pfeil kann
durchaus etwas mit seinem kontinuierlich mangelhaften Gesundheits-
zustand zu tun haben, es wurde auch von Sepsis geredet. (Ich hege
immer noch den Verdacht, daß er besser und länger hätte leben kön-

nen, wenn er wenigstens ab und an zum Zahnarzt gegangen wäre, aber das hat er Jahr um Jahr partout nicht getan).«
Zur Charakterisierung von Wilhelm II. vgl. jetzt die Biographie von Sombart (1996).

III. Die Fremderfahrung und ihre Darstellung
1. Die Suche nach Atlantis

1 Vgl. vor allem die Kap. I.1,2 dieser Studie.

2 Kramer (1986: 259ff.).

3 Frobenius (1926: Iff.) [*Die atlantische Götterlehre*].

4 Ebd.: IIff.

5 Ebd.: Vff.

6 Becker (1913: 303ff.). Vgl. auch die Ausführungen von Ita.

7 Gautier (1921).

8 Ebd.

9 Ebd.

10 Jahn (1973); die Zitate von Frobenius finden sich in: *Die atlantische Götterlehre* (1926:IIff.), *Und Afrika sprach* (1912:39,77,87,97,99,102, 105f.,112,126), *Kulturgeschichte Afrikas* (1954:14). Jahn (1973:527-528). Vgl. auch Ehl (1995:130ff.): Frobenius hatte sich, »angeklagt von den Häuptlingen der nigerianischen Ife-Gesellschaft, vor Gericht wegen rabiater Methoden beim Sammeln religiöser Kultgegenstände zu verantworten gehabt.«

2. Der Kopf als Schicksal

1 Meine Frage an Ernst Jünger, ob er Frobenius begegnet sei, hat er dahin-gehend beantwortet, daß er mit ihm hätte Kontakt aufnehmen wollen, aber nur mit seiner Sekretärin gesprochen habe.

2 Frobenius, *Der Kopf als Schicksal* (1925: 11f.).

3 Ebd.: 3f.

4 Ebd.: 116f. und 4-7. Vgl. auch Frobenius, *Erlebte Erdteile*, Bd. I (1925: 45ff., 71ff.), *Paideuma* (1921: 20ff.) und Kap. I.1 der vorliegenden Studie.

5 Ebd.: 15-23.

6 Klages (1936), Kassner (1951), Simmel (1990), Bernatzik (1985). Zu den Autoren und Mitarbeitern der *Zeitschrift für die Menschenkunde* gehörten ebenfalls: C.G. Jung, Emil Lucka, Emil Ludwig, Alfred Adler, Ellis Havelock, Hans Prinzhorn, Thomas Mann, Stefan Zweig und Theodor Lessing. Vgl. Borrmann (1994: 194).

7 Zitiert nach Simmel (1990: 343).
8 Frobenius (1925: 129, 175).
9 Ebd.: 143ff.
10 Kramer (1986: 265).
11 Stefan Raum, der vom »Kreuzungspunkt bildsuchender Ideologiebildung« spricht, und Alfred Rosenberg zitiert nach Borrmann (1994:
   190f.).

3. Erlebte Erdteile/Paideuma

1 Freud/Breuer (1895) und Grubrich-Simitis (1995: 3ff.), Wells (1898),
   Frobenius (1898).
2 Mühlmann (1939), Frobenius (1928).
3 Zur *Erfindung* des Fremden vgl. exemplarisch Greenblatt (1994); vgl.
   auch Heinrichs (1996).

4. Die Kulturgeschichte Afrikas

1 Vgl. Frobenius, *Kulturgeschichte Afrikas* (1954), *Schicksalskunde*
   (1938).
2 Frobenius (1954: 9ff.). Die korrigierte zweite Auflage der *Kulturgeschichte Afrikas* ([1]1933, [2]1954) reduziert dieses zeitgebundene und
   gefühlsübersteigerte Pathos: Aus »Es ward erreicht aus mühsamster
   Arbeit ...« wird »Aus mühsamer Arbeit wurde eine Übersicht erreicht
   ...« ([2]1954: 10); aus »Da ist nichts, was ich als Ausdruck biegsamer
   Weichheit einzunehmen bestrebt wäre« wird »Nichts trägt den Ausdruck biegsamer Weichheit« ([2]1954: 16) oder »Gemeinsam ist Luft und
   Erde und gemeinsam das Erleben ununterbrochen verlaufenden Wech-
   sels« ([1]1933: 37) fällt ersatzlos weg (man vergleiche auch die entsprechenden Kürzungen [1]1933: 41, 42, 43).
3 Zum anderen ist eine generelle Tendenz in H. Backs und D. Ermonts
   Übersetzung zu einer Begrifflichkeit zu beobachten, die Frobenius'
   Ausdrucksweise in einer bestimmten Weise interpretiert; so wird aus
   »Sehweise« »Conceptions humaines«, aus »gesehen« »vision« und aus
   »Vollständigkeit« (von Frobenius in diesem Fall abschätzig gemeint!)
   »vision totale«. Vgl. dt. Ausgabe 1954: 15ff., frz. 1952: 16ff.
4 Frobenius (1954: 18-24).

5. Schicksalskunde

1 Frobenius (1954: 9).

2 Viele der Zeit allzu verhaftete Wendungen sind in der zweiten Ausgabe (um ein Vorwort »Zum zweiten Ausmarsch« ergänzten) Ausgabe, Weimar 1938, (¹1932, Leipzig) korrigiert. Der ursprüngliche Titel *Schicksalskunde im Sinne des Kulturwerdens* ist geschrumpft zu *Schicksalskunde.*

3 Frz.: »... était livrée à la destruction«; (dt. ¹1932, 1938: 11).

4 Frz.: »... remontés de l'intérieur du cône vers la coupole« [Frobenius' Verdoppelung: »Innere des Kegels« und »innerer Wurzelbau« ist im Französischen weggefallen]; (dt.: ebd.).

5 Frz.: »Je cherchais à me représenter l'immense terreur et le bouleversement de ce monde d'en haut, de ce monde si parfaitement isolé et uni, quand de l'étroite tige souterraine montait soudain sa propre race pour détruire de fond en comble toute son existence ›jusqu'au dernier‹. Réfléchissons un peu: toute leur vie, tout son milieu complètement détruits par leur propre substance montant de l'intérieur! Celui-là seulement qui pendant des semaines a observé cette vie se déroulant avec son rythme tranquille, invisiblement et dans la paix, et qui ensuite a regardé à travers une loupe l'amas des débris de l'art, de la vie et du bonheur – celui-là seulement peut se représenter l'effet sur l'imagination de ces contradictions violentes dans la vie d'une simple fourmilière.« (Dt.: 12).

6 Uneinsichtig bleiben indes manche Auslassungen, z.B. auf S. 75 (entsprechend S. 66 im Original: »Für jedes naturphilosophische Fach ...) und S. 79ff. Die französische Ausgabe hat auf die Abbildungen verzichtet, was eine geringere Aufmerksamkeit für die geographische Grundlegung in Frobenius' Theorie nach sich zieht und auch zu Auslassungen im Text führt. Einige Fehler in der französischen Ausgabe, wie etwa falsche Schreibweise von Heine-Geldern, S. 79, finden sich nicht in der deutschen Ausgabe.

7 1938: 14.

8 Ebd.: 12f.

9 Ebd.: 69, 16f.

10 Ebd.: 67.

11 Ebd.: 64ff.

12 Ebd.: 65.

13 Ebd.: 166.

14 Ebd.: 193, 209-211.

15 Vgl. Lange et al. (Hg.), *Neo-Frobenius* (1973:15-29), die Festschrift *Ein Lebenswerk...* (1933:25 und 53), Haberlands Text zum 100. Geburts-

tag von Leo Frobenius »Gegen den Hochmut der weißen Rasse«, 29.06.1973 (in: *Frankfurter Rundschau*) und aus demselben Anlaß Herbert Kaufmanns Text »Der Forscher«, 1973 (FAZ); von Frobenius: *Weltgeschichte des Krieges* (1903:794), »Kolonialwirtschaftliches aus dem Kongo-Kassai-Gebiet«, in: *Erlebte Erdteile*, Bd. III (1925:237-250), *Vom Kulturreich des Festlandes* (1923:149ff.), *Der Kopf als Schicksal* (1924:66), *Schicksalskunde...* (1932:166), *Kulturgeschichte Afrikas* (1933:14ff.).

Nachbemerkung

1 Während eines Kolloquiums zu Senghors 90. Geburtstag (Paris, UNESCO, 1996) traf ich zahlreiche Beführworter, Vermittler und Gegner der Négritude – Henri Lopes, Wole Soyinka, Edouard Glissant, Edouard Maunick, Lilyan Kesteloot und andere – und konnte mir vergegenwärtigen, was von der Négritude geblieben ist, auf welche Weise sie überlebt hat.

Abbildungsnachweis

(unter Mitarbeit von Peter Steigerwald)

S. 2 Leo Frobenius, ohne nähere Angaben *(auf einer Vorlage ca. aus den 60er Jahren auf die Zeit um 1930 datiert, kann aber auch später gewesen sein)*

6 Felsbildkopie, »Hand (ausgespart) mit 3 kleinen Figuren.«, Libysche Wüste, Felsbilder-Tal des Gilf Kebir, Wadi Sora, Felsbildstelle C, Aquarell: E. Pauli, 1933, Reg. Nr. 2021

10 L. Frobenius und Graf Ladilaus E. Almásy, Blick vom Derfabusch, Fahrt Kharga – Uwenat, Libysche Wüste (Expedition α XI), 1933

27 L. Frobenius im Lager bei Belingwe, Süd-Afrika (Expedition α IX), 1928 / 30

30 *oben links:* Hermann Frobenius, Vater von L. Frobenius, ohne weitere Angaben, Prägung im Passepartout »PHOTO W KUNST«

oben rechts: Mathilde Frobenius, ohne Angaben

unten links: Leo V. Frobenius als Kind, Charlottenburg, Photographie von Fritz Jacobeit, Berlin, (Carte de Visite)

unten rechts: L. Frobenius als Junge, Aufnahme Emil Lehmann, Glogau, (Carte de Visite)

31 *oben :* L. Frobenius (?) mit Heinrich Schurtz, *Herkunft der Angabe unklar, möglicherweise Frobenius selbst nicht abgebildet,* Bildunterschrift: »Unter dem Zauber Buddhas' Sammlung Genrebilder 'Leo Frobenius«

unten: L. Frobenius als junger Mann, Aufnahme Erwin Raupp, Hofphotograph, Dresden

32 ohne Angaben (L. Frobenius in Gesellschaft u.a. von Kaiser Wilhelm II., Haus Doorn)

33 ohne Angaben (L. Frobenius in Gesellschaft u.a. von Kaiser Wilhelm II., Haus Doorn)

34 *notwendige Angaben aus Abbildung erkennbar*

44 *oben:* »Frobenius mit Mamur und Lagerkommandant«, Audjila, (Expedition α XII, Jordanien – Nordafrika), 1935 *(im Katalog die letzten Aufnahmen, die Frobenius auf Forschungsreise in Afrika zeigen)*

unten: »Frobenius mit Mamur und Lagerkommandant«, Audjila, (Expedition α XII, Jordanien – Nordafrika), 1935 *(im Katalog die letzten Aufnahmen, die Frobenius auf Forschungsreise in Afrika zeigen)*

45 »Frobenius in Rusapi beim Märchenaufnehmen. Mawudzi, der Ober-
häuptling der Barozwi, erzählt« *(Katalogtext)*, Süd-Afrika (Expedition α IX), 1928 / 30

54 *oben:* L. Frobenius in der Nähe der Pyramiden, Niltal, Ägypten,
(Expedition α XII, Jordanien – Nordafrika), ca. Jahreswechsel 1934 /
35, Aufn. wahrscheinlich von Karin Hissink

   unten: ohne Angaben, *Frobenius im Garten von Biganzolo,* Aufn. von
1937

55 L. Frobenius im Lager bei Belingwe, Süd-Afrika (Expedition α IX),
1928 / 30

66 L. Frobenius »an seinem Arbeitsplatz im Garten«, Biganzolo, Ober-
Italien, August/September 1936, Aufn. wahrscheinlich von Maria
Weyersberg

67 *oben:* »Die Stiefel von Frobenius«, (Expedition α X), 1932

   unten: »Fahrt Derfa-Lager – Torfaui«, Libysche Wüste (Expedition
α XI), 1933

68 *oben:* von Emil Preetorius angefertigte Portraitzeichnung.
   Darunter hat Frobenius geschrieben:
   Gottes Werk war hoher Sinn
   war von Anfang an beseelt
   Euer Blatt beweist schlechthin
   was der Jetztzeit gründlich fehlt.

   unten: »Mittagsrast im Zelt«, L. Frobenius, E. Pauli; Uwenat, Ain
Dua, Libysche Wüste (Expedition α XI), 1933, Aufn. wahrscheinlich von Hans Rhotert

72 *oben und unten:* Frobenius auf dem Elefanten; unter den Frauen auch
Editha Frobenius. Ort und Zeit der Aufnahmen nicht zu ermitteln;
eventuell in München.

79 L. Frobenius und Abbé Breuil, Kapstadt, Süd-Afrika (Expedition α
XI), 1928 / 30; *möglicherweise ist die gelieferte Vorlage seitenverkehrt:
das Motiv liegt zum einen als altes (umgekehrtes) Repronetagiv vor,
zum anderen als Original-Abzug; letzterer entspricht in der Ausrichtung der gelieferten Druckvorlage, könnte aber damals schon falsch
abgezogen worden sein.*

80 *oben:* ohne Angaben, *wahrscheinlich Ober-Italien,* 1937

   unten: ohne Angaben, Ostspanien 1934 (auf der Rückfahrt *von α XIV
in Richtung Frankreich, zwischen Barcelona und Nîmes)*

91 L. Frobenius in der Nähe der Pyramiden, Niltal, Ägypten, (Expedition α XII, Jordanien – Nordafrika), ca. Jahreswechsel 1934 / 35, Aufn. wahrscheinlich von Karin Hissink

93 L. Frobenius beim »Morgenchoral«, Fahrt Gilf Kebir – Selima, Libysche Wüste (Expedition α XI), 16./17. 11. 1933

94 L. Frobenius, ohne Angaben

104 Rückwärtige Beschriftung (v. Fr. Klein): »Vor der Ausreise nach Südafrika vermutlich Juni / Juli 1928 im alten Chefzimmer im Dachgeschoß des Museums für Völkerkunde. Von links nach rechts stehend: Weyersberg, Wischoff, Schulz, Seekirchner, Rhotert, Jensen. Sitzend: Mannsfeld, Frobenius«, Photographische Kunst-Anstalt Rembrandt van Ryn, Frankfurt a. M.

108 L. Frobenius »an seinem Arbeitsplatz im Garten«, Biganzolo, Ober-Italien, August/September 1936, Aufn. wahrscheinlich von Maria Weyersberg

109 L. Frobenius »an seinem Arbeitsplatz im Garten«, Biganzolo, Ober-Italien, August/September 1936, Aufn. wahrscheinlich von Maria Weyersberg

115 Die Überreichung der Frobenius-Medaille an seine Exzellenz Professor Dr. Léopold Sédar Senghor, erster Präsident der Republik Sénégal, am 11. 11. 1961 durch Prof. Dr. Adolf E. Jensen, *zur Urheberschaft mehrerer vorhandener Fotos gibt es zwei unterschiedliche Angaben:*
1.: »Aufnahmen von der Presse. Kurt Weiner Ffm.« nach Rücksprache mit Herrn Weiner (1/98) glaubt er, die Aufnahme gemacht zu haben, findet aber keine Unterlagen (Negativ) mehr. Er bittet um Namensnennung bei der Veröffentlichung.
2.: eine ähnliche Aufnahme (von der Art der Vergrößerung) wird dem Presse- und Informationsamt der Bundesregierung in Bonn zugeschrieben.

Eine endgültige Klärung der Herkunft war bisher nicht möglich.

116 Reproduktionsaufnahme der Frobenius-Medaille, Vorder- und Rückseite, 1961

126 *oben:* »Mittagsrast am Arkenu-Baum«, Graf Ladilaus E. Almásy, L. Frobenius, E. Pauli; Fahrt Kargur-Talh – Arkenu, Libysche Wüste (Expedition α XI), 1933, Foto: sehr wahrscheinlich von Hans Rhotert

unten: »Lager Kilwa, Betrachten von Steinwerkzeugen«, W. Beck, H. Rhotert, L. Frobenius (Expedition α XII, Jordanien – Nordafrika), Aufn. zw. 23. und 27. 12. 1934, wahrscheinlich von Karin Hissink

190 »Regenzeremonie mit Baum und 2 Frauen«, Felsbildkopie (Aquarell) von E. Mannsfeld, 1928 / 30, Reg.-Nr. 1638, Originalmotiv: Rhodesien, Rusape-Distrikt, 12 Meilen-Bach, Originalgröße 35 x 50 cm, kopiert in halber Größe

243 »Reisewege der Deutschen-Innerafrikanischen-Forschungsexpeditionen (DIAFE)«, Reproduktion aus der Zeitschrift PAIDEUMA. Mitteilungen zur Kulturkunde, Bd. 1, 1938 / 40, S. 49

245 »Klassischer Stil. Liegender mit 2 trauernden Frauen«, Felsbildkopie (Farbstiftzeichnung) von J. Lutz, 1928 / 30, Reg.-Nr. 646; Originalmotiv: Rhodesien, Gutu-Distrikt, Chikwanda-Reservat, Originalgröße 46 x 70 cm, kopiert in halber Größe

Die Fotografien von den Expeditionsreisen sind selten einem Autor eindeutig zuzuordnen, entsprechende Angaben liegen nicht vor. Vorrangig kommen in Frage: Adolf E. Jensen, Karin Hissink, Elisabeth Pauli, Hans Rhotert.

Literaturverzeichnis

1. Hauptwerke von Leo Frobenius

Die Geheimbünde Afrikas. Ethnologische Studie. Hamburg 1894.

Die Masken und Geheimbünde Afrikas (Abhdl. d. K. Leop.-Carol. Deutschen Akademie der Naturforscher). Leipzig 1898.

Der Ursprung der afrikanischen Kulturen. Berlin 1898.

Die Weltanschauung der Naturvölker. Weimar 1898.

Aus den Flegeljahren der Menschheit. Bilder des Lebens, Treibens und Denkens der Wilden. Hannover 1901.

Die Probleme der Kultur. Berlin 1901.

Die reifere Menschheit. Bilder des Lebens, Treibens und Denkens der Halbkulturvölker. Hannover 1902.

Weltgeschichte des Krieges. Hannover 1903.

Hg: Menschenjagden und Zweikämpfe. Jena 1903

Das Zeitalter des Sonnengottes. [I. Bd.] Berlin 1904.

Geographische Kulturkunde. Leipzig 1904.

Im Schatten des Kongostaates. Bericht über den Verlauf der 1. Reise der Diafe von 1904 bis 1906 über deren Forschungen und Beobachtungen auf geographischem und kolonialwirtschaftlichem Gebiet. Berlin 1907.

Kulturtypen aus dem Westsudan. Auszug aus den Ergebnissen der II. Diafe nebst einem Anhang über Kulturforschung in Afrika und Kulturzonen. (Petermanns Geographische Mitteilungen). Gotha 1910.

Das schwarze Dekameron. Belege und Aktenstücke über Liebe, Witz und Heldentum in Innerafrika. Gesammelt von Leo Frobenius. Berlin 1910. (Madrid 1925).

Auf dem Wege nach Atlantis. Berlin 1911. (Auszug: span. in: Revista de Occidente, Bd. I, Madrid 1923)

Und Afrika sprach. Berlin-Charlottenburg 1912-13. [Engl. Ausgabe (»The Voice of Africa«) in zwei Bänden. Bd. 3 ist nahezu vollständig weggefallen. London 1913].

Band 1: Auf den Trümmern des klassischen Atlantis. Band 2: An der Schwelle des verehrungswürdigen Byzanz.

Band 3: Unter den unsträflichen Äthiopen.

Schwarze Seelen. Afrikanisches Tag- und Nachtleben. Neue Erzählungen gesammelt von Leo Frobenius. Berlin 1913.

Der Völkerzirkus unserer Feinde. Berlin 1917.

Paideuma. Umrisse einer Kultur- und Seelenlehre. München 1921. [²1928, ³1953].

Atlantis, Volksmärchen und Volksdichtungen Afrikas. Jena 1921 ff.
Band 1: Volksmärchen der Kabylen: Weisheit. 1921.
Band 2: Volksmärchen der Kabylen: Das Ungeheuerliche. 1922.
Band 3: Volksmärchen der Kabylen: Das Fabelhafte. 1921.
Band 4: Märchen aus Kordofan. 1923.
Band 5: Dichten und Denken im Sudan. 1925.
Band 6: Spielmannsgeschichten der Sahel. 1921.
Band 7: Dämonen des Sudans. 1924.
Band 8: Erzählungen aus dem Westsudan. 1922.
Band 9: Volkserzählungen und Volksdichtungen aus dem Zentralsudan. 1926.
Band 10: Die atlantische Götterlehre. 1926.
Band 11: Volksdichtungen aus Oberguinea. 1924.
Band 12: Dichtkunst der Kassaiden. 1928.
Karten als Sinnbilder der Kulturbewegung. Einführung in den Atlas Africanus. München 1921.
Atlas Africanus. Belege zur Morphologie der afrikanischen Kulturen.
Heft 1: Einführung. Stoffe der Tracht. Bett und Haus. Blick und Blut. Gebläse. Die Bewegung der hamitischen Kultur. München 1921.
Heft 2: Gewandung. Der König ein Gott. Schmied und Gesellschaft. Speicher zur Nahrung. Die süderythräische Kultur. Die syrtische Kultur. München 1922.
Heft 3: Reife des Mannes. Schlangenkultus. Werden und Wesen der Lanze. Wasser und Weg. Niederer und erhabener Sitz. Die norderythräische Kultur. München 1922.
Heft 4-7: Morphologie des afrikanischen Bogengeräts. Berlin 1929. [Ebenfalls Sonderdruck 1930 und engl. Edition Berlin/Leipzig 1932].
Heft 8: Alkohol. Die äthiopische Kultur. Die atlantische Kultur. Berlin 1931.
Heft 1-8. 1929. Hg. von L. Frobenius und Ritter v. Wilm.
Das sterbende Afrika. (1. Band) München 1923.
Vom Kulturreich des Festlandes. Dokumente zur Kulturphysiognomik. München 1923.
Afrikanisches Heldentum. 6 Bde., unter Mitarbeit von L. Frobenius. Stuttgart 1923.
Das unbekannte Afrika. Aufhellung der Schicksale eines Erdteils. München 1923.
Der Kopf als Schicksal. München 1924.
Hadschra Maktuba. Urzeitliche Felsbilder Kleinafrikas. Zusammen mit H. Obermaier. München 1925.
Erlebte Erdteile. Ergebnisse eines deutschen Forscherlebens. Frankfurt am Main 1925 ff.

Band 1: Ausfahrt: Von der Völkerkunde zum Kulturproblem. 1925.

Band 2: Erschlossene Räume: Das Problem Ozeanien. 1925.

Band 3: Vom Schreibtisch zum Äquator: Planmäßige Durchwanderung Afrikas. 1925.

Band 4: Paideuma: Umrisse einer Kultur- und Seelenlehre. ²1928 [¹1921].

Band 5: Das sterbende Afrika: Die Seele eines Erdteils. 1928.

Band 6: Monumenta Africana: Der Geist eines Erdteils. 1929.

Band 7: Monumenta Terrarum: Der Geist über den Erdteilen. 1929.

Indische Reise. Berlin 1931.

Erythräa. Länder und Zeiten des heiligen Königsmordes. Berlin/Zürich 1931.

Madsimu Dsangara. Südafrikanische Felsbilderchronik. 2 Bände. Berlin/Zürich 1932.

Schicksalskunde im Sinne des Kulturwerdens. Leipzig 1932. [Weimar ²1938].

Kulturgeschichte Afrikas. Prolegomena zu einer Historischen Gestalt-lehre. Zürich 1933. [Wien 1954].

La Cultura como ser viviente. Contornos de una doctrina cultural y psi-cologica. Übersetzt von Maximo José Khan. Madrid o.J. [1934].

Ekade Ektab. Die Felsbilder Fezzans. Ergebnisse der Diafe X nach Tripo-litanien und Ost-Algier mit Ergänzungen der Diafe XII aus Zentral-Algier. Leipzig 1937.

African Genesis. Von Leo Frobenius und Douglas C. Fox (Vorwort und Einleitung S. 1-43). New York 1937.

Prehistoric Rock Pictures in Europe and Africa. Von Leo Frobenius und Douglas C. Fox. New York 1937 (Museum of Modern Art).

Le Destin des Civilisations [Schicksalskunde im Sinne des Kulturwerdens]. Mit einem Vorwort von Edmond Vermeil. Übersetzt von N. Guterman Paris 1940.

Mythologie de l'Atlantide. Paris 1949.

Storia della civiltà africana. Turin 1950.

Histoire de la Civilisation Africaine. Übersetzt von H. Back und D. Ermont. Paris ³1952 [¹1936]. Nachdruck unter dem Titel *La Civilisati-on africaine*. Monaco 1987.

Und Frobenius sprach ... Nachwort: B. Streck. Frankfurt am Main 1975.

Afrikai Kultúrák. Ungarn 1981.

Das schwarze Dekameron. Geschichten aus Afrika. Hg. von Ulf Diede-richs. Köln 1969.³1970.

Schwarze Sonne Afrika. Mythen, Märchen und Magie. Hg. von Ulf Die-derichs. München 1980.

Vom Schreibtisch zum Äquator. Afrikanische Reisen. Hg. von Ute Luig. Frankfurt am Main 1982.

Mythes et contes populaires des riverains du Kasaï. Bonn 1983.
Kulturgeschichte Afrikas. Neuausgabe. Wuppertal 1993, 1998.

Unveröffentlichte Manuskripte

Völkerkunde der Kassaiden.
Volksüberlieferungen der Nubier und Bedja.
Volksüberlieferungen der südafrikanischen Völker.
Die westafrikanischen Völker zwischen Senegal und Dahome. Staatseth-
nische Studie.
Reisetagebuch der 8. Expedition von 1926.
Reisetagebuch der 9. Expedition von 1928 bis 1930.
Reisetagebuch der 10. Expedition von 1932.
Ägyptische Studien. Zwei Bände.

2. Aufsätze von Leo Frobenius (Auswahl)

(Eine Reihe früher Aufsätze (von 1893 an) wurde 1925ff. in den Band *Erlebte Erdteile* wieder aufgenommen. Die Kongo und Zaire betreffenden Texte werden hier dennoch großenteils gesondert aufgeführt, da ihnen in meiner Interpretation ein besonder Stellenwert zukommt. Die folgende Auswahl stellt einen Querschnitt des essayistischen Werks von Frobenius dar.)

»Staatenentwicklung und Gattenstellung im südlichen Kongobecken«, in: Deutsche Geographische Blätter, 16 (3), 1893: 225-250.

»Die Fensterthüren im Congo-Becken«, in: Globus 64, 20, 1893: 326-328.

»Die Ba Tshonga«, in: Globus 65, 1894: 206-210.

»Hühner im Kult. Studie aus West-Afrika«, in: Mitteilungen aus den Deutschen Schutzgebieten, 7, 1894: 265-270.

»Die Keramik und ihre Stellung zur Holzschnitzerei im südlichen Kongobecken«, in: Intern. Archiv für Ethnographie, 7, 1894: 10-32.

»Der Handel im Kongobecken«, in: Deutsche Geographische Blätter, 17 (3), 1894: 208-229.

»Die Kunst der Naturvölker«, in: Westermanns Illustrierte Deutsche Monatshefte, 79, 1895/96: 329-340, 593-606.

»Der Kameruner Schiffsschnabel und seine Motive«, in: Nova Acta. Abhandlungen der Kais. Leop.-Carol. Deutschen Akademie der Naturforscher, 70, Nr. 1, 1897.

»Der westafrikanische Kulturkreis«, in: Petermanns Geographische Mitteilungen, 43, 1897: 225-236, 262-267; 44, 1898: 193-204, 265-271.

»Die Entwicklung der Geheimbünde Oceaniens«, in: Leopoldina, 24, Heft 34, Leipzig 1898.

»The origin of African Civilization«, amerikanische Ausgabe, Washington 1900, des Aufsatzes in der Zeitschr. d. Gesellschaft f. Erdk., Berlin, Bd. XXXIII, 1898.

»Die naturwissenschaftliche Culturlehre«, in: Naturwissenschaftliche Wochenschrift, Heft 20, Berlin 1899.

»Forschungsreise in das Kasaigebiet I«, in: Zeitschrift der Gesellschaft für Erdkunde, 6, 1905: 467-471.

»L'explorateur Frobenius dans la région du Kasaï«, in: Le Mouvement Géographique, XXII, 30, le 23 juillet 1905: 357-360.

»Bericht über die völkerkundlichen Forschungen vom 30. Mai bis 2. Dezember 1905«, in: Zeitschrift für Ethnologie, 38, 1906: 736-741.

»Forschungsreise in das Kasaigebiet II«, in: Zeitschrift der Gesellschaft für Erdkunde«, 2, 1906: 114-118.

»Forschungsreise in das Kasaigebiet III«, in: Zeitschrift der Gesellschaft für Erdkunde«, 6, 1906: 426-431.

»Forschungsreise in das Kasaigebiet IV«, in: Zeitschrift der Gesellschaft für Erdkunde«, 7, 1906: 493-497.

»Dans la région du Kasai«, in: Le Mouvement Géographique, XXIII, 31, le 5 août 1906: 391-393.

»Die Landschaften des südlichen Kongobeckens«, in: A.W. Grube, Geographische Charakterbilder«, Leipzig [20]1907.

»Forschungsreise in das Kongo-Becken«, in: Zeitschrift der Gesellschaft für Erdkunde zu Berlin, 1907: 205f.

»Ethnologische Ergebnisse der ersten Reisen der Deutschen Inner-Afrikanischen-Forschungs-Expedition«, in: Zeitschrift für Ethnologie, 39, 1907: 311-333.

»Forschungsreise in das Niger-Gebiet«. Reisebericht, in: Zeitschrift für Ethnographie, Heft 5, Berlin 1908.

»... aus Timbuktu«, in: Zeitschrift für Ethnologie, Heft 6, 1908.

»Bericht über den Verlauf der Reise ...«, in: Zeitschrift der Gesellschaft für Erdkunde zu Berlin, Nr. 2, 1909: 122-126.

»Alte und junge afrikanische Kunst«, in: Die Kunstwelt, 2, H. 2, 1912: 97-114, Tafel, 18 Abb.

»Der Nabel der Erde«, in: Zeiten und Völker, 19, 1923: 225-230, 4 Abb.

»Die jüngste Atlantis. Schatzkammer von Rapa-nui [Osterinsel]«, in: Allgemeine Zeitung München, 26.11.1923.

»Erdenschicksal und Kulturwerden«, in: Graf Hermann Keyserling (Hg.), Mensch und Erde, Darmstadt 1927: 139-160.

»Der Konflikt der Kulturstile«, in: Abwehrblätter. Mitteilungen aus dem Verein zur Abwehr des Antisemitismus, 40, 6/7, 1930: 70-74.

»Die Kunst der Silhouette« [Über Felsbilder Südafrikas], in: Beilage der Hamburger Nachrichten, 16.1.1931. »Zur Morphologie der Kultur«, in: Die Literarische Welt, 15.Mai 1931.

»Die Kunst Afrikas«, in: Der Erdball, 1931: 85-114.

»Des Menschen Schicksal auf dieser Erde«, in: Der Erdball, 1931.

»Mensch und Maske«, in: Der Erdball, 6, 1932: 41-45, 1 Tafel.

»Offenbarung der Kultur«, in: Neue Zürcher Zeitung, 12.5.1932.

»Meine libysche Expedition«, in: Frankfurter Zeitung, 27.10.1932.

»Ahnung und Forschung. Zum Abschluß der 10. D.I.A.F.E.«, in: Deutsche Allgemeine Zeitung, 30.10.1932.

»La Porta dei Garamanti«, in: Gerarchia, X, 1932. Mailand.

»La civiltà sirtica«, in: Nuova Antologia, Maggio 1932. Rom.

»Les styles de l'art rupestre sud-africain«, Ort unbekannt, 1934.

»Das deutsche Kulturbewußtsein«, in: Deutsche Allgemeine Zeitung, 19. und 26. März, 1933.

»Schicksalskunde«, in: Verhandlungen der »Väterkunde«, Bd. 2, Bremen 1934: 204-221.

»Wüstenforschung«, in: Frankfurter Zeitung, 9.1.1934.

»Felsbilder-Forschung«, in: Frankfurter Zeitung, 21.2.1934.

»Vom Kuriositäten-Kabinett zum Völkerkunde-Museum«, in: Deutsche Allgemeine Zeitung, Reichsausgabe, Nr. 517-518, 521-522, 6.11./ 8.11.1934.

»Das Schicksal der Menschheit«, in: Frankfurter General-Anzeiger, 3.1.1936.

»Kein Untergang des Abendlandes! Europäische Kulturdiagnose«, in: Neues Wiener Journal, 15.2.1936.

»Woher und wohin? Eine Wanderung durch Jahrtausende«, in: Deutsche Bergwerkszeitung, 1. Januar 1938.

»Die Waremba. Träger einer fossilen Kultur«, in: Zeitschrift für Ethnologie, 70, 1938: 159-175.

»Denkformen vergangener Menschheit«, in: Scientia, 3, 64, Mailand 1938: 135-144.

»Das Archiv für Folkloristik«, in: Paideuma, 1, 1938/40: 1-19.

(Übersetzungen von Aufsätzen sind nicht gesondert aufgeführt, werden aber vor allem in Kapitel II.1 und II.3 genannt und zum Teil gedeutet.)

3. Veröffentlichungen des Forschungsinstituts für Kulturmorphologie
(bis zu Frobenius' Tod aufgeführt)

Leo Frobenius. Ein Lebenswerk aus der Zeit der Kulturwende. Dargestellt von seinen Freunden und Schülern. (Leo Frobenius zum 60. Geburtstag) Leipzig 1933.

Studien zur Kulturkunde. 1933ff.

Band 1: Ad. E. Jensen: Beschneidung und Reifezeremonien bei Naturvölkern. 1933.

Band 2: H. Wieschhoff: Die afrikanischen Trommeln und ihre außerafrikanischen Beziehungen. 1933.

Band 3: H. Trimborn: Quellen zur Kulturgeschichte des präkolumbischen Amerikas. 1936.

Band 4: F. Kretschmar: Hundestammvater und Kerberos. In zwei Teilen. 1937.

Band 5: E. Volhard: Kannibalismus. 1938.

Verlauf und Ergbnisse der XII. Diafe l934-35 unter Führung von Geheimrat Leo Frobenius.

Band 1: Im Lande des Gada. Wanderungen zwischen Volkstrümmern Südabessiniens, herausgegeben von Ad. E. Jensen, unter Mitarbeit von H. Wohlenberg und A. Bayrle, mit Beiträgen von Leo Frobenius. Stuttgart 1936.

Band 2: Teil 1: Transjordanien: Vorgeschichtliche Forschungen. Herausgegeben von H. Rhotert, mit Beiträgen von Franz M. Th. Böhl-Leiden und Dr. Willmann-Wiesbaden. Stuttgart 1938.

Mitteilungen des Forschungsinstituts für Kulturmorphologie Frankfurt am Main

Heft 1: Das Forschungs-Institut für Kulturmorphologie Frankfurt am Main. 1926.

Heft 2: Die Forschungsreise in die Nubische Wüste. 1927.

Heft 3: Das Riesenornament. 1928.

Heft 4: Gesichtsurnen. 1929.

Heft 5-9: Bericht und Katalog der südafrikanischen Felsbildkopien der Diafe IX 1928-30. 1930.

Beiblatt zu den Mitteilungen des Forschungsinstituts für Kulturmorphologie, Bilderbuchblatt. Frankfurt am Main 1932ff.

Blatt 1: Älteste bemalte Keramik aus vor- und frühgeschichtlicher Zeit (ab 4000 v. Chr.). 1932.

Blatt 2: Beitrag zur Analyse südafrikanischer Felsbilder. 1932.

Blatt 3: Einführung in die Felsbilderwerke von Fezzan. 1933.

Blatt 4: Die Ergebnisse der XI. Diafe in die Libysche Wüste und den Angloägyptischen Sudan. 1934.

Blatt 5: Die Ruinen von Simbabwe und die süderythräische Kultur. Gold-
gegenstände der Baule (Westafrika). 1934.
Blatt 6: Europäische Felsbilder. 1935.
Blatt 7: Afrikanische Architekturen. 1935.
Blatt 8: Die Baule, ein Stamm der afrikanischen Westküste. 1935.
Blatt 9: Abessinien. Teilergebnisse der Diafe XII. 1936.
Blatt 10: Gefäßkunst. 1937.
Blatt 11: Vorgeschichtliche Kunst Südeuropas. 1938.
Das Urbild: Cicerone zur vorgeschichtlichen Reichsbildergalerie. Frank-
furt am Main 1935. Hg. von Leo Frobenius. Enthält von Frobenius:
»Unser Beitrag zur Felsbildforschung«, »Sahara-Atlas«, »Fezzan«;
außerdem Aufsätze von Schulz, Trautmann, Weyersberg, Kretschmar,
Rhotert, Wohlenberg, Jensen, Findeisen.

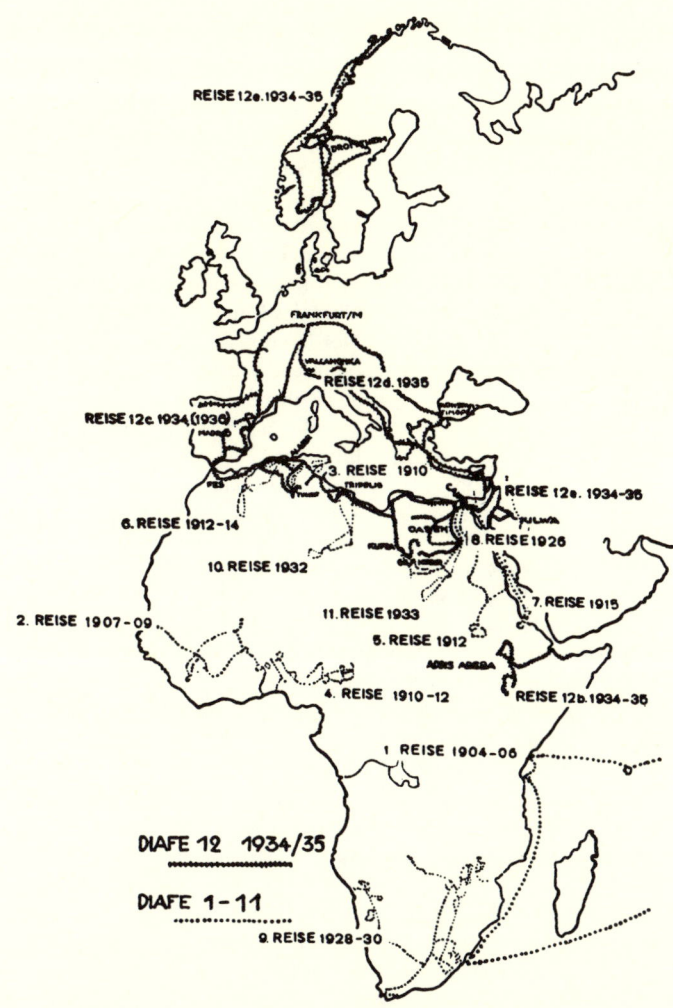

REISE 12e. 1934-35

FRANKFURT/M
VILLANOSKA
REISE 12d. 1935
REISE 12c. 1934 (1936)
MADRID
FES
3. REISE 1910
TRIPOLIS
REISE 12a. 1934-35
6. REISE 1912-14
GABES
KUFRA
18. REISE 1926
FULWA
10. REISE 1932
2. REISE 1907-09
11. REISE 1933
7. REISE 1915
5. REISE 1912
ADIS ABEBA
4. REISE 1910-12
REISE 12b. 1934-35
1. REISE 1904-06

DIAFE 12 1934/35

DIAFE 1-11

9. REISE 1928-30

*Reisewege der Deutschen-Innerafrikanischen-Forschungs-
expeditionen (DIAFE)*

*Von 1937 an hießen, auf Wunsch von Frobenius, die Expeditionen »Frobenius-
Expeditionen« bzw. »Deutsche Umwelt« (DU). Er verband diese Umbenennung
mit einem Bekenntnis zur deutschen Kultur, die in der Lage sei, »das Du des
anderen Volkes« zu erkunden.*

4. Expeditionen des Forschungsinstituts für Kulturmorphologie
(D.I.A.F.E. = Deutsche Innerafrikanische Forschungs-Expedition)
(bis 1938)

D.I.A.F.E. I	1904-06	Kongo-Kasai
D.I.A.F.E. II	1907-09	West-Sudan
D.I.A.F.E. III	1910	Nordwestafrika.
D.I.A.F.E. IV	1910-12	Nigeria, Nordkamerun.
D.I.A.F.E. V	1912	Kordofan.
D.I.A.F.E. VI	1912-14	Marokkanischer und algerischer Atlas.
D.I.A.F.E. VII	1915	Über das Rote Meer nach (italienisch) Norderythräa.
D.I.A.F.E. VIII	1926	Nubische Wüste.
D.I.A.F.E. IX	1928-30	Südafrika und Indien.
D.I.A.F.E. X	1932	Tripolitanien (Fezzan, Lybien).
D.I.A.F.E. XI	1933	Libysche Wüste.
D.I.A.F.E. XII a	1934-35	Transjordanien, Libysche Wüste, Tunis, Sahara-Atlas, Marokko.
b	1934-35	Abessinien (Äthiopien).
c	1934, 1936	Spanien, Südfrankreich.
d	1934, 1935, 1937	Italien.
e	1934	Norwegen, Schweden.

Frobenius-Expedition I, 1937-38 Molukken und Neuguinea.

Frobenius-Expedition II, 1938 Nordwestaustralien.

1912 ist von Karl Fr. Nowak der Ausstellungskatalog *Von Atlantis nach Äthiopien*, Berlin, erschienen.

Im Februar 1997 wurde in Wiesbaden, organisiert vom Frobenius-Institut, eine umfassende Ausstellung eröffnet: »Afrika – EthnoGraphisch. Zeichnungen, Aquarelle und Fotografien aus dem ethnographischen Bildarchiv des Frobenius-Instituts ...« (Katalog Frankfurt am Main 1996).

Zu den Malern und Photographen, die Frobenius auf seinen Expeditionen begleiteten, gehörten Carl Arriens (von ihm liegt unter anderem auch vor: *Unter Kabylen und Beduinen*, Berlin 1927), Wynand van Dam, Friedrich Wilhelm Fischer-Derenburg, Reinhard Hugershoff, Joachim Lutz, Albrecht Martius, Fritz Nansen, Agnes Susanne Schulz (Jensens erste Frau), Norbert von Stetten, Maria Weyersberg, Elisabeth Charlotte Pauli (Jensens spätere dritte Frau), Ruth Assisa Cuno, Katta Krebs, Gerta Kleist (später Walter Becks Frau), Alf Bayrle, Albert Hahn und Käthe Marr. (Hubert Hagler hat die »Umzeichnungen« zu *Das unbekannte Afrika* geschaffen.)

5. Über Leo Frobenius

Leo Frobenius. Ein Lebenswerk aus der Zeit der Kulturwende. Dargestellt von seinen Freunden und Schülern. (Leo Frobenius zum 60. Geburtstag) Leipzig 1933. Inhalt: »Zum 29. Juni 1933«. Ein Schreiben S.M. Kaiser Wilhelm II.: 5f.; Otto, Walter F.: »An Leo Frobenius. Ein Vorspruch«: 7; Otto, Walter F.: »Leo Frobenius«: 8ff.; Rhotert, Hans: »Der Werdegang«: 12ff.; von den Steinen, Helmut: »Leo Frobenius als geistiger Führer im deutschen Durchbruch«: 25ff.; Wohlenberg, Helmut: »Die Paideumalehre als Kulturphilosophie«: 32ff.; Lommel, Hermann: »Mythologie in Bildern«: 57ff.; Jensen, Adolf E.: »Kulturkreislehre als Grundlage der Kulturgeschichte«: 73ff.; Wieschhoff, Heinz: »Die afrikanischen Kulturen nach den Arbeiten Leo Frobenius'«: 96ff.; Heine-Geldern, Robert: »Frobenius' Forschungen über die Beziehungen zwischen afrikanischen und asiatisch-ozeanischen Kulturen«: 118ff.; Jacob-Friesen, K.H.: »Die Felsbildforschungen von Leo Frobenius«: 129ff.; Volhard, Ewald: »Zur afrikanischen Mythen- und Märchenforschung«: 136ff.

Al Azharia-Jahn, S.: »Der deutsche Afrikaforscher Leo Frobenius als erster Sammler sudan-arabischer Volkserzählungen«, in: Paideuma, 21, 1975: 30-46.

Bataille: siehe unter 6.2

Beck, Walter: »Leo Frobenius«, in: Afrika-Rundschau, 4. Jg., Nr. 5, 1938: 119-121.

Becker, C.H.: »Neue Literatur zur Geschichte Afrikas: I. Leo Frobenius und die Brille des Islam«, in: Der Islam. Zeitschrift für Geschichte und Kultur des Islamischen Orients, Heft 3, 1913: 303-312.

Beltz, Hans: »Frobenius und die neuen Bahnen der Kulturkreislehre«, in: Vergangenheit und Gegenwart, 21, 1931: 137-159.

Bitter, Rudolf von: »Der Pionier des Paideuma«, in: SZ, 8.10.1993.

Boeckmann, Kurt von: »Etnologia moderna«, in: Rassegna Nazionale, Rom: Mai 1923. Bottenberg, Dieter et al. (Hg.): siehe Lange, Thomas et al. (Hg.) (1973).

Braukämper, Ulrich: »Leo Frobenius«, in: Kurt Ranke et al. (Hg.): Enzyklopädie des Märchens 5/2-3. Berlin/New York 1986: 378-383.

Ders.: Gegenwärtige Situation der Historischen Ethnologie in der Bundesrepublik Deutschland«, in: Karl R. Wernhart, Hg., Historische Ethnologie. Horn-Wien 1985: 83-118).

Büttner, Thea/Lutz Gentsch: »Leo Frobenius (1873-1938) – Leistungen und Irrwege eines bürgerlichen Afrikaforschers und spätkapitalistischen Kulturphilosophen«, in: Asien, Afrika, Lateinamerika, 7/2, 1979: 296-308.

Cabire, Emma: »Leo Frobenius et le secret de l'Afrique«, in: Cahiers du Sud, 19, 1935: 732-735.

Dies.: »L'Afrique: Archives de la Civilisation«, in: ebd., 208, 1938: 577-587.

Césaire, Suzanne: »Leo Frobenius et le problème des civilisations«, in: Tropiques, 1, 2, 1941: 27-36.

Coon, C.S.: »The rock art of Africa«, in: Science, 142, Nr. 3600, Dez., 27, 1963.

Daumal, René: Rez. von »Histoire de la Civilisation Africaine«, in: La Nouvelle Revue Française, 276, 1.9.1936: 553-555.

Durham, D.C.: Leo Frobenius and the Reorientation of German Ethnology 1890-1930. Stanford 1985.

Ehl, Sibylle: »Ein Afrikaner erobert die Main-Metropole. Leo Frobenius in Frankfurt (1924-1938)«, in: Thomas Hauschild (Hg.) (1995): 121-140.

Everwien, Max: »Adolf Bastian und Leo Frobenius«, in: Ders.: Ata Kufa. Deutsche in Afrika. Berlin: 1938: 247-262.

Fischer, Hans: »Gegen Antisemitismus. Leo Frobenius«, in: Völkerkunde im Nationalsozialismus. Berlin/Hamburg 1990: 70-74.

Fox, Douglas C.: »Introduction to Frobenius. Cultures in the Rock«, in: The Harvard Advocate, Nov. 1935: 37-41.

Ders.: »Germany's Frobenius. A Dynamic Figure in Modern Science«, in: Germany and You, 6, 1936a: 21-23, 32.

Ders.: »Frobenius' Paideuma, A philosophy of culture«, in: The New English Weekly, Sept.-Oct. 1936b: 1-7.

Fréjier: »Léo Frobenius. Le premier historiographe de l'art africain«, in: L'Art vivant, 4, 1928: 171f.

Freye, Paul: »26.000 km im Lastauto von Frankfurt um das Mittelmeer, durch die Sahara und zurück«, in: Der Mittag, 8. August 1935.

Friederichsen, Max: »Leo Frobenius' Forschungen zur Kulturgeographie des nördlichen West- und Innerafrika«, in: Die Naturwissenschaften, 17, April 1913: 401-403.

Frobenius, Else: »Leo Frobenius«, in: Kolonial Post, 12, 1938: 155.

Frobenius, Herman: »Erinnerungen an Leo Frobenius«, in: Zeitwende, 18, 1947: 465-473.

Frobenius-Institut (Hg.): Das Frobenius-Institut. Frankfurt am Main 1987.

Gautier, E.F.: »Les Premiers Résultats de la Mission Frobenius«, in: Revue Africaine, Nr. 306, 1921: 3-16.

Gueye, Seynabou: L'Image du Noir dans Erlebte Erdteile de Leo Frobenius (1873-1938). Dakar 1994.

Haberland, Eike: »Gegen den Hochmut der weißen Rasse. Zum 100. Geburtstag von Leo Frobenius am 29. Juni«, in: Frankfurter Rundschau, 29. Juni 1973: 25.

Ders.: »Leo Frobenius und die Entdeckung der afrikanischen Seele«, in: Unesco Kurier, 14.10.1973: 14-18, 23, 38.

Ders.: »Leo Frobenius 1873-1973«, in: Paideuma, 19/20, 1973/74: 1-3.

Ders.: »Conférence d'introduction. Einführungsvortrag: Leo Frobenius aujourd'hui«, in: Eike Haberland (Hg.): Symposium Leo Frobenius [I]. Perspektiven zeitgenössischer Afrikaforschung. Bonn/München 1974: 25-35.

Ders.: Leo Frobenius und das Frobenius-Institut (Katalog). Frankfurt am Main 1983.

Ders.: Siehe auch unter 6.

Haberland, Eike (Hg.): Leo Frobenius 1873-1973. Eine Anthologie. Wiesbaden 1973.

Hahn, Eduard: »Leo Frobenius«, in: Preußische Jahrbücher, 205, 1926: 205-222.

Hambruch, Paul: Das Wesen der Kulturkreislehre. Zum Streit um Leo Frobenius. Hamburg 1924.

Hammerstein, Notker: »Das Institut für Kulturmorphologie ...«, in: Die Johann Wolfgang Goethe-Universität Frankfurt am Main. Neuwied/Frankfurt 1989: 71ff.

Hauschild, Thomas (Hg.): Lebenslust und Fremdenfurcht. Ethnologie im Dritten Reich. Frankfurt am Main 1995.

Haushofer, K.: »Warnende Vorzeichen und Mahnungen zum Zusammen-
bau«, in: Deutsche Rundschau, 232, 1932: 54-57.

Hays, H.R.: »Poseidon's Castle. Concerning Leo Frobenius«, in: Ders.:
From Ape to Angel. New York 1958: 280-291.

Heine, Peter: »Leo Frobenius als politischer Agent. Ein Beitrag zu seiner
Biographie«, in: Paideuma, 26, 1980: 1-5.

Helmolt, Christa von: »Afrika in Frankfurt. Das Frobenius-Institut«, in:
Frankfurt. Lebendige Stadt, 1. März 1969.

Hesse, Eva: »Frobenius as Rainmaker«, in: Paideuma, 1 (1), 1972: 85-88.

Hoog, Armond: »Malraux, Moellberg, and Frobenius«, in: R.W.B. Lewis
(Hg.): Malraux. Englewood Cliffs/New Jersey 1964.

Ita, J.M.: »Frobenius in West African History«, in: Journal of African
History, 13 (4), 1972: 673-688.

Ders.: »Frobenius, Senghor and the Image of Africa«, in: Robin Hor-
ton/Ruth Finnegan (Hg.): Modes of Thought. Essays on Thinking in
Western and Non-Western Societies. London 1973: 306-336.

Ders.: »Frobenius, Lhote, and Saharan Studies«, in: African Studies
Review, 17/1, 1974: 286-307.

Jahn, Janheinz: Leo Frobenius. The Demonic Child. Übersetzt von Reinhard Sander, mit einer Vorbemerkung von Ulla Schild. Occasional
Publication of the African and Afro-American Studies and Research
Center, University of Texas at Austin, 8, 1974. (Die deutsche Version
erschien unter dem Titel »Nochmals Frobenius: Ein Geist über den
Erdteilen«, in: Internationales Afrika-Forum, 1973: 524-536. Vgl. auch
6.1.

Jensen, Adolf E.: »Leo Frobenius. Leben und Werk«, in: Paideuma, I, 2,
1938: 45-58.

Kalous, Milan: »Leo Frobenius' Atlantic Theory. A Reconsideration«, in:
Paideuma, 16: 1970: 27-51.

Kaufmann, Herbert: »Der Forscher. Zum hundertsten Geburtstag von Leo
Frobenius«, in: Frankfurter Allgemeine Zeitung, 29. Juni 1973: 28.

Kerényi: siehe unter 6.1.

Keyserling, Graf Hermann: »Leo Frobenius«, in: Wege zur Vollendung,
27. Heft, 1932: 21-24.

Ders.: Menschen als Sinnbilder. Darmstadt 1926.

Ders.: Südamerikanische Meditationen. Stuttgart/Berlin 1932a.

Ders.: Buchbesprechung von Frobenius, *Schicksalskunde*, in: D.U.Z.,
05.06. 1932b.

Klein, Hildegard (Hg.): Leo Frobenius: Ethnographische Notizen aus den
Jahren 1905 und 1906. Bd. 1: Völker am Kwilu und am unteren Kasai.
Studien zur Kulturkunde 80. Stuttgart/Wiesbaden 1985.

Dies.: Leo Frobenius: Ethnographische Notizen aus den Jahren 1905 und

1906. Bd. 2: Kuba, Leele, Nord-Kete. Studien zur Kulturkunde 84. Stutt-
gart/ Wiesbaden 1987.

Dies.: Leo Frobenius: Ethnographische Notizen aus den Jahren 1905 und
1906. Bd. 3: Luluwa, Süd-Kete, Bena Mai, Pende, Cokwe. Studien zur
Kulturkunde 87. Stuttgart/Wiesbaden 1988.

Dies.: Leo Frobenius: Ethnographische Notizen aus den Jahren 1905 und
1906. Bd. 4: Kanyok, Luba, Songye, Tetela, Songo Meno/Nkutu. Studi-
en zur Kulturkunde 97. Stuttgart/Wiesbaden 1990.

Koppers, Wilhelm: »Leo Frobenius. Ein Lebenswerk aus der Zeit der Kulturwende«, in: Anthropos, 28, 1933: 814f.

Kramer, Fritz: »Empathy. Reflections on the history of Ethnology in pre-
fascist Germany: Herder, Creuzer, Bastian, Bachofen, and Frobenius«,
in: Dialectical Anthropology, 9, 1985: 337-347.

Ders.: »Die Aktualität des Exotischen. Der Fall der ›Kulturmorphologie‹
von Frobenius und Jensen«, in: Richard Faber/Renate Schlesier (Hg.):
Die Restauration der Götter. Antike Religion und Neo-Paganismus.
Würzburg 1986: 258-270.

Ders.: »Einfühlung. Überlegungen zur Geschichte der Ethnologie im
präfaschistischen Deutschland«, in: Hauschild (Hg.) (1995: 85-102).

Kretschmar, Freda: Leo Frobenius. Inter Nationes 1968.

Kriel, A.P.: The Legacy of Leo Frobenius. Fort Hare 1973.

Kuehn, Herbert: »Leo Frobenius«, in: Ipek, 12, 1938: 154

Lange, Thomas: »Leo Frobenius und die Neger«, in: Afrika Heute, 9, 1971:
6-9. Lange, Thomas et al. (Hg.): Neo-Frobenius. Eine andere Festschrift.
Frankfurt am Main 1973.

Lange, Werner: »W.E.B. DuBois and Leo Frobenius in Africa: scholarship
for what«, in: Abhandlungen und Berichte des Staatlichen Museums für
Völkerkunde Dresden, 41, 1984: 262-277.

Ders.: Und Frobenius sprach ... (Eigendruck) Frankfurt am Main 1975.

Loewenthal, John: »Leo Frobenius. Paideuma«, in: Zeitschrift für Sexual-
wissenschaft und Sexualpolitik, 15, 1928/29: 294.

Logan, Paul E.: »Leo Frobenius and Négritude«, in: Negro History Bulletin, 41, 1978: 794-796.

Lowie, Robert H.: »Review on hypotheses of Frobenius«, in Current
Anthropological Literature, 1, 1913: 86-89.

Ders.: »Und Afrika sprach ...«. Rez. in: Current Anthropological Literature, 2, 1913: 87-91.

Luig, Ute (Hg.): Leo Frobenius. Vom Schreibtisch zum Äquator. Afrikanische Reisen. Frankfurt am Main 1982.

Michael, Theodor: »The great Rediscoverer of African Civilisation. On
Leo Frobenius' 100th anniversary«, in: Africa, 3, 1973: 9-15.

Möller, Johannes Michael: »Das trügerische Glück bei den Naiven. Leo

Frobenius und die Versuchungen des Kolonialismus«, in: Frankfurter Allgemeine Zeitung, 20.08.1988.

Muehlestein, Hans: »Leo Frobenius. Der Afrikaforscher als Geschichtsphilosoph«, in: Frankfurter Zeitung, 23. März 1930: 1f.

Mühlmann, Wilhelm E.: »Zum Gedächtnis von Leo Frobenius«, in: Archiv für Anthropologie, Völkerforschung und kolonialen Kulturwandel, N.F. 25/1, 1939: 47-51. siehe auch 6.1

Ninck, Dorothee: Kultur als Organismus. Zur Kulturlehre von Leo Frobenius. Lizentiatsarbeit, Universität Basel, 1996.

Niggemeyer, Hermann: »Nachruf für Leo Frobenius«, in: Ethnologischer Anzeiger, 4, 1939: 268-272.

Ders.: »Das wissenschaftliche Schrifttum von Leo Frobenius«, in: Paideuma, 4, 1950: 377-418.

Norkaitis, Jonas: Kulturphilosophie und Kulturpsychologie von Leo Frobenius. Dissertation. Tübingen 1955.

Oevermann, Ulrich: »Das Verstehen des Fremden«, in: Frobenius-Gesellschaft Frankfurt am Main (Hg.): Eike Haberland zum Gedenken. Vorträge am 6. Juni 1993 im Holzhausenschlößchen, Frankfurt am Main 1993: 11-27.

Otto, Walter F.: Dionysos. Mythos und Kultus. Frankfurt am Main ²1939.

Ders.: »Apollon«, in: Paideuma, VII, 1, 1959: 19-34.

Ders.: »Leo Frobenius«, in: Cahiers d'Art, 1931: 5-6. (siehe auch: Der Erdball 5, 1931).

Otto, Walter F./Hans Rhotert et al.: Leo Frobenius. Ein Lebenswerk aus der Zeit der Kulturwende. Leipzig 1933.

Petri, Helmut: »Leo Frobenius und die historische Ethnologie«, in: Saeculum, 4/1, 1953: 45-60.

Reinhardt, Karl: »Aus den Erinnerungen«, in: Paideuma 19/20, 1973/74: 4.

Ders.: Erinnerungen. Göttingen 1967.

Rhotert, Hans: »Frobenius. Der Mann, der den ältesten Kulturkreis der Menschheit erforschte«, in: Koralle, 28/VIII, 1938.

Schare, Andrea: Ernst Vatter (1888-1948): Leben und Werk. Ein Beitrag zur Geschichte der deutschsprachigen Ethnologie. Magisterarbeit. Mainz 1990.

Schebesta, Paul: »Rezension von Kulturgeschichte Afrikas«, in: Anthropos 1934, 31, 1/2: 298-301.

Ders.: »Leo Frobenius. Monumenta Africana«, in: Anthropos, 37-40, 1942-45 (hg. 1946): 983f.

Schivelbusch, Wolfgang: Intellektuellendämmerung. Zur Lage der Frankfurter Intelligenz in den zwanziger Jahren. Frankfurt am Main 1985.

Schmitz, C.A.: »Zur Beurteilung kulturhistorischer Formen«, in: Paideuma, 7, 1959/61: 408-413.

Schuster, Meinhard: »Gedanke, Gestalt, Geschichte: sieben Jahrzehnte Forschung am Frankfurter Frobenius-Institut«, in: Frobenius-Gesellschaft Frankfurt am Main (Hg.): Eike Haberland zum Gedenken. Vorträge am 6. Juni 1993 im Holzhausenschlößchen, Frankfurt am Main 1993: 1-10.

Senghor, Léopold Sédar: Afrika und die Deutschen. Tübingen/Basel 1968a (1968b siehe unter 6.1).

Ders.: »Les Leçons de Leo Frobenius«, in: Symposium Leo Frobenius II. Bonn/München 1980: 22-31. Ders.: La Révolution de 1889 et Leo Frobenius. Colloque de Francfort, 24. März 1982a.

Ders.: »Plädoyer für eine neue kulturelle Ordnung der Welt. Die Methode Frobenius (1873-1938)«, in: der literat, Nr. 4, April 1982b: 85-86.

Ders.: siehe auch unter 6.1.

Smith, E. Robert: »Leo Frobenius et Emile Torday. Les premiers ethnographes du Kwilu«, in: Annales Aequatoria 8, 1987: 77-98.

Sow, El. Alioune: Frobenius und Senghor. Eine kritische Studie (Mémoire de Maîtrise). Saarbrücken 1980.

Spöttel, Michael: Die ungeliebte »Zivilisation«. Zivilisationskritik und Ethnologie in Deutschland im 20. Jahrhundert. Frankfurt am Main/Berlin 1995.

Steins, Martin: Das Bild des Schwarzen in der europäischen Kolonialliteratur 1870-1918. Ein Beitrag zur literarischen Imagologie (Dissertation). Frankfurt am Main 1972.

Ders.: »Die Geburt der Négritude aus dem Geist des Krieges. Aimé Césaires Gedicht *Les Pur-Sang* und Leo Frobenius«, in: Neohelicon, XI/2. Akadémiai Kiadó 1984a: 83-125.

Ders.: »Nabi Nègre«, in: M.a.M. Negal/M. Steins (Hg.): Césaire 70. Paris 1984b.

Straube, Helmut: »Leo Frobenius«, in: David Sills (Hg.) International Encyclopedia of the Social Sciences 6. New York 1968: 17-21.

Ders.: »Leo Frobenius«, in: Wolfgang Marschall (Hg.): Klassiker der Kulturanthropologie. München 1990: 151-170.

Streck, Bernhard: »Kultur als Mysterium. Zum Trauma der deutschen Völkerkunde«, in: Helmuth Berking/Richard Faber (Hg.) Kultursoziologie – Symptom des Zeitgeistes? Würzburg 1989: 89-115.

Ders.: »Entfremdete Gestalt. Die Konstruktion von Kultur in den zwei Frankfurter Denkschulen«, in: Hauschild (Hg.) (1995: 103-120).

Striedter, Karl Heinz: »Der ›Atlas-Africanus‹ des Frobenius-Instituts«, in: Paideuma 17, 1971: 206-215.

Ders.: Felsbilder Nordafrikas und der Sahara. Wiesbaden 1983.

Ders.: Felsbilder der Sahara. München 1984.

Szabó, A.: »Frobenius und sein Werk«, in: Die Westmark, 5, o.J.: 672.

Thilenius, G./Weule, K./Ankermann, B.: »Zum Streitfall Passarge-Frobenius«, in: Deutsche Kolonialzeitung, 30, 1913: 690.

Thomas, Moritz: »Frobenius en Afrique occidentale«, in: Négritude et Germanité, XII Congrès de l'Association des Germanistes de l'Enseignement Supérieur – A.G.E.S., Dakar 1983.

Thomé, Joseph: Leo Frobenius und seine Kulturkreislehre. Grevenmacher 1930.

Tibi, Bassam: »Romantische Entwicklungsideologien in Afrika«, in: Blätter für deutsche und internationale Politik, 18 (5), 1973: 538-552, 645-656.

Trüby, Jochen: »Ein Herz für Afrika«, in: Scala, 1, 1982: 46-47.

Vajda, Lásló: »Leo Frobenius heute«, in: Zeitschrift für Ethnologie, 98 (1), 1973: 19-29.

Vansina, Jan: »Frobenius Redivivus«, in: Cultures et développement. Revue internationale des sciences du développement. Louvain ca. 1974: 397-401.

Volhard, Ewald: »Leo Frobenius †«, in: Paideuma, I,2, 1938: 41-44.

Welke, Robert J.: »Frobenius. Pound ... Some Quick Notes«, in: Paideuma, 2 (3), 1973: 415-417.

Wohlenberg, Hellmut: »Abschied von Leo Frobenius«, Manuskript 1938 und in Band 5 der Nachgelassenen Schriften.

Ders.: »Die Paideumalehre ...«, in: Leo Frobenius ... (zu Anfang von Punkt 5 aufgeführt).

Wolf, Mechthild: »Erinnerungen an den Afrikaforscher Leo Frobenius«, in: Unterrichtungsbrief, 92, Dez. 1973: 6-7.

Zerries, Otto: »Geschichte des Frobenius-Institutes (1898-1948), in: Paideuma 4, 1950: 363-376. vg. auch 6.1.

Zwernemann, Jürgen: »Leo Frobenius et la recherche scientifique sur les civilisations africaines«, in: Notes et Documents voltaiques, 2 (3), April-Juni. Ougadougou 1969: 27-42.

Ders.: »Leo Frobenius und das Hamburgische Museum für Völkerkunde. Eine Dokumentation nach der Korrespondenz«, in: Mitteilungen aus dem Museum für Völkerkunde Hamburg, N.F. 17, 1987: 111-127.

6. Allgemeine Literatur

6.1. Zur historischen Ethnologie, Kulturmorphologie und Négritude; zu den Ursprüngen und Folgen von Frobenius' Theorie

Andree, Richard: Ethnographische Parallelen und Vergleiche. Stuttgart 1878.

Ankermann, Bernard: »Kulturkreise und Kulturschichten in Afrika«, in: Zeitschrift für Ethnologie 37, 1905: 54-84.

Ders.: »Die Lehre von den Kulturkreisen«, in: Korrespondenzblatt der Gesellschaft für Anthropologie, Ethnologie und Urgeschichte, 42, 1911: 156-162.

Arnold, A. James: Modernism and Négritude. The Poetry and Poetics of Aimé Césaire. Cambridge, Mass./London 1981.

Bastian, Adolf: Der Mensch in der Geschichte. Zur Begründung einer psychologischen Weltanschauung, I-II. Leipzig 1860.

Ders.: Die Völkerkunde im Aufbau einer Wissenschaft von Menschen und ihre Begründung auf ethnologischen Sammlungen. Berlin 1881.

Ders.: Controversen in der Ethnologie. 4 Bde. Berlin 1893-1894.

Benedict, Ruth: Patterns of Culture. Boston 1934.

Blankenburg, Wera von: »›Ergriffenheit‹ als Phänomen des Werdens«, in: Deutsches Adelsblatt, Okt. 1934: 740-742.

Boeckmann, Kurt von: »Kulturmorphologie als Zeitwille«, in: Jugend (Sonderheft »Atlantis«), Heft 2, 1924: 27-31.

Cancik, H. (Hg.): Religions- und Geistesgeschichte der Weimarer Republik. Düsseldorf 1982.

Ders.: »Dionysos 1933 – Walter F. Otto, ein Religionswissenschaftler und Theologe am Ende der Weimarer Republik«, in: Faber/Schlesier (Hg.) (1986).

Césaire, Aimé: »Nègreries«, in: L'Etudiant noir, 1, März, 1935.

Ders.: Cahier d'un retour au pays natal. Paris 1939. (Dt.: 1967).

Ders.: »Fragments d'un Poème« (»Les Pur-sang«), in: Tropiques, 1, April, 1941: 10-23.

Césaire, Suzanne: »Malaise d'une civilisation«, in: Tropiques, 5, 3, April 1942: 43-49. Dagher, Charbel (Hg.): Senghor, L'humaniste africain. Beyrouth: 1993.

Diallo, Tirmiziou: »Die Gefahr der Vereinheitlichung. Ein Gespräch mit Tirmiziou Diallo«, in: Trickster, 17, Oktober, 1989: 73-80.

Dyserink, Hugo: »Die Quellen der Négritude-Theorie als Gegenstand komparatistischer Imagologie«, in: Komparatistische Hefte, 1, 1980: 31-40.

Ela, Jean-Marc: Cheikh Anta Diop ou l'honneur de penser. Paris 1989.

Fichte, Hubert: »Politik aus der Seele. Hubert Fichte im Gespräch mit Léopold Sédar Senghor«, in: Heinrichs, Hans-Jürgen (Hg.): Afrika. Frankfurt am Main 1986: 260ff.

Friedrich, Adolf: Afrikanische Priestertümer. Stuttgart 1939.

Gräbner, Fritz: »Kulturkreise und Kulturschichten in Ozeanien«, in: Zeitschrift für Ethnologie, 37/1, 1905: 28-53.

Gräbner, Fritz: Methode der Ethnologie. Reprint Oosterhout N.B. 1966.

Haberland, Eike: »Historische Ethnologie«, in: Hans Fischer (Hg.): Ethnologie. Eine Einführung. Berlin 1983: 319-343.

Ders.: siehe auch unter 5.

Harding, Leonhard/Brigitte Reinwald (Hg.): Afrika – Mutter und Modell der europäischen Zivilisation? Die Rehabilitierung des schwarzen Kontinents durch Cheikh Anta Diop. Berlin 1990.

Hauschild, Thomas: »Völkerkunde im ›Dritten Reich‹«, in Helge Gerndt (Hg.): Volkskunde und Nationalsozialismus. München 1987: 245-259.

Heinrichs, Hans-Jürgen: »Sprich Deine eigene Sprache, Afrika!« Von der Négritude zur afrikanischen Literatur der Gegenwart. Berlin 1992.

Heinrichs, Hans-Jürgen (Hg.): J.J. Bachofen. Das Mutterrecht. Frankfurt am Main 1975.

Ders. (Hg.): Das Mutterrecht von Johann Jakob Bachofen in der Diskussion. Frankfurt am Main 1987.

Ders. (Hg.): Tchicaya U Tam'si, Böses Blut, Bd. I, Aachen 1993.

Ders. (Hg.): Tchicaya U Tam'si, Buschfeuer, Bd. II, Aachen 1997.

Italiaander, Rolf: »Präsident Senghor über Afrika und Europa«, in: Neue Deutsche Hefte, 4, Jg. 27, 1980: 774. Jahn, Janheinz: Geschichte der neoafrikanischen Literatur. Düsseldorf/Köln 1966. Siehe auch 5.

Jensen, Adolf E.: »Das religiöse Weltbild einer frühen Kultur«, in: Studien zur Kulturkunde 9, Stuttgart 1948.

Ders.: Mythos und Kult bei Naturvölkern. Wiesbaden 1951 (^{2}1960).

Ders.: »Bemerkungen zur kulturmorphologischen Betrachtungsweise«, in: Studium Generale, 7, 1954: 143-151.

Ders.: »Grundfragen der modernen Ethnologie«, in: Merkur, 1, Januar 1955: 39-48.

Kerényi, Karl: »Paideuma«, in: Paideuma, I/4, 1939b: 157f.

Ders.: Antike Religion. Amsterdam 1941. [Neuauflage 1971 und Stuttgart 1995].

Ders.: Bachofen und die Zukunft des Humanismus. Zürich 1945b.

Ders.: Die Mythologie der Griechen. 2 Bde. Zürich 1951, 1958.

Ders.: Geistiger Weg Europas. Zürich 1955.

Ders.: Die Mysterien von Eleusis. Zürich 1962.

Ders.: Selbstbiographisches. 1963.

Ders.: Dionysos. Urbild des unzerstörten Lebens. 1976 Neuauflage: Stuttgart 1994.

Ders.: Humanistische Seelenforschung. 1966. Neuauflage: Stuttgart 1996.

Ders.: Wege und Weggenossen. Bd. 1. München 1985.

Ders.: Wege und Weggenossen. Bd. 2. München 1988.

Ders.: Töchter der Sonne. 1945a. Neuauflage: Stuttgart 1997.

Ders.: »Was ist Mythologie?« In: *Europäische Revue* 15, 1939a.

Kerényi, Karl/C.G. Jung: Das göttliche Kind. Amsterdam/Leipzig 1940.

Dies.: Das göttliche Mädchen. Amsterdam/Leipzig. 1941.

(Beide Studien erschienen 1941 unter dem Titel: Einführung in das Wesen der Mythologie.)

Kerényi, Karl/Thomas Mann: Gespräch in Briefen. Zürich 1960.

Kesteloot, Lilyan: Négritude et situation coloniale. Yaoundé/Cameroun 1968.

Dies.: Les écrivains noirs de langue française. Naissance d'une littérature. Brüssel ⁸1983.

Ki-Zerbo, Joseph: Histoire de l'Afrique noire. Paris 1972.

Ki-Zerbo Joseph (Hg.): General History of Africa I. Methodology and African Prehistory. Paris 1990.

Koepping, Klaus-Peter: Adolf Bastian and the Psychic Unity of Mankind: The Foundations of Anthropology in Nineteenth Century Germany. St. Lucia 1983.

Kohl, Karl-Heinz: »›Vom Mythos ergriffen ...‹ Dema-Gottheiten nach Adolf E. Jensen«, in: Ders. (Hg.): Mythos im Kontext. Frankfurt am Main/New York 1992: 107-128.

Koktanek, Anton Mirko: Oswald Spengler in seiner Zeit. München 1968.

Kramer, Fritz: Verkehrte Welten. Zur imaginären Ethnographie des 19. Jahrhunderts. Frankfurt am Main 1977.

Ders.: Der rote Fes. Über Besessenheit und Kunst in Afrika. Frankfurt am Main 1987.

Ders.: »Der Rand der akademischen Anthropologie. Ein Gespräch mit Fritz W. Kramer«, in: Trickster, 17, Oktober, 1989: 65-72.

Krauss, Werner: Zur Anthropologie des 18. Jahrhunderts. Berlin 1978.

Leclerc, Gérard: Anthropologie et colonialisme. Essai sur l'histoire de l'africanisme. Paris 1972.

Leiner, Jacqueline: »Entretien avec Aimé Césaire«, in: Tropiques. Reprint. Paris 1978: V-XXIV.

Lepenies, Wolf: »Normalität und Anormalität: Wechselwirkungen zwischen den Wissenschaften vom Leben und den Sozialwissenschaften im 19. Jahrhundert«, in: Kölner Zeitschrift für Soziologie und Sozialpsychologie, 26, 1974: 492-506.

Lowie, Robert H.: The History of Ethnological Theory. New York 1937.

Magris, A.: Karlo Kerényi e la ricerca fenomenologica della religione. Mailand 1975.

Marx, Christoph: Völker ohne Schrift und Geschichte. Stuttgart 1988.

Mauss, Marcel: oeuvres. 1. Paris 1968.

Ders.: oeuvres. 2. Paris 1974.

Ders.: oeuvres. 3. Paris 1969.

Ménil, René: »De l'éxotisme colonial«, in: Tracées. Identité, négritude, esthétique aux Antilles, Paris 1981: 18-25, erstmals 1959 in: La Nouvelle Critique. Michel, Jean-Claude: Les écrivains noirs de langue française et le surréalisme. Sherbroke 1982.

Mohler, Armin: Die konservative Revolution in Deutschland 1918-1932. Darmstadt ²1972.

Mühlmann, Wilhelm E.: Geschichte der Anthropologie. Frankfurt am Main ²1968.

Ders.: Homo Creator. Wiesbaden 1962.

Müller, Ernst Wilhelm: »L'Etudiant Noir, négritude et racisme«, in: Anthropos 91, 1996: 5-18.

Münzel, Mark: »Die Dritte Welt – Ein elitäres Gaudi?«, in: Museum-Information-Forschung II. Bremen 04/1974: 49-53.

Ders.: »Über den Tellerrand schauen. Ein Gespräch mit Mark Münzel«, in: Trickster, 17, Okt. 1989: 46-57.

Ndaw, Alassane: La Pensée africaine. Recherches sur les fondements de la pensée négro-africaine. Dakar 1983.

Ngal, M.a.M.: Aimé Césaire. Un homme à la recherche d'une patrie. Dakar/ Abidjan 1975.

Penniman, T.K.: A Hundred Years of Anthropology. London 1935.

Raison, T. (Hg.): The founding fathers of social science. Harmondsworth 1969.

Ratzel, Friedrich: Anthropo-Geographie, oder Grundzüge der Anwendung der Erdkunde auf die Geschichte. Stuttgart: I. Bd. 1882, II. Bd. 1891.

Ders.: »Geschichte, Völkerkunde und historische Perspektive«, in: Historische Zeitschrift, 93, 1904: 1-46.

Richardson, Michael: »Orientalisme et négritude. De la réciprocité en anthropologie«, in: Gradhiva, 5, 1988: 13-20.

Rottland, Franz: »Hamiten, Neger, Négritude. Zur Geschichte einer afrikanischen Klassifikation«, in: Paideuma, 42, 1996: 53-62.

Sartre, Jean-Paul: »Schwarzer Orpheus«, in: Ders.: Situationen, Reinbek 1965.

Schmidt, P.W.: »Die moderne Ethnologie«, in: Anthropos, 1906: 134-163, 320-348.

Ders.: Handbuch der Methode der kulturhistorischen Ethnologie. Münster 1937.

Schmidt-Pauli, Elisabeth von: »Das Forschungsinstitut für Kulturmorphologie Frankfurt am Main. Seine Geschichte«, in: Mitteilungen 1, 1925.

Senghor, Léopold Sédar: »Die Wurzeln der Négritude«. Vortrag am 11.11.1961 in Frankfurt am Main.

Ders.: Négritude und Humanismus. Düsseldorf 1967.

Ders.: Négritude et germanisme. Tübingen 1968b.

Ders.: »Die Universität Dakar«, in: Westafrika, 1971: 32.

Ders.: Oeuvre poétique. Paris 1990.

Ders.: Mein Bekenntnis. Berlin 1991.

Ders.: Liberté. I, II, III. Paris 1964-1977.

Ders.: siehe auch unter 5.

Société Africaine de Culture (Hg.): David Diop (1927- 1960). Témoignages Etudes. Paris 1983.

Spengler, Oswald: Der Untergang des Abendlandes. München: I. Bd. 1918, II. Bd. 1922. Einbändige Ausgabe: München 1981.

Steinmetzler, Johannes: Die Anthropogeographie Friedrich Ratzels und ihre ideengeschichtlichen Wurzeln. Bonn 1956.

Steins, Martin: Les antécédents et la genèse de la Négritude Senghorienne. Paris 1981.

Ders.: 1984b siehe unter 5.

Stocking jr., George W.: Race, Culture, and Evolution: Essays in the History of Anthropology. New York 1968.

Struve, Walter: Elites Against Democracy: Leadership Ideals in Bourgeois Political Thought in Germany 1890-1933. Princeton 1973.

Tall, Aminatou: Das Frobenius-Institut unter Eike Haberland. Magisterarbeit. Dakar 1995.

Tyler, Edward Burnett: Primitive Culture. 2 Bde. New York 1958.

Weber, Alfred: »Die Bedeutung der geistigen Führer in Deutschland«, in: Neue Rundschau, 29, 1918: 1249-1268.

Wolf, H.: »Das Forschungsinstitut für Kulturmorphologie in Frankfurt am Main und die ihm angegliederten Institutionen«, in: Paideuma, 1, 1938/40: 29-35.

Zerries, Otto: »Holzgeschnitzte Menschen leben«, in: Paideuma, Bd. 19/20, 1973/74: 365-443.

6.2. Weitere benutzte und zitierte Literatur

Bachofen, Johann Jakob: Das Mutterrecht. Frankfurt am Main 1975.

Balandier, Georges: Afrique ambiguë. Paris 1957.

Barthes, Roland: »Roland Barthes erklärt sich«, in: *Lire*, April 1979. Dtsch. in D. Kolesch, *Roland Barthes*. Frankfurt/M. (1997).

Ders.: »Das Licht des Südwestens«, in: Sinn und Form, 3, Mai/Juni, 1996: 401-405.

Basso, Keith/Henri A. Selby (Hg.): Meaning in Anthropology. Albuquerque 1976.

Bataille, Georges: »L'exposition Frobenius à la salle Pleyel«, in: *Oeuvres complètes*, Bd. II, Paris 1970: 116f.

Ders.: Die Tränen des Eros. München 1981.

Bernatzik, Hugo A.: Fremde Frauen. Hg. und mit einem Essay von Doris Byer. Wien 1985.

Bitterli, Urs: Die ›Wilden‹ und die ›Zivilisierten‹. München 1976.

Borrmann, Norbert: Kunst und Physiognomik. Köln 1994.

Bouveresse, Jacques: »Spenglers Rache. Die überraschende Aktualität eines Vergessenen«, in: Neue Rundschau, 4, 1996: 56-82.

Bowen, Elenore Smith: Rückkehr zum Lachen. Berlin 1984.

Bowie, Malcolm: Jacques Lacan. Göttingen 1995.

Boyer, Pascal: »Pourquoi les Pygmées n'ont pas de culture?«, in: Gradhiva, 7, 1989/90: 3-17.

Brodsky, Joseph: Von Schmerz und Vernunft. München 1996.

Char, René: Die Bibliothek in Flammen und andere Gedichte. Frankfurt am Main 1995.

Chardin, Teilhard de: Lesebuch. Olten 1987.

Chevrier, Jacques: Littérature nègre. Paris 1974 (²1984).

Ders.: »L'écrivain africain devant la langue française«, in: Notre librairie, 53, 1980.

Ders.: Anthologie africaine d'expression française, Bd. 1, 1981 (²1988).

Clifford, James: »Über ethnographische Autorität«, in: Trickster, 16, 1988: 4-35. [Frz., in: L'Ethnographie, 1983; engl., in: Representations, 1983].

Ders.: »Les Autres au-delà des paradigmes de ›préservation‹«, in: Les Cahiers du Musée National d'art moderne, Nr. 28, été 1989: 71-76.

Ders.: »Ausgestellte Kulturen. Artefakte, Gegenstände, Fetische im ›System der Objekte‹«, in: Lettre, Heft 33, 1996: 28-31.

Clifford, James/George E. Marcus (Hg): Writing Culture. The Poetics and politics of ethnography. Berkeley 1986.

Cobert, Justus: Heinrich Schliemann. Archäologe und Abenteurer. München 1997.

Dabla, S.: Nouvelles écritures africaines. Romanciers de la seconde généra-
tion. Paris 1986.

Derrida, Jacques: »Kurs auf das andere Kap – Europas Identität«, in: Liber,
Nr. 3, 1990.

Diagne, Pathé F.: L'europhilosophie face à la pensée du négro-africain.
Paris 1981 (²1982).

Diemer, A. (Hg.): Philosophy in the present situation of Africa. Wiesbaden 1981.

Diemer A./P.J. Hountondji, (Hg.): Africa and the problem of its identity.
Frankfurt am Main 1985.

Dieng, A.A.: Contribution à l'étude des problèmes philosophiques en Afrique noire. Paris 1983.

Duerden, D./C. Pieterse: African Writers Talking. London 1972.

Dwyer, Kevin: Maroccan Dialogues. Baltimore 1982.

Einstein, Carl: Afrikanische Plastik. Berlin 1921.

Eliade, Mircea: Indisches Tagebuch. Reisenotizen 1928-1931. München
1996.

Erdheim, Mario: Die gesellschaftliche Produktion von Unbewußtheit.
Frankfurt am Main 1982.

Finnegan, R: Oral literature in Africa. Oxford 1970.

Floistad, G.(Hg.): Contemporary philosophy. Dordrecht 1987.

Freud, Sigmund: Die Zukunft einer Illusion. G.W. XIV. 1927.

Ders.: Aus den Anfängen der Psychoanalyse 1887-1902. Briefe an Wilhelm
Fließ. Frankfurt am Main 1962.

Ders.: Vorlesungen zur Einführung in die Psychoanalyse. Frankfurt am
Main 1991.

Ders.: Das Unbehagen in der Kultur. Frankfurt am Main 1994.

Ders.: Tagebuch 1929-1939. Kürzeste Chronik. Basel/Frankfurt am Main
1996.

Freud, Sigmund/Josef Breuer: Studien über Hysterie. 1895. Nachdruck:
Frankfurt am Main 1991, 1995.

Geertz, Clifford: The Interpretation of Cultures. Selected Essays. New
York 1973.

Geertz, Clifford: Dichte Beschreibung. Frankfurt am Main 1987.

Ders.: Religiöse Entwicklungen im Islam. Beobachtet in Marokko und
Indonesien. [Engl. 1968]. Frankfurt am Main 1988.

Ders.: Die künstlichen Wilden. Der Anthropologe als Schriftsteller. München 1990.

Ders.: Spurenlesen. München 1997.

Gide, André: Journal 1889-1939. Paris 1951.

Ders.: »Kongoreise«, in: Reisen. Stuttgart 1966.

Graf, Fritz: Vortrag über Karl Kerényi. Ascona 1997.

Greenblatt, Stephen: Wunderbare Besitztümer. Die Erfindung des Fremden. Berlin 1994.

Griaule, Marcel: Dieu d'eau. Paris 1975 [¹1948].

Grubrich-Simitis, Ilse: Urbuch der Psychoanalyse. Hundert Jahre Studien über Hysterie von Josef Breuer und Sigmund Freud. Frankfurt am Main 1995.

Haeffner, G.: »Philosophie in Afrika«, in: Stimmen aus Maria Laach, 196, 1978.

Hallpike, Christopher Robert: Die Grundlagen des primitiven Denkens, München 1990.

Hausenstein, W.: Exoten. Skulpturen und Märchen. Zürich/München 1920.

Heinrichs, Hans-Jürgen: Die katastrophale Moderne. Frankfurt am Main 1987.

Ders.: »Die Djemma el-Fna geht durch mich hindurch«. Oder wie sich Poesie, Ethnologie und Politik durchdringen. Hubert Fichte und sein Werk. Bielefeld 1991.

Ders.: Grenzgänger der Moderne. Hamburg 1994.

Ders.: Wilde Künstler. Primitivismus, art brut und die Trugbilder der Identität. Hamburg 1995.

Ders.: Erzählte Welt. Lesarten der Wirklichkeit in Geschichte, Kunst und Wissenschaft. Reinbek 1996.

Heising, J.: Entwicklung und moderne Philosophie in Schwarzafrika. Frankfurt am Main 1990.

Hountondji, P.J.: »Pourquoi la philosophie en Afrique?«, in: Cahiers philosophiques africains, 3-4, 1973.

Imfeld, Al: »Themen afrikanischer Literatur«, in: Heinrichs, Hans-Jürgen (Hg.): Afrika. Frankfurt am Main 1986: 229.

Jansen, Karl Heinz: Literatur und Geschichte in Afrika. Berlin 1981.

Jünger, Ernst: Das Abenteuerliche Herz. Stuttgart 1994a. [¹1938].

Ders.: Das Erste Pariser Tagebuch. [Aus: Strahlungen. ¹1949]. Stuttgart 1994b.

Kamper, Dietmar/Ulrich Sonnemann: Atlantis zum Beispiel. Darmstadt und Neuwied 1986.

Kassner, Rudolf: Physiognomik. Darmstadt 1951.

Keyserling, Hermann von: siehe I.5.

Kimmerle, Heinz: Philosophie in Afrika – afrikanische Philosophie. Frankfurt am Main/New York 1991.

Klages, Ludwig: Grundlegung der Wissenschaft vom Ausdruck. Leipzig 1936.

Kohl, Karl-Heinz: Abwehr und Verlangen. Zur Geschichte der Ethnologie. Frankfurt am Main 1987.

Kohl, Karl-Heinz et al. (Hg.): Die Vielfalt der Kultur. Berlin 1990.

Kreimeier, Klaus: Geborstene Trommeln. Frankfurt am Main 1985.

Lawrence von Arabien: Die sieben Säulen der Weisheit. 1926.

Lehmann, Günter K.: Macht der Utoopie. Ein Jahrhundert der Gewalt. Stuttgart 1996.

Leiris, Michel: Das Auge des Ethnographen. Ethnologische Schriften II. Frankfurt am Main 1978.

Ders.: Phantom Afrika. Bde. 1, 2. Frankfurt am Main 1985.

Lepenies, Wolf: Das Ende der Naturgeschichte. München 1976.

Lévy-Bruhl, Lucien: La Mentalité primitive. Paris 1922.

Lévi-Strauss, Claude: Mythologica. I-IV. Frankfurt am Main 1971-75.

Ders.: Traurige Tropen. Frankfurt am Main 1978.

Ders.: Brasilianisches Album. München 1995.

Lommel, A.: Fortschritt ins Nichts. Die Modernisierung der Primitiven. Frankfurt am Main 1981.

Lopes, Henri: Littérature congolaise. Paris 1988.

Malinowski, Bronislaw: Argonauten des westlichen Pazifik. Frankfurt am Main 1979.

Mann, Thomas: Pariser Rechenschaft, in: Über mich selbst. Frankfurt/M. 1997: 271-357.

Marschall, Wolfgang (Hg.): Klassiker der Kulturanthropologie. München 1996.

Mphahlele, Ezekiel: zitiert nach: Dagher (Hg.) (1993).

Mudimbé, V.Y.: »Panorama de la pensée africaine contemporaine de langue française«, in: Recherche, pédagogie et culture, Nr. 56. Vgl. auch Chevrier, Hg., 1981: 68ff.

Mudimbe, V.Y.: The invention of Africa. Bloomington 1988.

Muensterberger, Werner: Sammeln. Eine unbändige Leidenschaft. Berlin 1995.

Neugebauer, Chr.: Einführung in die afrikanische Philosophie. München/Kinshasa 1989.

Nietzsche, Friedrich: Die Geburt der Tragödie. Frankfurt am Main 1994.

Nnamdi R.: Afrikanisches Denken. Frankfurt am Main 1987.

Ntumba, J.: »Dix ans d'activité philosophique en Afrique et au Zaïre«. Kolloquium in Lubumbashi 1982.

Pageard, R.: Littérature négro-africaine d'expression française. Paris 1979.

Parys, J.M. van: »Etat actuel de l'activité philosophique en Afrique«, in: Recherches philosophiques africaines. Kinshasa, 6, 1981.

Raabe, Wilhelm: Werke. Berlin-Weimar 1972.

Radin, Paul: »History of Ethnological Theories«, in: American Anthropologist, 31, 1929: 9-33.

Ders.: »The Method and Theory of Ethnology. An Essay in Criticism«, in: S. Diamond (Hg.): Classics in Anthropology. New York ²1966.

Rancière, Jacques: Die Namen der Geschichte. Versuch einer Poetik des Wissens. Frankfurt am Main 1994.

Raphael, Max: Idee und Gestalt. München 1921.

Ders.: Prehistoric Cave Paintings. New York 1945.

Ders.: Tempel, Kirchen und Figuren. Frankfurt am Main 1988.

Ders.: Das schöpferische Auge oder Die Geburt des Expressionismus. Wien 1993.

Raulff, Ulrich: »Der große Lebenshunger«, in: FAZ, 04.03.1997.

Ritter, Henning: »Amerikas Spengler? Prophet des Kulturen-Kampfes: Samuel P. Huntington«, in: FAZ, 18.04.1997.

Ruch E.A./K.C. Anyanwu: African Philosophy. Rom 1981. Salentiny, Fernand: Das Lexikon der Seefahrer und Entdecker. Tübingen/Basel 1974.

Segalen, Victor: Die Ästhetik des Diversen. Frankfurt am Main 1983.

Sheldrake, Rupert: Das Gedächtnis der Natur. München 1988.

Simmel, Georg: Vom Wesen der Moderne. Hamburg 1990.

Sloterdijk, Peter: Selbstversuch. Ein Gespräch mit Carlos Oliveira. München 1996.

Smet, A.J.: Philosophie africaine. Kinshasa 1975.

Ders.: Bibliographie de la philosophie africaine. Kinshasa-Limete 1977.

Ders.: Mélanges de philosophie africaine. (»Recherches philosophiques africaines«, Nr. 3). Kinshasa 1978.

Sofsky, Wolfgang: Traktat über Gewalt. Frankfurt am Main.

Sombart, Nicolaus: »Wilhelm II.« Sündenbock und Herr der Mitte. Berlin 1996.

Stagl, Justin: Kulturanthropologie und Gesellschaft. München 1974.

Sydow, Eckart von: Exotische Kunst. Leipzig 1921.

Tansi, Sony Labou: La vie et demie. Paris 1979.

Ders.: L'Etat honteux, Paris 1981 [dt.: 1984].

Theye, Thomas (Hg.): Der geraubte Schatten. Die Photographie als ethnographisches Dokument. München 1989.

Torday, E. Camp and Tramp in African Wilds. London 1913.

Vianney, J.J. (Hg.): Politische Perspektiven Afrikas. Bonn 1972.

Wahba, M. (Hg.): Philosophy and Zivilization. Kairo 1978.

Wells, H.G.: Krieg der Welten. 1898.

Wiener, Michael: »Ikonographie des Wilden. Menschen-Bilder in Ethnographie und Photographie zwischen 1850 und 1918«, in: Trickster, 1990.

Woolf, Leonhard: Das Dorf im Dschungel. Frankfurt am Main 1985.

Wright, R.A. (Hg.): African Philosophy. Lanham/New York/London ³1984.